디지털 시대 어린이 광고

디지털
시대
어린이
광고

안순태 지음

디지털 시대 어린이 광고

2020년 6월 20일 1판 1쇄 박음
2020년 6월 30일 1판 1쇄 펴냄

지은이 | 안순태
펴낸이 | 한기철

편집 | 우정은, 이은혜
디자인 | 심예진
마케팅 | 조광재, 신현미

펴낸곳 | 한나래출판사
등록 | 1991. 2. 25. 제22−80호
주소 | 서울시 마포구 토정로 222 한국출판콘텐츠센터 309호
전화 | 02) 738−5637 · 팩스 | 02) 363−5637 · e−mail | hannarae91@naver.com
www.hannarae.net

ⓒ 2020 안순태
ISBN 978−89−5566−237−5 93330

* 이 도서의 국립중앙도서관 출판예정도서목록(CIP)은 서지정보유통지원시스템 홈페이지(http://
seoji.nl.go.kr)와 국가자료종합목록 구축시스템(http://kolis−net.nl.go.kr)에서 이용하실 수 있습니다.
(CIP제어번호: CIP2020023755)

* 본 저서는 '한국방송학회−GS SHOP 2019년도 방송·영상 분야 저술 출판 지원'에 의해 수행되었습
니다.

디지털 시대 어린이와 광고 리터러시

미디어 환경이 급속히 변화함에 따라 광고의 역할은 어느 때보다 커지고 있다. 유튜브와 같은 새로운 플랫폼의 등장과 운영에 광고는 중추적 역할을 한다. 네이티브 광고와 같은 새로운 형식의 광고는 무엇이 광고이고 무엇이 뉴스인지를 가늠하기 어렵게 만들기도 한다. 급변하는 디지털 미디어 환경 속에서 어린이 광고를 올바로 이해하고 적절히 활용하는 것은 어린이들의 건강과 복지를 위해 중요한 문제이다. 어린이가 광고를 어떻게 분별하고 무슨 영향을 받고 있는지 점검하는 것은 사회 구성원으로서 어린이의 삶의 질을 결정하는 기본적이면서 시의적인 과제이다.

저자가 20여 년 전 어린이와 광고에 대한 연구를 처음 시작했을 때를 떠올려 본다. 당시 유치원에 다니고 있던 딸아이가 텔레비전에 나오는 광고를 어떻게 이해하는지, 맥도날드나 버거킹 같은 브랜드를 어떻게 접하는지 눈여겨 관찰했던 기억이 난다. 이제 대학교 졸업반이 된 그 녀석은 더 이상 TV를 자주 보지 않고 모바일을 통해 정보를 습득하고 소통하며 그 속에서 수많은 광고를 접하는 일상 속에 살고 있다. 오늘날 어린이들의 광고 노출, 이해, 반응과 영향력도 20여 년 전과 매우 다를 것이다. 그런데 광고는 변해왔고 끊임없이 바뀌는 중임에도 이에 대한 우리 사회의 점검과 논의는 뒤처져 있는 것이 사실이다. 특히 어린이와 광고에 대한 대부분의 연구와 서적은 북미와 유럽학자들이 주축이 되어왔고 국내 어린이들을 대상으로 한 연구와 전문서적은 거의 전무한 상태다.

국내 어린이 광고에 대한 관련 서적의 부재는 어린이 소비자에 대한 사회적 논의와 정책 부족으로 직결되어왔다. 미국의 경우 어린이광고심의기구(Children's Advertising Review Unit)라는 별도의 기관이 존재하며, 유럽연합 역시 어린이 광고에 특별한 관심과 많은 재원을 투자하고 있는 데 반해 국내 어린이 대상 광고 심의와 제도적 지원은 매우 미흡하다. 우리 어린이들의 미디어 이용의 다양성과 높은 활용 정도를 감안하면 이러한 제도적 지원과 정책의 부족은 매우 안타까운 현실이 아닐 수 없다. 특히, 광고는 어린이의 가치관과 생활습관, 구매행위 등 다양한 측면에 영향을 미치고 어린이 소비자의 복지와 건강은 우리 사회의 미래가 달려 있는 중대사라는 점에서 더욱 그러하다. 한편, 기업 입장에서도 윤리적이면서 설득적인 어린이 대상 광고의 제반 조건을 이해하고 국내외 어린이 광고효과와 쟁점을 파악하는 일은 필수적 과제라 할 수 있다.

《디지털 시대 어린이 광고》는 어린이 광고와 관련된 사회적 논의를 활성화하고 정부, 기업, 어린이 연구자, 광고 연구자, 어린이 관련 정책 입안자, 학교 교사, 학부모, 커뮤니케이션학/소비자학/경영학/사회복지학 학생들을 위해 유용한 참고서적이 되고자 한다. 이를 위해 국내 어린이 광고효과에 대한 체계적 정리와 검토뿐만 아니라 미국과 유럽의 관련 연구 및 정책에 대하여 깊이 있는 논의를 병행하려 하였다. 또 어린이들의 건강과 복지를 위해 우리 사회의 미디어 환경이 어떻게 조성되고 재정비되어야 하는지, 어떤 중재방안이 필요한지 등을 비교문화적으로 점검해보려 하였다. 아울러 중간광고, 가상광고, 간접광고 등이 넘쳐나는 현재의 TV 광고 상황과 광고게임, 네이티브 광고와 같은 새로운 방식의 광고들에 대한 국내외 연구를 통합적으로 살펴보면서 우리 어린이들의 광고에 대한 인식과 판별 능력, 반응과 영향력에 대한 기초 자료를 마련하고자 하였다.

필자는 어린이 광고 연구자로서 국내뿐만 아니라 북미와 유럽의 어린이 연구 동향 및 정책에 대해 깊은 관심을 가지고 꾸준히 연구 활동을 해왔다. 미국 주립대학에서 10년 동안 교수로 봉직하면서 미국 어린이들의 광고에 대한 반응과 이해를 긴밀히 살펴보았고, 그 연구 결과가 〈뉴욕타임즈(The New York Times)〉[1]에 심층 보도되기도 하였다. 또한 유럽어린이광고위원회[2]에 저자의 학술 논문들이 공식적으로 인용되어 유럽 어린이 광고 정책 제언에 기여하기도 하였다. 2010년부터는 이화여자대학교의 교수로서 인터렉티브한 미디어 환경에서 국내 어린이와 광고의 상호작용을 연구해오고 있다. 필자가 축적해온 어린이 광고에 대한 지식, 무엇보다 어린이의 건강과 복지에 대한 깊은 관심과 애정을 바탕으로 저술한 본서가 우리 사회의 어린이 광고에 대한 지평을 넓히는 의미 있는 역할을 할 수 있기를 바란다.

무엇보다 20여 년 전 유치원생 딸이 광고를 접하고 이해하는 반응을 학부모로서, 동시에 연구자로서 관찰하며 고민하던 초심으로 돌아가 이 책을 집필하였다. 자라나는 우리 아이들이 좀 더 건강하고 즐거운 하루하루를 보내기 바라면서 어린이들의 일상 속에서 광고의 순기능과 역기능이 어떻게 작용하고 있는지, 역기능이 있다면 어떻게 그것을 막고 줄일 수 있는지, 순기능이 있다면 이를 좀 더 활성화할 수 있는 방안은 무엇일지 고민하면서 작업하였다.

---

1 Matt Richtel (2011. 4. 21). Children Fail to Recognize Online Ads, Study Says. *The New York Times*.

2 European Commission (2016. 3). Study on the Impact of Marketing through Social Media, Online Games and Mobile Applications on Children's Behavior. Doi:10.2818/917506

구체적으로 이 책의 1장에서는 디지털 미디어 환경에서 어린이의 광고에 대한 이해가 중요한 맥락과 이론적 설명을 디지털 디바이드와 설득지식모델에 근거하여 제시하였다. 2장에서는 어린이 대상 광고의 내용적 문제점들을 짚어보고 어린이의 연령에 따른 광고 정보 처리 과정을 대조하였다. 3장에서는 어린이 대상 광고가 구매와 브랜드 호감도 등에 미치는 영향력과 물질주의 가치관, 성역할 고정관념 등에 미치는 영향력을 정리하였다. 덧붙여 어린이의 식습관과 건강에 미치는 영향도 논의하였다. 4장에서는 방송과 신문 등 전통 미디어 광고에 대한 어린이의 이해와 반응을 점검하였다. 5장에서는 미디어 환경의 변화와 함께 등장한 중간광고, 가상광고, 간접광고, 네이티브 광고에 대한 어린이의 이해를 고찰하였다. 6장에서는 어린이 대상 디지털 광고의 현황과 이에 대한 어린이의 설득지식과 인지적 방어를 점검하였다. 7장에서는 미국과 캐나다의 어린이 광고 규제를 자율규제와 정부의 타율규제로 나누어 살펴보았다. 8장에서는 유럽연합과 영국에서 실행되고 있는 광고 규제를 정리하였고, 특히 어린이 건강과 관련하여 논란이 되고 있는 식품 광고에 대한 영국의 규제를 점검하였다. 9장에서는 국내 어린이 광고에 대한 자율규제와 타율규제를 살펴보았고, 특히 인터넷 광고의 유해성에 대한 문제를 논의하였다. 10장에서는 어린이를 위한 소비자교육과 국내외 디지털 미디어 리터러시 교육을 정리하였다. 11장에서는 광고에 대한 어린이의 태도와 광고 정보의 활용을 위한 어린이의 주체적 역할을 논의하였다. 마지막으로 12장에서는 디지털 미디어 환경에서 어린이의 광고 리터러시 증진 방안과 쟁점을 정리하여 학부모와 교사 등 다양한 이해관계자들이 맡아야 할 역할에 대해 논의하였다.

우리 어린이들이 디지털 미디어 환경에서 좀 더 현명한 선택을 하고, 불공정한 영향을 받지 않고, 건강하고 올바른 가치관과 생활습관을 습득하는 것은 우리 모두가 바라는 일이다. 광고가 어린이에게 미치는 영향력, 어린이가 광고에 반응하는 방식과 내용은 학자, 학부모, 교사, 사회, 기업, 국가가 모두 함께 긴밀히 살펴봐야 하는 영역이다. 또한 연구 절차와 방식에서 성인 대상 연구의 몇 배에 해당하는 노력과 고민이 필요한 어린이 대상 연구의 소중한 연구 결과물들이 체계적으로 정리되고 비교될 수 있도록 학계와 기업, 국가가 모두 노력해야 한다. 이러한 작업은 쉽지 않지만 중요한 과제이기에 필자 역시 더 고민하고 성찰하는 자세로 저술에 임했다.

방대한 자료 정리를 함께 해준 이화여대 박사과정의 이지윤, 석사과정의 홍주나 학생에게 감사를 표한다. 무엇보다도 늘 지혜와 지지를 아낌없이 나눠주는 남편 진현승 교수, 쓸데없이 심각한 나의 하루에 오늘도 웃음을 건네주는 딸 진서원에게 고마움과 사랑을 전한다.

2020년 6월
안순태

1

디지털 미디어 환경과 어린이 광고

1. 어린이와 어린이 광고

어린이 광고는 그 개념 자체가 논란이 되기도 한다. 광고가 무엇인지 모르는 아이들을 대상으로 하는 광고는 불공정하고 비윤리적이라는 시각 때문이다. 소비자가 광고를 인식하지 못할 때 광고가 더 효과적일 수 있다(Friestad & Wright, 1994)는 관점에서 어린이 광고효과는 다분히 사회적 논의의 대상이다. 오늘날 네이티브 광고와 같이 콘텐츠와 광고가 결합된, 일명 광고 같지 않은 광고는 성인의 경우도 광고로 인식하지 못하는 경우가 많다(An, Kerr & Jin, 2019). 이러한 시점에 어린이의 광고에 대한 이해와 반응을 살펴보는 일은 어느 때보다 중요하다.

무엇보다 광고가 어린이의 건강에 미치는 영향은 많은 나라에서 깊은 고민의 대상이 되고 있다. [그림 1-1]은 미국 어린이 프로그램의 패스트푸드 광고 중 99%가 맥도널드 해피밀(Happy Meal)과 버거킹 키즈밀(Kids Meal)이라는 점을 보여준다. 맥도날드 광고의 약 70%는 무료 장난감 등을 준다는 프리미엄(premium) 정보를 포함하고 있다(Bernhardt et al., 2013). 어린이들의 관심을 끌기에 충분한 무료 장난감이 건강에 좋지 않은 패스트푸드 광고에 등장하는 일은 국내에서도 흔히 볼 수 있는 현상이다.

[그림 1-1] 어린이 대상 패스트푸드 광고의 편중을 보여주는 예. 어린이 대상 광고는 식품 광고, 그중에서도 패스트푸드 광고에 편중되어 있으며 이는 어린이들의 식습관 형성에 큰 영향을 미친다.

    방송 광고 심의에 관한 규정 제2조 1항은 만 13세 미만을 어린이로 정의하며, 제23조에서는 어린이의 품성과 정서, 가치관을 해치는 방송 광고를 금지하고 있다. 구체적으로 어린이의 사행심을 조장하거나, 상품의 소유로 능력이나 행동이 변할 것이라고 제시하거나, 건전한 식생활을 저해하는 표현을 하는 것이 금지된다. 또 상품을 구입하도록 어린이를 충동하거나 부모 등에게 구매를 요구하도록 자극하는 표현 등도 금지된다. 이러한 제재는 광고가 어린이에게 미치는 영향이 신체적·정신적 건강, 가치관, 품성, 가족관계까지 포괄한다는 것을 잘 보여준다. 어린이 대상 광고는 일반 광고와는 다른 접근이 요청되며 특별한 관심과 주의가 필요한 영역이다.

그러나 국내에서 어린이 소비자에 대한 관심과 대책은 미흡하다. 어린이는 경제적 능력과 자립 능력을 이유로 독자적인 소비자 영역에 포함되지 못하고, 어린이의 권리를 상대적으로 과소평가하는 문화적 전통도 부족한 관심과 정책에 한몫을 해왔다(나은영, 2006). 시장 원리에 중점을 둔 마케팅 관점의 연구에 치중해온 것도 어린이의 건강과 복지 측면이 상대적으로 간과되어온 상황에 기여했다(나은영, 2006; 안순태 2011). 어린이와 청소년 대상의 광고 관련 연구는 일반 소비자 연구에 비해 턱없이 부족하다.

어린이 소비자에 대한 관심과 정책의 부족 속에서도 어린이들은 빈번히 광고의 설득 대상이 되고 있다. 광고 대상의 세분화로 어린 유아를 대상으로 하는 광고도 큰 폭으로 증가했다(양세정, 2019). 그런데 인지적 방어 능력이 부족한 상태에서 상업적 메시지에 노출된 어린이들은 불공정하게 설득될 수 있다. 광고에 대한 인식 자체가 정보처리 과정에 중대한 영향을 주기 때문이다. 어린이들이 광고를 알아차리지 못하는 경우 광고에서 말하는 것을 액면 그대로 받아들이기 쉽고, 객관적이고 비판적으로 그 내용을 평가하지 못하게 된다(An & Kang, 2019). 광고를 광고라고 인식하는 능력이 어린이에게 결정적으로 중요한 이유가 바로 여기에 있다.

어린이의 광고 정보 처리 과정은 성인과는 큰 차이를 나타낸다. 따라서 12살 이하 어린이를 대상으로 하는 광고는 '기본적으로(fundamentally) 불공정(unfair)하다'고 단언하기도 한다(Rozendaal, Buijzen & Valkenburg, 2010). 같은 맥락에서 미국의 광고 규제를 관할하는 연방거래위원회(Federal Trade Commission)는 어린이에게 성인 대상 광고와 같은 기법을 사용하는 것은 불공정(unfair)하다고 밝혔다(FTC, 1978). 어린이의 인지발달 단계가 광고 의도에 대한 이해, 프로그램과의 구별 능력 등에 영향을 준다는 실증적 연구 결과들은 이런 주장을 뒷받침한다(윤각·최호정, 1997; Wartella & Etterma, 1974).

어린이는 대략 9-10세가 되면 성인과 비슷한 광고 인지(advertising

recognition)를 갖게 되지만 광고의 판매, 설득의도에 대한 이해도는 12세가 되어도 완성되지 않는다(Rozendaal, Buijzen & Valkenburg, 2010). 광고를 프로그램과 구분하는 광고 인지 능력에서 나아가 광고의 목적이 판매와 설득이라는 의도를 깨닫는 것은 훨씬 더 후에 이루어진다. 특히 단순한 판매의도를 넘어서서 브랜드 태도와 호감도 등 다양한 광고 목적에 대한 이해는 11-12세가 되어야 증가하기 시작한다(Rozendaal, Buijzen & Valkenburg, 2010). 광고에 대한 이해 부족은 광고에 대한 어린이의 취약성과 연결되기에(Brucks, Armstrong & Goldberg, 1988; Gunter, Oates & Blades, 2005; Robertson & Rossiter, 1974), 어린이 대상 광고의 내용과 형식은 특별한 주의와 관심이 요청되는 영역이다.

어린이의 인지발달 단계에 따라 광고 이해도는 달라지고, 어린이의 연령은 광고에 대한 반응을 결정짓는 중요한 변수가 된다. 5-8세 아동들은 프로그램 길이나 등장인물과 같은 지각적인 요인에 의해 광고와 프로그램을 구분할 수 있으나, 9-12세의 아동들은 보다 복잡한 단계인 메시지의 특징에 의해 광고를 구분하는 것이 가능하다. 김경화(2004)는 아동의 정보판별능력에 영향을 주는 변인을 연령, TV 광고 호감도, TV 광고 목적 이해도의 순서로 제시하였다. 즉, 아동의 연령이 높고 호감도가 낮으며 목적 이해도가 높을수록 광고에 대한 정보판별능력이 높아진다는 것이다. 또 아동의 인지발달 단계 중 구체적 조작기와 형식적 조작기에 속하는 아동을 대상으로 유명인 모델의 효과를 살펴본 연구(김성기·곽동성, 2005)에서도 구체적 조작기 아동들의 경우 호감성이 직접 구매 제품의 광고와 브랜드 태도에 보다 긍정적인 영향을 주었으나, 형식적 조작기 아동들의 경우에는 호감성뿐 아니라 전문성이 상품 선택에 영향을 미친다는 점을 발견하였다.

어린이 광고의 개념은 크게 다섯 가지로 정의할 수 있다(윤희중, 1991; 정만수, 2000). ① 수용자의 절반 이상이 어린이인 프로그램의 광고, ② 주된 소구(appeal) 대상이 어린이인 광고, ③ 어린이에게 매력적인 시청 시간대에 보여지는 광고, ④ 어린이가 보는 광고, ⑤ 어린이를 통해 어른에게 전달되는 것을 가정하는 광고가 해당된다. 다시 말해 어린이 광고는 주로 누가 시청하는지, 누구를 주 시청대상으로 제작되었는지, 어린이 시청 가능성이 높은 시간대에 방송되는지, 어린이가 광고 내용을 전달하는지 등에 따라 구분된다. 본서에서는 위의 다섯 가지 개념을 모두 포함하여 어린이 광고에 대한 논의를 폭넓게 전개하고자 한다.

아울러 본서에서는 현행 방송법의 정의에 따라 13세 미만을 어린이로 규정하고 쟁점과 방향성을 논하고자 한다. 해외의 방송 관련 법령에서 규정하는 어린이에 대한 정의는 조금씩 상이하다. 미국은 12세 미만, 캐나다는 12세 미만, 호주는 14세 미만, 영국은 16세 미만, 독일은 12세 미만, 스웨덴은 12세 미만 등이다. 특히 스웨덴의 경우 12세 미만의 어린이를 대상으로 하는 텔레비전 광고와 16세 미만의 어린이를 대상으로 하는 문자 메시지나 이메일 같은 직접 광고를 완전히 금지하고 있다(Lexology, 2019). 캐나다 퀘벡 주에서도 12세 미만 어린이 대상 광고가 원칙적으로 허용되지 않는다.

2. 디지털 디바이드와 어린이의 정보격차

디지털 디바이드(digital divide)는 사회·경제·지역·문화 등의 차이로 새로운 정보에 대한 접근과 이용이 불균형해지는 현상을 말한다. 디지털 디바이드는 급변하는 미디어 환경 속에서 심화되고 있다(van Dijk, 2003). 동일한 정보가 일방적으로 전달되던 전통 미디어와 달리, 디지털 시대의 정보 노출과 소비는 이용자 개인에 의해 크게 영향을 받는다. 이에 쉴러(Schiller, 1996)는 정보통신기술의 발전이 정보 부자(haves)와 정보 빈자(have-nots)의 격차를 심화시킬 것이라 지적했다. 초기의 디지털 디바이드 현상은 정보기술의 접근성 위주로 논의되었고(NTIA, 1999), 접근성이 보편화된 오늘날에는 정보에 대한 이해와 활용의 문제에 초점이 맞추어지고 있다(DiMaggio & Hargittai, 2001; van Dijk, 2006). 동일한 정보에 노출되어도 이용자가 어떻게 이해하고 활용하느냐에 따라 차이가 발생하기 때문에 디지털 시대 어린이 광고의 효과에 대한 논의도 이러한 점을 고려해 이루어져야 한다.

오늘날 다양한 방식의 새로운 광고 유형들은 어린이의 인지적 이해력을 시험하고 있다. 인터넷과 모바일을 통해 때로는 게임 형태로, 때로는 기사 형태로 어린이의 시선을 끄는 하이브리드 광고들에 대한 어린이의 분별력은 매우 제한적이다(안순태, 2013; Moore & Rideout 2007; Quilliam, Lee, Cole & Kim, 2011). 디지털 디바이드 관점에서 주시할 점은, 어린이들이 광고라는 인식을 가지고 상업적 정보를 처리하는지 여부와 이러한 정보처리가 부모의 소득이나 리터러시 교육에 따라 달라지느냐는 것이다.

광고 리터러시를 포함하는 미디어 리터러시는 개인의 능력 차원을 넘어서 다양한 범주의 사회경제적 요인에 영향을 받는다(김은미, 2011). 부모의 소득은 어린이 리터러시에 큰 영향을 미치는 문화 자본으로, 공적 경로보다는 일상을 통한 사적 경로를 통해 습득되며(Bourdieu, 1984), 부모의 사회경제적 지위가 자녀로 이어져 사회적 격차를 고착화한다는 실증적 검토를 거쳐왔다(나은영·박소라·김은미, 2009; 박소라, 2005; 배진아·조연하, 2010; 송요셉 외, 2009; Livingstone & Helsper, 2008). 이러한 연구들은 사회경제적 지위에 따라 상이하게 표출되는 미디어 이용과 이해라는 맥락에서(Bonfadelli, 2002; Madden & Rainie, 2003), 사회경제적 취약계층에 나타나는 정보 불평등의 재생산 문제를 지적하고 있다.

구체적으로, 피터와 발켄버그(Peter & Valkenburg, 2006)는 사회경제적 지위가 높은 부모를 둔 청소년일수록 인터넷을 활용하는 수준이 높다는 점을 발견했다. 유럽 청소년들에 대한 보고서(EUKids, 2010)에 따르면 사회경제적 지위가 높은 가정의 청소년은 인터넷 접근이 증가하더라도 위험한 정보에 대한 노출은 상대적으로 적다고 한다. 국내에서도 부모의 교육수준과 사회경제적 지위가 높을수록 자녀들의 인터넷 활용 능력이 높게 나타났다(정재기, 2007, 2011). 경제적 수준이 낮은 부모일수록 자녀의 인터넷 사용을 감독하는 데 효율성이 떨어지고(김지혜·정익중, 2010), 아버지의 학력이 높을수록 자녀들이 인터넷상에서 유해정보에 노출될 가능성이 낮게 나타났다(김은미·정화음, 2007).

광고 리터러시는 광고 메시지를 분석 및 평가, 활용할 수 있는 능력으로 정의된다(Young, 2003). 광고 리터러시가 낮으면 상업적 메시지를 액면 그대로 여과 없이 받아들일 가능성이 높다. 따라서 상업 정보의 불공정한 설득을 막고, 어린이가 주체적이고 객관적으로 광고 정보를 평가하고 활용하기 위해서 광고 리터러시는 어린이들에게 필수적인 역량이다. 광고 리터러시가 어린

[그림 1-2] 인터넷 신문의 전형적인 배너 광고 예시. 어린이들의 디지털 기기 사용이 일반화됨으로써 인터넷상의 광고에 대한 식별력은 대체적으로 높은 편이다. 그러나 디지털 디바이드에 따라 어린이들 사이에서 차이가 나타나기도 한다.

이들에게 미치는 영향과 효과를 지적하는 연구들(An & Stern, 2011; An et al., 2014; Livingstone & Helsper, 2004; Valkenburg & Cantor, 2001; Young, 2003) 은 어린이의 광고 리터러시 수준에 영향을 미치는 다양한 요인들을 지적하고 있는데, 부모의 소득과 같은 사회경제적 수준은 주요한 변인 중 하나이다.

실제로 국내 저소득층 어린이들의 광고에 대한 이해는 일반 가정의 어린이에 비해 매우 낮게 나타났다(안순태, 2015). [그림 1-2]는 인터넷 신문에서 흔히 볼 수 있는 배너 광고의 유형이다. 이러한 배너 광고를 보여주고 광고인지 물었을 때 일반 가정의 어린이는 92%가 광고라고 알아차린 반면, 저소득층 어린이는 78%만이 광고라고 답했다.

[표 1-1]은 소득수준에 따른 어린이들의 배너 광고 식별력이다. 조사에 참여한 2-5학년 일반 가정 어린이들은 서울 소재 공립 초등학교에 재학 중인 556명 학생들이었고, 저소득층 어린이들은 지역 사회복지관 저소득 어린이 프로그램에 등록된 97명 어린이들이었다(안순태, 2015). 연구 결과는 부모의 경제적 지위에 따른 디지털 디바이드의 심화가 어린이의 광고 리터러시에 있어서

[표 1-1] 소득수준에 따른 어린이의 인터넷 배너 광고 식별력

| | | 소득수준 | | 전체 |
		저소득층	일반	
배너 광고	광고이다	76 (78.4%)	512 (92.3%)	588 (90.2%)
	광고가 아니다	21 (21.6%)	43 (7.7%)	64 (9.8%)
합계		97 (100%)	555 (100%)	652 (100%)

$\chi^2 = 18.026$, $df = 1$, $p < .001$ 출처: 안순태, 2015

도 재현되고 있음을 보여주었다. 이는 취약계층 어린이들이 상업적 정보에 무분별하게 노출되고 불공정한 영향을 더 많이 받을 수 있다는 것을 의미하기도 한다.

위와 같은 결과는 사회경제적 요인에 따른 디지털 디바이드 현상을 지적하는 기존 연구들과 일치한다(Bonfadelli, 2002; Dimaggio & Useem, 1978; Fletcher-Flinn & Suddendorf, 1996; Aschaffenburg & Maas, 1997; Wilson, Wallin & Reiser, 2003). 무엇보다 광고라는 인식 없이 일어난 단순 노출이 어린이의 생활습관, 식습관, 가치관에 미치는 부정적 영향은 광고 리터러시의 부족이 단순한 정보 격차를 넘어서 심각한 폐해를 낳을 수 있다는 점을 보여준다(An, Jin & Park, 2014; Mallinckrodt & Mizerski, 2007; Moore, 2004; Pempek & Calvert, 2009). 건강에 좋지 않은 음식, 어린이에게 위해를 줄 수 있는 광고 내용의 파급효과가 저소득층 어린이와 같은 사회적 약자에게서 더 현저히 나타날 수 있다는 것은 이에 대한 대책 마련과 체계적 논의의 필요성을 부각시킨다.

객관적 정보인 뉴스와 상업적 정보인 광고를 구분하는 것은 광고 리터러시의 기반이다. 어린이의 광고 리터러시 부족으로 파생되는 부정적 영향은 국내외 연구들을 통해 검증되었다(안순태, 2011, 2012a; An et al., 2014; An & Stern,

2011; Dias & Agante, 2011; Harris, Speers, Schwartz & Brownell, 2012). 펨펙과 칼버트(Pempek & Calvert, 2009)는 연구에 참여한 만 9–10세의 어린이 중 대다수가 광고게임을 광고로 인식하지 못했을 뿐만 아니라, 건강에 해로운 식음료가 등장한 광고게임에 영향을 받아 게임 종료 후에 해당 식품을 더 선호하는 것을 발견하였다. 특히 기사형 광고는 주로 건강과 관련된 의료서비스나 기능성 식품 광고에 대한 내용이 많기 때문에 기사로 가장된 의료서비스나 식품 광고는 어린이에게 편파적인 건강 및 의학 정보를 전달할 수 있고, 어린이가 이러한 정보를 상업광고가 아닌 객관적 정보로 받아들일 경우 그 부정적인 효과는 극대화될 수 있다(안순태, 2013; 이희복·신명희, 2011; 조연하·배진아, 2012; 하주용·김영, 2011). 디지털 시대 어린이의 광고 리터러시에 대한 사회적 관심과 대책 마련이 시급한 이유다.

3. 설득지식모델과 어린이 광고

어린이 대상 광고는 일반인 대상 광고와 달리 접근해야 하고 그 차이와 문제점의 근거는 설득지식모델이다. 설득지식모델(persuasion knowledge model)에 따르면 설득지식은 언제, 왜, 어떻게 설득 시도들이 일어나는지 알아차리게 하고, 설득을 하려는 상대방(persuasive agents)에 대한 태도와 생각에 영향을 미친다. 소비자의 설득지식이 성숙함에 따라 다양한 광고 전략과 의도를 파악하고, 이를 평가하여 반응하고, 적절히 대응하는 방식을 배워가는 것이다(Wright, Friestad & Boush, 2005). 특히 설득의도 탐지는 설득에 대응하는 방식과 반응에 영향을 주어 어린이가 광고 내용을 있는 그대로 받아들이지 않고 비판적으로 보게 하는 원동력이 된다.

설득지식이 낮은 어린이는 '광고는 뭔가를 이야기해주는 것'과 같은 광고의 협조적 의도(assistive intent)만 받아들일 뿐, 광고의 설득적 의도(persuasive intent)를 이해하지 못한다. [표 1-2]는 국내 어린이들의 광고에 대한 정의이다. '광고란 무엇일까요?'라는 질문에 어린이들이 자유롭게 제시한 답변을 협조적 의도와 설득적 의도로 구분하여 정리한 결과다(안순태, 2012a). 협조적 의도에 대한 이해만을 하고 있는 경우 반복적으로 나오는 말이 '무언가를 알리는 것', '알려주는 것', '보여주는 것' 등이다. 이를 통해 어린이들이 광고를 단지 뭔가를 이야기하는 것으로 받아들인다는 점을 알 수 있는데, 광고를 이렇게 이해한다면 광고와 TV 프로그램 또는 뉴스와의 차이점은 인식되지 않을 것이다.

[표 1-2] 어린이의 광고에 대한 정의: 협조적 의도와 설득적 의도

	광고란 무엇인가에 대한 어린이들의 답변
협조적 의도 (assistive intent)	TV에서 나오는 무언가를 알리는 것; 다른 사람에게 무엇을 알리는 것; 무언가를 널리 알리는 것; 무엇을 사람에게 보여주는 것; 사람에게 보여주는 것; 알려주는 것; 어떤 물건이나 음식을 알리는 것; 무언가를 보여주는 것; 사람에게 알리는 것; 자신의 뭘 알리는 것; 우리에게 무엇을 알려주는 것
설득적 의도 (persuasive intent)	사람을 설득하게 할 수 있는 종이; 다른 사람에게 이리로 와서 보게 하거나 오게 하는 것 아니면 무엇을 사게 하는 것; 무엇을 사라고 꼬드기는 것; 무엇을 팔기 위해 만든 프로그램; 사람들에게 물건을 사게 하려고 하는 짧은 말; 사람들에게 알려서 쓰게 하는 것; 쓸데없는 물건을 사게 해서 돈을 벌려고 하는 것; 한 물건을 사고 싶게 만드는 것; 거기에 사람들을 오라고 유인하는 것; 무엇인가를 파는 것; 사람들을 사게 만드는 것; 어떤 회사에서 이 제품을 사게 하려고 만든 것; 다른 사람에게 이것을 팔아서 돈을 벌려는 것; 많이 보러 오게 하거나 많이 사게 하는 것; 무언가를 사라고 유혹하는 것; 무엇을 사라는 말; 무엇을 팔려고 간단히 설명한 것; 물건을 팔기 위해 TV에서 연기하는 것; 선전을 하는 것이다, 팔기 위해서; 신발 같은 것을 많이 팔려고 하는 것; 연예인이나 사람이 냉장고 등을 판매하려고 찍는 것; 팔기 위해 하는 것

출처: 안순태, 2012a

광고를 일종의 객관적인 정보로 받아들이고, 광고가 광고주의 입장에서 주관적, 편파적으로 제시되는 설득적 의도를 담고 있다는 점을 이해하지 못하기 때문이다.

그러나 어린이가 한 단계 높은 광고의 설득적 의도를 탐지하게 되면 '광고는 우리에게 뭔가를 사게 만들려고 하는 것'이라는 인식을 가지게 된다. [표 1-2]는 설득적 의도를 담고 있는 어린이들의 광고에 대한 정의를 보여준다. 이러한 설득지식이 촉발되는 순간, 광고 내용에 대한 '의미의 전환(change-of-meaning)'이 일어나고(Friestad & Wright, 1994, p. 13), 광고 내용을 그대로 받아들이기보다 비판적인 태도로 반응하게 된다. 뭔가를 팔려고 한다는 단순한 자각이 광고 문구를 재해석하게 만드는 의미의 전환을 유도하는 것이다. 설

득지식모델에 따르면 설득의도에 대한 탐지는 설득으로부터 거리를 두고 멀어지려는(disengage) 경향을 유도하고, 설득 내용에 대한 신뢰도를 감소시킨다(Friedstad & Wright, 1994; Wright, Friedstad & Boush, 2005). 다시 말해 누군가 자신을 꼬이려 한다는 생각이 드는 순간 어린이의 인지적 방어기제가 발동하는 것이다. 그러므로 어린이들에게는 광고의 협조적 의도에 대한 이해뿐만 아니라 설득적 의도에 대한 이해가 중요하다.

즉 설득의도 탐지는 일명 '이탈효과(detachment effect)'를 유도하는데 이는 설득으로부터 거리를 두고 멀어지려는 경향을 지칭한다. 이탈효과에 관한 연구들은 설득의도 탐지 후 메시지에 대한 설득효과가 현저히 떨어짐을 보여준다(Brown & Krishna, 2004; Campbell & Kirmani, 2000; Main, Dahl & Darke, 2007; Morales, 2005; Wei, Fischer & Main, 2008). 예를 들어, 정기세일에서 이월 상품이나 인기가 없는 제품이라서 할인이 된다는 것을 소비자가 알게 되는 순간 제품에 대한 관심과 구매의도는 감소한다(Brown & Krishna, 2004). 설득의도 탐지는 브랜드 노출 시 회의적이고 방어적인 태도를 유도하고, 결과적으로 설득효과를 감소시킨다(Russell, 1998).

어린이의 경우, 광고에 대한 인지적 방어(cognitive defense)는 광고의 판매의도 지각으로 가능해진다(Rossiter & Robertson, 1974). 판매의도, 설득의도에 대한 지각이 광고를 좀 더 비판적이고 회의적인 태도로 바라보게 하고, 광고에서 전달되는 정보와 표현을 그대로 받아들이지 않게 한다(Robertson & Rossiter, 1974; Rossiter & Robertson, 1974). 더 나아가 광고의 판매의도를 알아차린 어린이들은 광고된 제품을 덜 선호하게 된다(Robertson & Rossiter, 1974; Rossiter & Robertson, 1974). 국내 연구에서도(박명숙, 1988) 판매의도를 파악한 정도가 높을수록 광고된 제품에 대한 부정적 태도가 강해지는 결과가 발견되었다. 초등학교 2-3학년 어린이를 대상으로 광고게임의 설득효과를 실험한 연구에서(안순태, 2011), 광고주 인식이나 설득의도를 탐지한 어린이는 관련 식품 구매 의사가 현저히 낮게 나타났다.

디지털 시대 어린이 건강과 복지를 위해 광고 리터러시는 어린이가 갖추어야 할 핵심적 소양이다. 사회 전반에서 미디어 리터러시의 중요성이 강조되면서 정부, 학계, 교육계 등 다양한 분야에서 미디어 리터러시에 대한 연구가 이루어지고 다양한 형태로 미디어 리터러시 교육이 시도되고 있다. 그러나 광고 리터러시에 대한 관심과 지원은 턱없이 부족하다. 국내 리터러시 프로그램은 전반적으로 사업의 연속성이나 전문성이 부족하다고 지적되어왔다(홍유진·김양은, 2013). 특히 어린이 대상 광고 리터러시 프로그램은 해외에 비해 매우 미흡하다. 예를 들어, 캐나다의 미디어 리터러시 교육기관인 미디어스마트(Media Smarts)는 어린이를 대상으로 광고게임과 같은 온라인 광고 유형에 대한 구체적인 광고 리터러시 교육 프로그램을 무료로 제공하고 있다(미디어스마트, 2014). 미국의 경우 어린이광고심의기구(Children's Advertising Review Unit)라는 별도의 기구가 온라인과 오프라인의 어린이 대상 광고를 모니터링하고 정책 제시를 주도하고 있다. 국내 어린이 대상의 광고 리터러시 프로그램에 대한 연구와 정책적 지원이 절실하다.

디지털 시대 우리 어린이들의 건강과 복지를 위해 광고 리터러시는 필수적이다. 허더스 등(Hudders et al., 2017)은 광고 리터러시 교육의 쟁점으로 연령별 교육 내용, 광고 리터러시 증진을 위한 효율적 전략 등을 지적하고 있다. 우리 어린이들이 좀 더 건강하고, 현명하며, 효율적인 의사결정을 할 수 있도록 우리의 미디어 환경과 정책을 제고하고, 광고 리터러시의 현주소를 깊이 있고 체계적으로 비교 점검하여 효과적인 전략 방안과 콘텐츠 개발을 도모해야 한다. 무엇보다 어린이 광고 리터러시의 중요성과 필요성에 대한 공론화를 통해 어린이 광고 리터러시 교육에 있어 학교, 부모의 중재 등 다양한 이해관계자들의 역할이 논의되어야 한다.

2

어린이 대상 광고와
어린이의 광고 정보 처리

1. 어린이 대상 광고 현황

▶ ─────○──────────────────────────────────

최근 어린이 소비자 시장 규모와 마케팅 활동은 큰 폭으로 증가해왔다(박수호, 2019). 국내 저출산 현상과 맞물려 가정마다 어린이 1인에 대한 지출액은 오히려 크게 늘어나고, 아이들을 대상으로 하는 '엔젤 산업'은 지속적인 성장세를 보이고 있다. 외동으로 태어나 귀하게 자란 아이를 뜻하는 '골드 키즈(gold kids)'와 그 아이를 위해 부모와 양가 조부모, 이모, 고모, 삼촌, 친구까지 많게는 10명이 아낌없는 투자를 한다는 '텐 포켓(ten pocket)' 등의 신조어가 생겨나기도 했다(박정현, 2017). 국내 한 백화점의 경우 유아동 부문 매출 신장률은 2016년 8.1%에서 2018년 12.9%로 성장했으며, 역대 최저 출산율을 기록한 2018년 9월에도 전년 대비 18.9%의 매출 성장을 보였다고 한다(박미선, 2019). 과거 10대 소비자들에게 집중되었던 어린이 마케팅이 점차 더 어린 소비자들을 대상으로 움직이고 있는 것이다(김정우, 2019).

　유아동을 대상으로 하는 엔젤 산업의 꾸준한 성장세와 함께 국내 유아용품 시장 규모는 2009년 1조 2,000억 원에서 2015년 약 2조 4,000억 원으로 증가하였고, 2019년에 들어서는 4조 원대를 넘어설 것으로 예상된다(산업연구원, 2019). 그중에서도 어린이 식품 시장은 빠른 속도로 커지고 있어 미음, 죽, 유아과자, 음료 등 기타 영유아식의 국내 판매액은 2017년 기준 940억 원으로 전년도 대비 45%나 급증했으며, 어린이용 간식 시장 역시 전년 대비 200억 원가량 늘어난 806억 원을 기록하였다(황서영, 2019).

[그림 2-1] 출산율 감소로 외동아이를 왕자나 공주처럼 귀하게 키우는 가구가 늘어나면서 어린이 소비자 시장이 빠르게 성장하고 있다.

기업의 어린이 대상 광고 비용도 지속적으로 증가하여 미국의 경우 1983년 1억 달러 수준에서(유승철, 2011), 2013년에는 33억 달러, 2019년에는 44억 달러로 추산된다(Guttman, 2019). 전 세계적으로 어린이 광고에 대한 비용은 전체적인 마케팅 예산을 모두 포함하여 연간 3% 수준으로 증가할 것으로 보인다(Van Eeden & Chow, 2019). 특히 최근 디지털 광고 집중도가 눈에 띄는데, 2016년에는 전체 어린이 광고의 15%에 머물던 디지털 광고비가 2021년에는 전체 예산의 37%, 약 17억 달러로 예측된다. 예전에는 TV에 집중되던 13세 미만 어린이 광고가 스마트폰, 태블릿, PC 등으로 옮겨가고 있는 것이다.

어린이 대상 광고비의 증가는 어린이 소비자의 경제력, 구매능력의 상승과 연결되어 있다. '골드 키즈', '텐 포켓' 등의 신조어는 어른들을 통한 이들의 구매력을 나타내는 사회적 현상이기도 하다. 지속적인 출산율 저하 현상에도 불구하고 신생아 1명당 유아용품 구매 비용이 2009년 270만 원에서 2015년

548만 원으로 크게 증가하였다는 점도 이러한 현상을 잘 나타낸다(유안타리서치, 2016). 어린이 소비자의 관심과 눈길을 끌려는 기업들의 움직임이 어느 때보다 활발하고 공격적이다.

특히 어린이 대상 광고는 식품에 치중되어왔다(Gamble & Corugna, 1999; Kunkel & Gantz, 1992; Lewis & Hill, 1998). 미국 어린이 광고 350편의 내용을 분석한 연구(Gamble & Cotugna, 1999)에서 3분의 2가 식품 광고로 나타났다. 사이프러스에서 진행된 연구(Tziortzi, 2009)에 따르면 어린이 광고의 대부분인 72.3%가 식품 광고였고, 그중 83.5%는 건강에 좋지 않은 고지방/고당분/고염분(high in fat, sugar, salt, HFSS) 품목이었다.

미국의 경우 어린이 대상 광고의 주 품목은 장난감, 시리얼, 캔디, 패스트푸드 네 가지이며, 음식 광고가 전체의 60%를 차지했고 그중 70%는 당분과 지방 함량이 높은 시리얼과 캔디, 케이크, 쿠키 광고인 것으로 나타났다 (Barcus, 1980). 영국 연구(Young, 1990)에 의하면, 분석 대상인 1,750개 어린이 대상 광고 중에 3분의 1이 식품이었고 그중 3분의 1은 당류 제품이었다. 쿤

[그림 2-2] 텔레비전을 통한 어린이 대상 광고가 건강에 좋지 않은 햄버거, 감자튀김 등으로 대표되는 현실을 상징적으로 보여주는 그림이다.

켈과 간츠(Kunkel & Gantz, 1992) 연구에서는 전체 광고 품목을 6개의 제품군(장난감, 시리얼/아침식품, 당류 스낵/음료, 패스트푸드, 건강한 음식/음료, 기타)으로 나누어 비교하였는데, 장난감과 시리얼이 전체 광고의 절반 이상을 차지했고, 당류 스낵과 음료를 포함하면 거의 4분의 3을 차지해서 주요 광고 품목은 장난감, 시리얼, 당류 스낵/음료로 확인되었다.

국내 상황도 이와 다르지 않다. 국내 식품 광고 중 가장 높은 비율을 차지하고 있는 것은 음료수(20.6%)이고 대부분이 당 성분이 높은 음료 광고이다. 과자류(19.7%)와 빙과류(19.5%)의 광고 비율도 높은 편이다(김경희·강금지, 1997). 어린이 대상 TV 프로그램에서 방영되는 광고를 조사한 연구 결과, 전체 광고 중 식품 광고의 비중은 27.8%로 나타났으며 이 중에서도 과즙음료와 시리얼, 치킨, 스낵, 빙과류, 햄버거/피자 광고가 68.9%를 차지하였다(이귀옥, 2010). 전체 광고 시장에서 식음료 광고가 차지하는 비중에 비하여 어린이 대상 광고에서 식품 광고의 비중이 특별히 높은 것을 알 수 있다(이귀옥, 2010; 한상필·지원배, 2010).

[그림 2-3] 당분이 높은 주스 광고의 한 장면. 과일주스는 당분이 높지 않을 거라고 생각하기 쉬우나 1회 제공량만 마셔도 하루 권장량의 절반을 넘는 당분을 섭취하게 되는 경우가 많다.

2. 어린이 대상 광고의 내용적 문제점

어린이 광고의 식품 집중도는 광고되는 식품의 구성이 균형적이지 못하며, 건강에 좋지 않은 식품류가 주로 등장한다는 사실로 연결된다. 호주의 어린이 대상 프로그램 전후에 광고된 식품들은 정부가 제안하는 건강 식생활 가이드와 일치하지 않고 패스트푸드나 초콜릿, 스낵 등이 50%에 가까운 비중을 차지했다(Zuppa, Morton & Mehta, 2003). 미국 어린이 광고 350편의 내용을 분석한 연구(Gamble & Cotugna, 1999)에서 토요일 아침 가장 빈번히 광고된 제품은 당분이 높은 시리얼로 전체 식품 광고의 34.5%를 차지했으며, 설탕 함량이 낮은 시리얼과 비교했을 때 그 차이는 20대 1이었다. 광고물에 나오는 전형적인 어린이 식단은 치즈버거, 감자튀김, 탄산음료와 장난감으로 구성되어 있었고 대부분의 식품 광고는 고지방 저식이섬유 식단이었다(Gamble & Cotugnam, 1999).

세계 주요국을 비교한 연구 결과도 어린이 대상 식품 광고의 문제점을 지적하고 있다. 켈리 등(Kelly et al., 2010)은 13개국의 어린이 대상 TV 광고를 비교하였는데 식품 광고는 두 번째로 많이 등장하는 광고였다. 가장 많이 등장하는 광고가 채널 자체를 홍보하는 광고였기 때문에 이를 제외하면 일반적인 상품 중에서는 식품 광고가 가장 많았다. 또한 1시간 동안 채널 1개에서 보게 되는 식품 광고는 나라에 따라 2개(브라질)에서 9개(그리스)에 이르며 평균적으로는 5개로 나타났다. 나라마다 정도의 차이는 있지만 건강에 좋지 않은 패스트푸드나 초콜릿, 과자 등이 광고의 67%를 차지하는 것으로 나타났다.

특히 이러한 광고는 어린이들이 주로 TV를 시청하는 시간대에 가장 많이 방영되었다. 전체 조사 대상국의 식품 광고에서 구매를 유도하기 위한 무료 증정품이나 할인권 등 프리미엄이 빈번히 등장했는데 작게는 2%(그리스)에서 많게는 34%(미국)에 이르렀다. 또한 어린이에게 인기 있는 캐릭터를 이용하는 방식의 광고도 조사 대상국 전체에서 나타났는데 그 범위는 9%(이탈리아)부터 49%(미국)까지 다양했다(Kelly et al., 2010). 미국의 경우 2009년부터 2010년까지 텔레비전을 통해 전국에 방송된 맥도날드 광고의 약 70%가 무료 장난감 등을 준다는 프리미엄 정보를 포함하고 있었다(Bernhardt et al., 2013).

국내 어린이 대상 TV 식품 광고도 정크푸드가 대부분인 것으로 나타났다(이귀옥, 2010; 한상필·지원배, 2010). 또 식품 광고에서 구매욕구를 자극하기 위한 표현이 가장 많이 사용되고 있었다. 어린이들에게 친숙한 모델을 등장시키거나 이벤트와 경품 등을 제시함으로써 인지능력이 부족한 어린이들을 혼동시킬 수 있는 광고도 많았다. 광고에 표시되는 자막에는 제품과 관련된 성분보다는 자사에 유리한 정보를 편향적으로 제공하는 경우가 많았다(한상필·지원배, 2010).

어린이 대상 식품 광고의 경우 텔레비전과 같은 전통 미디어뿐만 아니라 광고게임(advergame)과 같은 뉴미디어를 통해서도 적극적으로 광고된다. [그림 2-5]는 헝가리 맥도날드 광고게임의 한 장면이다. 이 같은 광고게임에서는 브랜드 정보가 게임의 배경 또는 구성요소로 작동한다. 맥도날드, 버거킹과 같은 패스트푸드 회사들이 어린이들을 대상으로 한 무료 광고게임을 통해 브랜드 정보를 전달하는 것이다. 이러한 미국 식품회사들의 광고게임은 어린이의 건강에 좋지 않은 과자나 음료 위주로 구성되어 있으며 과장된 광고문구가 많이 사용된다고 지적되어왔다(Kaiser Family Foundation, 2006; Lee, Choi, Quilliam & Cole, 2009; Moore & Rideout, 2007; Quilliam, Lee, Cole & Kim,

[그림 2-4] 영화 속 캐릭터 장난감을 제공한다는 맥도날드 해피밀 광고. 왼쪽 하단부 맥도날드 브랜드 로고 옆에 'Free Toy'라는 카피가 어린이들의 주목을 끈다. 이는 어린이 대상 광고에서 빈번히 사용되는 전략이다.

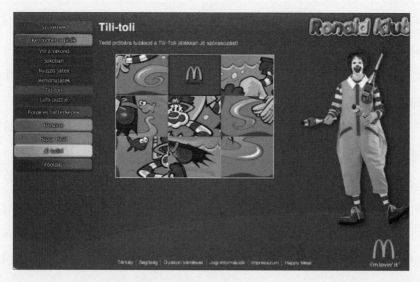

[그림 2-5] 광고게임은 게임이라는 형식을 통해 어린이들의 재미를 충족시키면서 자연스럽게 브랜드와 제품 정보를 전달한다.

[표 2-1] 광고게임에 등장하는 식품의 설탕 함량과 게임 점수의 관련성

		식품이 게임 점수와 관계가 있다	식품이 게임 점수와 관계가 없다	
설탕 함량	적정치 초과	79.4% (108)	67.1% (49)	157
	적정치 미만	20.6% (28)	32.9% (24)	52
합계		100% (136)	100% (73)	209

x^2 = 3.9, df = 1, p < .05

출처: 안순태, 2012b

2011; Weber, Story & Harnack, 2006).

국내 광고게임을 분석한 연구(안순태, 2012b)에 의하면 기업 사이트에서 다른 일반 게임과 섞여서 제공되는 광고게임이 많았는데, 이는 광고게임의 설득 의도에 대해 어린이에게 혼동을 줄 수 있는 소지가 있다. 또한 광고게임에 등장하는 대부분의 식품이 건강에 좋지 않은 고열량·저영양 음식이고 화학첨가물을 포함하고 있으며, 지방 함량이나 설탕 성분이 적정치를 초과하는 식품이 절반 이상이라는 문제가 나타났다. [표 2-1]을 보면 설탕 함량을 기준치보다 초과하는 제품이 나오는 광고게임이 분석 대상 전체 209개 중 157개로 대다수이고, 특히 설탕 함량이 높은 식품들이 게임 점수와 관계가 있는 설정에서 자주 등장하는 것을 알 수 있다. 어린이들의 식품에 대한 몰입 정도는 게임 점수와 관계가 있을 때 높을 것으로 예상되는데, 이 경우 약 80%의 식품이 당분 함량이 높았다.

지방 함량의 경우도 유사한 결과가 나왔다. 게임 점수와 관계가 있을 때 그렇지 않은 경우보다 지방 함량이 적정치보다 높은 식품들이 더 많이 등장했다. [표 2-2]를 보면 게임 점수와 관계없는 광고게임에 나오는 식품 중 52.1%가 지방 함량이 적정치를 넘었고, 게임 점수와 관계있는 경우에는 67.6%가 지방 함량이 적정치를 초과했다. 이런 결과들은 광고게임과 같은 새로운 형식의

[표 2-2] 광고게임에 등장하는 식품의 지방 함량과 게임 점수의 관련성

		식품이 게임 점수와 관계가 있다	식품이 게임 점수와 관계가 없다	
지방 함량	적정치 초과	67.6% (92)	52.1% (38)	130
	적정치 미만	32.4% (44)	47.9% (35)	79
합계		100% (136)	100% (73)	209

$\chi^2 = 4.9$, $df = 1$, $p < .05$ 출처: 안순태, 2012b

광고를 통해 어린이 소비자를 설득하기 위한 적극적이고 공격적인 마케팅 전략이 사용되고 있음을 나타낸다. 어린이들이 게임점수를 높이기 위해 몰입하는 순간 당분과 지방 함량이 더 높은 제품들에 노출된다는 것은 단순노출효과(mere exposure effect)로 인해 어린이 건강에 미치는 부정적 영향이 극대화될 수 있다는 것을 의미한다.

3. 어린이 대상 광고의 설득과 소구 방식의 문제점

어린이 대상 광고는 그 내용뿐만 아니라 소구 방식에서도 특별한 주의가 필요하다. 성인을 설득하기 위해 일상적으로 사용되는 광고 기법들이 어린이가 주 시청자일 때는 문제가 되는 경우가 많기 때문이다. 어린이 대상 광고의 설득 기법으로 우려를 제기하는 영역은 ① 과장(exaggeration), ② 판타지(fantasy), ③ 재미, 맛, 제품 효능의 강조, ④ 유명인(celebrities) 등장, ⑤ 은유법(metaphors), ⑥ 특수효과(special effects) 등이다(Gunter, Oates & Blades, 2005).

과장(exaggeration)은 광고에서 허풍(puffery)이라고 불리며, 광고된 제품을 '최고의', '~ 보다 더 나은' 등으로 지칭하는 것이다. 허풍은 법적으로 허용되는 광고 기법이지만 어린이의 경우 과장된 표현을 사실과 구분하지 못해 혼동이 일어날 수 있다(Bandyopadhyay, Kindra & Sharp, 2001). 일반적으로 제품 속성을 과장하여 표현했을 때는 부가적으로 조건부 설명이나 경고문(disclaimer)을 제시하게 된다. 경고문이나 조건부 설명은 어린이의 혼동을 없애고 이해를 돕기 위한 목적으로 사용되지만, 많은 경우 어린이들이 이를 이해하지 못하는 것으로 알려졌다. 장난감 광고에서 흔히 등장하는 과장된 표현에 대해 부가적인 설명이 주어졌을 때 6-8세 어린이 중 조건부 설명을 이해하는 어린이는 4분의 1도 되지 않았다(Comstock, Chaffee, Katzman, McCombs & Roberts, 1978). 성인은 경고문을 통해 제품의 효능이나 기능이 상황에 따라 다를 수 있다는 것을 쉽게 이해하지만, 어린이는 경고문의 목적과 내용을 파악하기 힘들어하는 경우가 많았다.

국내 어린이 광고를 분석한 연구에서도 실제와는 다르게 제품의 크기나 비례를 과장하여 보여주거나 식사대용·식이 아닌데도 그 효과를 식사대용으로 과장하여 표현하는 문제점들이 발견되었다(김광협, 2010; 한상필·지원배, 2010). 장난감 광고의 경우 움직이지 못하는 장난감이 움직이는 모습을 보여주거나 3D 입체나 만화 등을 이용하여 과장된 현실감을 주는 등 제품의 기능을 과장하는 경향이 많이 나타났다(김광협, 2010).

광고를 보고 제품을 구매한 어린이들이 실제로 맛을 보거나 사용해본 후 실망하거나 속았다고 생각하는 경우가 많이 발생하는 것을 보면, 이러한 과장 기법은 일회적인 구매를 유도할 수는 있지만 장기적으로 부정적 결과를 가져올 수 있다는 점이 지적된다(김경화·강금지, 1997). 과장에 대한 어린이의 혼동을 감안하여 방송 광고 심의에 관한 규정 23조 3항은 다음과 같이 규정하고 있다. "장난감, 게임기 및 기타 어린이들의 관심을 끄는 상품에 대한 방송 광고는 어린이의 판단과 경험을 고려하여 다음 각 호의 표현을 하여서는 아니된다. ① 상품의 크기와 비례를 실제 이상으로 보이게 하는 표현, ② 장난감이 기계적으로 움직이는지, 수동적으로 움직이는지 분명하지 않은 표현, ③ 장난감과 실제 물건이 혼동될 수 있는 소리나 표현."

판타지(fantasy)는 어린이 대상 광고에서 빈번히 등장한다. 특히 장난감 광고는 대부분의 경우 판타지 기법이 등장한다(Kline, 1993). 식품 광고에서도 판타지 요소는 자주 등장한다(Barcus, 1980; Lewis & Hill, 1998). 사탕이나 롤리팝, 츄잉껌 등으로 만들어진 마법의 성이나 놀이동산 등은 제품에 대한 어린이의 기억과 관심을 유도한다(Barcus, 1980). 광고된 제품을 구매하면 마법의 성이나 놀이동산에 갈 수 있다는 착각을 유도하여 성인과는 다른 인지능력을 지닌 어린이에게 불필요한 구매를 자극하는 일은 흔하게 찾아볼 수 있다.

[그림 2-6] 유니콘의 섬이라는 판타지를 활용한 시리얼 브랜드 럭키참(Lucky Charms)의 TV 광고. 화려한 시각적 볼거리를 선사하는 판타지는 어린이 대상 광고에 자주 사용되는 기법이다.

판타지는 과장이나 허풍에서 한 걸음 더 나아가 현실과 동떨어진 세계로 어린이들의 관심을 끄는 것으로 어린이가 이를 속임수라고 인지하게 되면 오히려 부정적 영향을 주기도 한다. 로즈, 머천트와 바키르(Rose, Merchant & Bakir, 2012)의 연구에서는 어린이 대상 광고에서 제품 요소, 동물, 모험 등에 관한 판타지가 빈번히 사용되고, 판타지 기법의 기만성을 어린이가 인지하느냐에 따라 광고에 대한 반응이 달라짐을 발견하였다. 실험에 참가한 8-9세 어린이 중 광고의 판타지 기법이 자신을 속이려고 한다는 생각을 한 사람은 광고에 나온 브랜드에 대해 부정적인 태도를 갖게 되었다. 반면 판타지 기법을 그대로 믿는 어린이는 브랜드에 대해 훨씬 더 긍정적인 태도를 나타냈는데, 이는 설득지식의 발현이 광고에 대한 반응을 조절한 것으로 보인다.

어린이에게 문제가 될 수 있는 또 다른 전형적인 광고기법은 재미, 맛, 제품 효능에 어필(appeal)하는 것이다. 재미(fun) 요소는 주로 패스트푸드와 같은 식품 광고에 많이 사용되고, 맛(taste)은 시리얼과 같은 식사대용 식품에서 강조되며, 제품 효능은 장난감 광고에서 많이 사용된다(Kunkel & Gantz, 1992). 이는 루이스와 힐(Lewis & Hill, 1998)이 어린이 대상 식품 광고에서 유머나 재미 요소가 많이 사용되고 있다고 지적한 것과 같은 맥락이다. 바커스(Barcus, 1980)의 분석에 의하면 약 70%의 식품 광고에서 재미 요소가 사용되고 있었다. 국내의 경우 과자, 음료 등과 같은 식품이나 장난감 광고에서 맛, 향기, 냄새가 주로 강조되었으며, 표현 방식으로는 비교 및 은유적 표현이 많이 쓰이는 것으로 나타났다(김광협, 2010).

재미나 행복감 등을 강조하는 감성적인 어필은 어린이가 광고에 제시된 객관적인 정보들에 주의를 덜 기울이게 만든다(Kunkel, 2001). 재미, 흥미 요소로 주의가 산만해져서 식품의 영양정보나 섭취방식, 주의사항 등의 광고 내용보다는 광고 기법 자체에 더 집중하게 되는 것이다(Calvert & Gersh, 1987; Maher, Hu & Kolbe, 2006). 따라서 광고에서 전달하는 주요 정보에 근거하여 어린이들이 현명한 선택을 하기보다는 주변적인 단서들에 의해 구매를 결정하게 되는 것이 문제이다.

미국에서는 이러한 어린이의 정보처리 성향을 감안하여 어린이에게 경고문을 제시할 때 시각적, 청각적 경고문을 동시에 전달할 것을 규정하고 있다(Wicks, Warren, Fosu & Wicks, 2009). 실제로 시각적, 청각적 두 방식(dual modality)의 경고문을 함께 제시하는 것이 어느 하나만 제시하는 것보다 어린이의 인지, 이해, 기억에 훨씬 효과적인 것으로 나타났다(Hoy & Andrews, 2004). 문제는 많은 광고들이 두 방식으로 동시에 경고문을 제시하고 있지 않다는 것이다. 3800개 TV 광고를 분석한 결과(Wicks, Warren, Fosu & Wicks, 2009), 많은 어린이 광고가 감성적인 소구를 하고 있었으나 경고문을 제시할 때 두 방식을 함께 사용하고 있지 않았다.

광고에서 어린이의 이해를 도울 수 있는 부속품에 대한 설명이나 부가적 설명의 전달 방식도 중요하다. 성인들은 '배터리 미포함', '조립 필요'와 같은 부가적 설명을 이해하고 부속품이 필요하다고 쉽게 이해하지만 어린이들은 그렇지 않다. 대개 장난감을 구매하면 광고에서 본 것처럼 바로 움직인다고 생각한다. 배터리를 별도로 구매해 넣고 조립을 해야 한다는 정보를 이해하지 못하거나 이러한 정보에 주의를 기울이지 않는다. 실제로 한 연구에서 '부분적 조립이 필요함(some assembly required)'이라는 부가적 설명이 표기된 광고를 유치원 아동에게 보여준 결과 4명 중 1명도 이해하지 못했다고 한다. 반면 '붙여서 만들어야 함(you have to put it together)'이라고 표기된 광고를 전달했을 때 어린이들의 이해력이 2배나 높아졌다고 한다(Liebert, Sprafkin, Liebert & Rubinstein, 1977; Lingsweiler & Wilson, 2002). 어린이의 눈높이에 맞는 설명이 필요하다는 것을 잘 보여주는 연구 결과이다.

어린이 광고에서 유명인은 빈번히 등장하는데 주로 유명 만화 주인공들이 제품을 소개한다. 디즈니 캐릭터나 플린트스톤(Flintstones)과 같은 만화 주인공들이 어린이에게 주는 영향력은 막대하다. 어린이들은 만화 캐릭터가 광고하는 시리얼이 그렇지 않은 시리얼보다 더 믿을 만하고 영양가가 높다고 생각하며, 이러한 경향은 텔레비전을 많이 보는 어린이에게서 더 크게 나타난다(Atkin, 1980). 또한 유명 캐릭터가 광고하는 제품을 선택한 경우 어린이들은 자신의 선택이 더 인정받는 것처럼 느낀다(Bandyopadhyay et al., 2001).

인기 있는 캐릭터가 나오는 프로그램의 전후에 동일한 캐릭터가 광고에 등장하는 것을 호스트셀링(host selling)이라고 하며 많은 나라에서 특별 규제의 대상이다. 국내에서는 어린이 대상 광고에 캐릭터나 만화 주인공을 사용하는 경우가 다른 모델을 사용하는 것에 비해 많지는 않으나 대부분의 캐릭터 광고가 제과 제품 범주에서 사용되어 어린이들의 식습관에 부정적인 영향을 미칠 가능성이 있는 것으로 지적되었다(이귀옥, 2010). 특히 자녀를 양육하는 어머니들은 애니메이션 캐릭터가 사용된 패스트푸드 광고가 대단히 설득적이며 자녀들에게 부정적인 영향을 끼치고 있다고 답변했다. 애니메이션 캐릭터가 사용된 광고의 절대적인 숫자가 많지는 않더라도 그 영향력이 양육자가 우려할 만

[그림 2-7] 뽀로로 캐릭터를 이용한 장난감 광고. 아이들의 대통령 '뽀통령'이라고 불릴 정도로 큰 인기를 얻은 뽀로로 캐릭터는 식품, 장난감, 의류 등 다양한 제품 광고에 사용되었다.

한 수준으로 지적된 것이다(유현재, 2010).

은유법(metaphors)은 광고에서 흔히 사용되는 기법으로, 영국 어린이 광고를 분석한 연구(Young, 1990)에서는 거의 3분의 1이 은유법을 사용하는 것으로 나타났다. 어린이들을 대상으로 하는 상품 광고 대부분이 과자, 음료, 식품으로 구성되어 있고, 어린이의 영양이나 건강, 제품의 질보다 맛, 향기, 냄새를 강조하는 비교 및 은유적 표현이 많이 사용되는 것으로 밝혀졌다(이영석, 1986; 나은영, 2006). 문제는 어린이들은 대체적으로 은유법에 대한 이해도가 낮기 때문에(Pawlowski et al., 1998) 광고에 쓰이는 은유가 사실로 잘못 받아들여질 수 있다는 것이다. '침대는 가구가 아니다. 침대는 과학이다'라는 광고 후에 '가구가 아닌 것'을 고르는 시험문제에 아이들이 '침대'를 선택했다는 사례는 은유적 표현이 일으킬 수 있는 혼동을 잘 보여준다(나은영, 2006).

특수효과(special effects)는 음향, 애니메이션 등 카메라 매직을 활용하는 기법으로 어린이의 관심을 끌고 제품에 대한 흥미를 불러일으키기 위해 주로 사용된다. 그러나 현실과 특수효과를 잘 구분하지 못하는 어린이들은 특수효과가 쓰인 광고를 보고 제품의 속성과 효능에 대해 혼동할 수 있다. 나이가 많은 어린이의 경우 제품의 매력도를 높이기 위해 사용된 것으로 이해할 수 있으나(Preston, 2000), 나이가 어린 어린이들은 많은 경우 착오를 하게 된다. 특히 장난감 광고의 경우 실제로 스스로 움직이는 장난감이 아닌데도 광고에서는 스스로 움직이는 것과 같은 특수효과를 사용하여 어린이들에게 혼란을 줄 수 있다(김광협, 2010).

이처럼 어린이 광고는 일반인 대상 광고와는 달리 각별한 주의와 규제가 필요하다. 많은 나라에서 어린이 텔레비전 프로그램을 상업적 콘텐츠와 분리할 것을 법으로 규정하고, 현재 방영 중인 프로그램과 연관된 상품의 광고나 프로그램에 등장하는 캐릭터가 모델로 등장하는 호스트셀링 광고 등을 금지하고 있다. 어린이 건강과 복지라는 차원에서 어린이에게 전달되는 정보의 내용과 방식에 대한 깊은 고민이 필요하다.

4. 어린이의 광고 정보 처리

어린이 광고의 내용은 중요한데, 어린이의 인지 발달 단계에 따라 정보처리 능력과 방식이 상이하기 때문이다. 어린이의 광고 정보 처리 방식은 크게 세 가지로 분류할 수 있다. 체계적인 정보처리, 휴리스틱 정보처리, 자동적 정보처리다(Buijzen et al., 2010). 세 가지 정보처리 방식은 인지적 정교화(cognitive elaboration) 정도에 따른 것으로 각각의 처리 과정은 광고된 제품과 브랜드에 관해 상이한 태도적, 행동적 변화를 유도한다.

먼저, 체계적(systematic) 정보처리는 광고에 제시된 정보에 주의를 기울이고 깊게 생각함으로써 정보를 다각적으로 평가하는 것이다. 광고된 제품과 브랜드에 대한 높은 기억을 바탕으로 광고에서 주장된 내용의 설득력이나 신뢰도에 따라 태도나 행동변화가 유도된다(Petty et al., 2005; Van Raaij, 1986).

이에 반해 휴리스틱(heuristic) 정보처리는 상대적으로 노력이 덜 들어가는 인지적 정교화로 체계적인 정보처리에 비해 낮은 주의와 관심으로 광고 정보를 대하는 것이다(Livingstone & Helsper, 2006). 따라서 태도나 행동의 변화는 상대적으로 수동적인 학습이나 단서(cue)를 통해 기억에서 소환(trigger)되는 정보들에 근거하여 이루어진다. 광고 메시지의 설득력이나 신뢰도보다는 정보의 양이나 정보원의 매력, 상징성 등에 더 큰 영향을 받게 된다(Atkin, 1976; Heath, 2009; Moschis, 1985; Shrum, Burroughs & Rindfleisch, 2005; Shrum, Wyer & O'Guinn, 1998).

세 번째 자동적(automatic) 정보처리는 최소한의 인지적 정교화를 수반한다(Chartrand, 2005; Heath, 2000; Meyers-Levy & Malaviya, 1999). 이것은 광고 정보 처리에 대한 동기나 능력이 거의 부재한 상태에서 이루어지는 정보처리 과정으로 광고 정보에 대한 의식적 기억이 거의 존재하지 않는다. 따라서 광고주의 설득의도에 대한 이해나 광고 정보를 비판적이고 회의적으로 평가할 수 있는 설득지식이 촉발될 가능성이 매우 낮다. 최근 디지털 환경에서 광고와 게임이 접목된 광고게임, 뉴스 형식으로 제시되는 네이티브 광고 등과 같은 하이브리드 광고는 자동적 정보처리 과정을 거칠 가능성이 높아 보인다.

어린이의 광고 정보 처리 방식을 세 가지로 분류할 수 있음과 동시에 연령에 따라 만 13세 미만 어린이는 세 가지 발달 단계로 구분할 수 있다(John, 1999; Valkenburg, 2004). 먼저 만 5세 이하 어린이는 광고를 오락으로 받아들이고 설득적 의도에 대한 인식이 거의 없다(Barling & Fullagar, 1983; Valkenburg, 2004). 다른 사람의 관점을 이해하지 못하기 때문에 광고주의 의도를 파악하지 못한다(John, 1999; Moses & Baldwin, 2005). 5세 이하 어린이가 남의 관점을 잘 이해하지 못하는 것은 사는 것(buying)에 대한 개념은 이해해도 파는 것(selling)에 대한 개념을 잘 이해하지 못하는 것과도 연결된다(Gentner, 1975). '판다'는 것은 상대를 이해해야 하므로 나이가 어린 어린이에게는 사는 것보다 더 복잡한 개념이다.

만 5세 이하 어린이는 체계적인 정보처리나 휴리스틱 정보처리가 힘들기 때문에 많은 경우에 자동적인 정보처리를 통해 광고 정보를 대하게 된다(MacKenzie, Lutz & Belch, 1986; Moore & Rideout, 2007). 광고를 프로그램과 구분할 수는 있으나 설득의도를 파악하여 구분하기보다는 인식상의 차이에 근거해 광고와 프로그램의 차이를 알아차리는 정도이다(Ali, Blades, Oates & Blumberg, 2009). 나이가 어린 어린이들은 감성적인 느낌(예: 광고는 프로그램보다 더 재미있다)이나 인식(예: 광고는 짧고 프로그램은 더 길다)에 따라 광고를 구분하는 것으로 나타났다(Blatt, Spencer & Ward, 1972; Ward, Reale & Levinson, 1972).

만 6-9세는 타인의 관점에 대한 이해가 증가하는 발달 단계로서 이 시기의 어린이들에게는 광고의 판매의도에 대한 기본적 이해가 형성된다. 제품과 브랜드를 평가하며 좀 더 정교화된 정보처리 과정을 할 수 있게 된다(Valkenburg, 2004; Valkenburg & Cantor, 2001). 이 시기의 어린이들은 마음에 드는 캐릭터, 보너스, 제품 포장과 같은 주변적 단서인 휴리스틱에 많은 영향을 받는다(Atkin, 1980; Calvert, 2008; Shimp, Dyer & Divita, 1976). 뽀로로와 같은 캐릭터가 나오는 광고에 잘 반응하고 무료 장난감과 같은 보너스에 큰 관심을 가지고 광고에 영향을 받는 시기이다.

만 10-12세 어린이는 인지발달이 성숙해지면서 광고를 체계적이고 비판적으로 바라볼 수 있게 된다(Valkenburg & Cantor, 2000). 또한 경제적 독립과 자치성이 상대적으로 증가하면서 상업적인 정보를 정교하게 처리하고자 하는 동기화도 이루어진다. 그러나 설득지식이 있더라도 체계적이고 비판적인 정보처리를 위해서는 도움이나 이를 촉발할 수 있는 단서가 주어져야 한다(John, 1999). 이 시기는 또한 또래의 영향력이 증가하는 때로 또래 인기도, 사회적 위상에 대한 소구 등이 효과적으로 나타난다(Achenreiner & John, 2003; Livingstone & Helsper, 2006).

만 13세 이상 어린이들은 성인과 같은 정보처리 능력을 소지하게 된다(John, 1999; Pechmann, Levine, Loughlin & Leslie, 2005). 또한 상업적 정보를 비판적이고 회의적으로 바라볼 수 있게 된다. 이 시기는 자아의식 발전과 함께 상징성을 내포하는 브랜드 위상, 이미지 등에 큰 영향을 받는 때이기도 하다(Boush et al., 1994; Pechmann et al., 2005; Shaffer & Kipp, 2007; Steinberg, 2004). 한국을 포함한 많은 나라에서 광고 규제를 13세 미만으로 정하고 있는 근거도 여기에 있다.

어린이의 연령은 광고 정보 처리 방식에 영향을 미칠 뿐만 아니라 '어린이가 광고 자체를 이해하고 다른 콘텐츠와 구분할 수 있느냐'에 결정적인 역할을 한다. 무엇보다 어린이의 광고 인지, 광고 분별력에 있어 7–11세 어린이는 특별한 의미를 지닌다. 만 7–11세 어린이는 광고에 대한 기본적 설득지식이 있음에도 적절한 단서가 없으면 소지하고 있는 설득지식을 사용하지 못한다고 알려져 있다. 이러한 차원에서 만 7–11세 어린이는 '단서에 의한 처리자(cued processor)'라고 지칭된다(John, 1999; Moore, 2006). 다시 말해 광고가 무엇인지 알고 있음에도 이를 상기시켜주지 않으면 설득지식이 활성화되지 않는 집단으로, 광고 표식과 같은 단서 효과의 주 대상이 되어왔다(Roedder, 1981). 이러한 이유로 7–11세 어린이를 대상으로 한 광고에서는 광고 표식을 드러내는 것이 특별히 중요하다. 반면 7세 미만의 어린이들은 설득지식 자체가 미미하여 '제한적 처리자(limited processor)'로 구분된다. 7세 미만의 어린이들은 광고에 대한 이해가 거의 부재하기 때문에 광고 안내문과 같은 단서를 통해서도 광고에 대해 자각하지 못하는 것이다. 이에 반해 성인과 같은 설득지식을 갖추고 있는 12세 이상의 어린이들은 '전략적 처리자(strategic processor)'라고 불리며 광고를 자각하는 데 도움이나 단서가 필요하지 않다(Martin, 1997).

이처럼 연령은 어린이 광고 정보 처리에 큰 영향을 주는 요인이다. 기존 연구 결과들은 TV와 같은 전통 미디어에 근거했는지, 광고게임과 같은 새로운 유형의 디지털 미디어를 통해 어린이의 이해와 반응을 측정했는지에 따라 연령의 변곡점을 조금씩 상이하게 제시하고 있다. 어린이의 이해와 반응을 측정하는 방식에 있어서도 언어적 방법을 사용했는지, 비언어적 방법을 사용했는지에 따라 결과가 상이하게 나타난다. 또한 어린이의 인지발달단계를 설명하는 이론적 근거와 실증연구들이 광고에 특화되어 있다기보다는 다양한 미디어와 상황을 기반으로 측정되어왔기 때문에 광고에 대한 이해와 관련하여 연령 구분이 명확하지는 않다.

중요한 점은 13세 미만의 어린이들을 모두 동일하게 봐서는 안 되고, 집단별 인지발달단계에 따른 적절한 교육과 정책적 지원을 구분한 논의가 이루어져야 한다는 것이다. 특히 설득지식은 있으나 적절한 단서가 요청되는 만 7–11세의 어린이들을 대상으로 그들의 설득지식을 작동 또는 활성화시키는 방안에 대한 연구는 큰 의미를 지닌다. 이에 따라 미국의 어린이광고심의기구(Children's Advertising Review Unit, CARU)에서는 광고게임과 같이 광고임이 명확히 드러나지 않는 광고물에 대해 광고 안내문을 부착할 것을 권고하고 있다(CARU, 2009). 광고 안내문을 사용하는 것만으로도 해당 광고의 상업적 의도에 대한 어린이들의 인지적 방어를 향상시킬 수 있기 때문이다(An & Stern, 2011; Rossiter & Robertson, 1974). 요컨대 어린이 대상 광고가 나날이 증가하고 상업적 정보에 대한 어린이 노출이 급증하고 있는 오늘날, 어린이의 연령에 따른 적절한 광고 기법이 사용되고 있는지, 이에 따른 혼동과 역기능은 어떠하고, 어린이의 이해를 증진시키기 위한 방안은 무엇인지에 대한 체계적인 고찰이 요청된다.

3

어린이 대상 광고의
영향과 역할

1. 어린이 대상 광고의 의도된 효과

어린이가 광고에 노출된 후 나타나는 주요 효과는 구매행동, 브랜드 태도 및 호감도이다. 광고주가 광고의 목표로 설정한 효과라는 점에서 의도된 효과 (intended effects)라고 지칭된다. 어린이 대상 광고의 영향력은 주로 식품, 장난감 등의 구매와 관련하여 논의되어왔다. 대부분의 TV 식품 광고는 시리얼, 과자류, 스낵, 음료, 패스트푸드 등으로 이루어지는데(Haroon et al., 2011), 이러한 광고가 식품에 대한 지식과 선호도, 그리고 행동에까지 중요한 영향을 주는 것으로 알려져 있다(Hastings et al., 2003). 하룬 등(Haroon et al., 2011)은 주말 어린이 프로그램의 TV 광고를 분석하고 이를 시청한 3~8세 아이들이 쇼핑 중에 부모에게 구매요구를 하는지 살펴보았다. 그 결과 어린이들의 구매행동에 TV 광고가 영향력을 미치는 것으로 나타났으며, 특히 나이가 어릴수록 더 크게 영향을 끼치는 것으로 분석되었다. 국내 연구들도 의류, 신발, 학용품, 장난감, 게임기, 식품류, 의약품 등 다양한 제품 범주에 걸쳐 나타나는 어린이 광고의 효과를 보여준다(김경화·강금지, 1997; 윤희중, 1991).

어린이 광고의 영향력은 부모와 어린이 관계라는 관점에서 조명되기도 한다. 광고가 어린이의 행동에 미치는 영향력 중 하나는 어린이들이 광고를 시청한 후 부모에게 해당 상품의 구매를 요청하는 것이다(Atkin, 1975a, 1975b; Buijzen & Valkenburg, 2000; Galst & White, 1976; Isler et al., 1987; Robertson & Rossiter, 1974; Robertson et al., 1989; Stoneman & Brody, 1981; Ward &

[그림 3-1] 어린이를 대상으로 하는 맥도날드의 세트 메뉴 해피밀의 홈페이지 광고. 장난감, 앱, 게임 등 무료로 제공하는 다양한 메뉴와 함께 해피밀에 관한 상업적 정보를 함께 전달하여 어린이들의 구매욕구를 자극한다. 왼쪽 끝 화면 상단에 "Hey kids, this is advertising"이라고 아주 작게 광고임을 표시하고 있다.

Wackman, 1972). 이러한 구매 요청은 어린이가 직접 먹거나 사용하는 물건에 대한 것이기도 하지만, 가족이 함께 소비하는 식품 선택에 어린이들이 적극적으로 참여하는 형태로 나타나기도 한다(Young, 2003). 광고에 대한 노출은 자녀의 구매요구를 증가시킨다. 한 연구에 의하면 어린이들의 구매요구 중 시리얼은 86%, 스낵은 63%, 장난감은 54%가 받아들여졌다고 한다(Ward & Wackman, 1972).

광고의 영향력이 단순한 구매요구를 넘어서 부모와 자녀 간에 갈등을 일으키는 경우도 있다(Buijzen & Valkenburg, 2003a). 광고 노출에 따른 구매요구는 나이가 어릴수록 강하게 나타나는데, 이는 어린 아이일수록 광고에 대한 취약성이 더 크다는 연구 결과와 일치하는 것이다(Kuczynski et al., 1987).

또한 광고나 소비생활에 대하여 가족 내의 커뮤니케이션이 활발하지 않은 경우에 이러한 구매요구가 더 강하게 일어나는 것으로 나타났다(Buijzen & Valkenburg, 2003b).

국내에서 이루어진 어린이의 구매 요청에 대한 연구 역시 비슷한 결과들을 보여준다. TV 상품 광고를 시청하는 어린이는 TV 광고를 시청하지 않는 어린이보다 상품에 대한 구매욕구 의사가 높고 실제 구매요구 행동을 나타내기도 한다(선미정, 1990). 윤희중(1991)은 TV 광고에 많이 노출될수록 상품 구매욕구가 커진다는 사실을 확인하면서, 이러한 요청에 대한 부모의 거부적인 반응이 부모와 어린이 사이에 영향을 미친다고 지적했다. 김경희와 강금지(1997)의 연구에서는 어린이들이 TV 식품 광고를 시청한 후 실제 구매로 이어진 경우가 초등학교 고학년에서 높게 나타났다. 이처럼 광고 시청 후 구매 의사를 나타낸 어린이들은 용돈을 모아 직접 구매하거나 부모님께 구매요구를 하였는데, 어린이들의 구매요구가 부모님에 의해 거절되는 경우도 많았다(윤희중, 1991).

어린이 광고의 목적은 구매를 유도하는 것뿐만 아니라 브랜드를 기억시키고 호의적인 태도를 유발하는 것이다. 판타지나 재미 요소를 넣은 감성적 광고가 많은 이유도 흥미를 자극해 광고에 대한 긍정적 감정을 유발하고, 이를 브랜드에 대한 호의적인 태도로 연결시켜 구매를 유도한다는 광고효과 모델에 근거한다. 미국의 3학년, 6학년 어린이를 대상으로 한 실험에서(Phelps & Hoy, 1996) 광고에 대한 어린이들의 태도는 브랜드에 대한 긍정적 태도로 이어졌고, 이는 익숙한 브랜드와 익숙하지 않은 브랜드 모두에서 유의미하게 나타났다. 광고에 대한 호감도가 브랜드에 대한 호감도로 연결된 것이다. 구매에 미치는 영향력도 유의미하게 나타났다. 무어와 러츠(Moore & Lutz, 2000)의 연구에서도 광고에 대한 호감도가 브랜드로 이어지며, 어린이들의 상품 사용 경험이 광고효과를 조절하는 것으로 나타났다.

[그림 3-2] 판타지 요소로 아이들의 흥미를 끌고 브랜드 호감도를 증진시키려는 의도가 돋보이는 코카콜라의 광고 영상. 애니메이션 캐릭터들이 코카콜라 병을 중심으로 재미와 흥미를 유발하는 이야기가 한 편의 영화처럼 전달된다.

　　어린이들의 경우 광고에서 상품의 이름이나 정보를 정확하게 기억하기보다는 전체적인 이미지로 받아들이는 경향이 있다. 김경희와 강금지(1997)의 연구에서 어린이들은 TV 식품 광고를 본 후 가장 기억에 남는 것을 묻는 질문에 음악, 문구, 주인공, 상품 이름 순으로 대답하였다. 나이가 어릴수록 주변 경로를 통해 광고 정보를 처리하기 때문에 광고의 내용보다는 음악이나 주인공 등을 더 기억하는 것으로 보인다. 어린이 대상 광고에서 브랜드 인지도와 호감도를 높이기 위해 재미, 흥미, 판타지 요소를 많이 사용하는 이유가 여기에 있다.

2. 어린이 대상 광고의 의도되지 않은 효과

어린이 광고의 효과는 브랜드에 대한 태도와 구매행동에서 더 나아가 가치관, 생활습관까지 확대된다. 일반 성인에 비해 어린이에게 미치는 광고의 영향력은 더 크다고 논의된다(Desmond & Carveth, 2007; Sheikh, Prasad & Rao, 1974; Feshbach, Dillman & Jordan, 1979; Rossiter, 1977). 광고되는 제품과 서비스에 대한 영향력을 넘어서서 어린이의 가치관과 생활습관으로 확장되어 광고에서 제시된 정보들이 편견과 고정관념을 전달하기도 하고, 광고된 제품들이 주는 편의와 상징성에 영향을 받아 물질주의 가치관이 형성 또는 강화되기도 한다. 이러한 효과를 의도되지 않은 효과(unintended effects)로 분류하여 설명한다.

1) 성역할 고정관념

광고는 어린이에게 상품에 대한 인식을 심어주는 것 외에도 광고에서 보여주는 성역할 고정관념을 통해 성에 대한 편견적 태도를 습득하게 한다(김희정, 2003). 많은 광고들이 성역할 고정관념에 근거해 남자 어린이가 여자 어린이보다 더 많이 등장하고, 남자 어린이가 더 주도적인 역할을 하는 모습을 보여주고 있다(Browne, 1998). 광고 메시지 전달자의 특성을 보면 남자는 권위 있고 위엄 있게 묘사되는 반면, 여자의 경우 설득력이 없는 수동적 인물로 묘사되는

[그림 3-3] 광고에 등장하는 전형적인 여성과 남성의 모습. 시대가 변했음에도 성역할 고정관념이 광고를 통해 전달되고 있다.

경우가 많다. 광고에 등장하는 여성의 직업은 가정주부 등으로 제한되며 가정용품 광고에 주로 등장하는데(Barcus, 1975; Verna, 1975), 이러한 경향은 예나 지금이나 큰 변화가 없다. 크놀 등(Knoll et al., 2011)은 광고에 등장하는 여성들이 대부분 의존적인 역할을 하고 나이가 어리고 집에서 가정용품을 사용하는 모습으로 묘사되는 등 1970년대와 유사한 성역할 고정관념이 최근까지도 계속 재현되고 있음을 지적하였다.

젠트리와 해리슨(Gentry & Harrison, 2010) 역시 전통적인 남성상의 관점에서 묘사되는 남성의 모습이 광고에 많이 등장하고 있어 성중립적인 변화가 거의 이루어지지 않고 있다고 밝혔다. 광고 수용자가 성역할 고정관념을 어떻게 느끼는지 살펴본 연구(Baxter, Kulczynski & Illicic, 2015)에서, 돌봄을 제공하는 사람으로서의 남성 캐릭터가 전형적이지 않은 캐릭터라고 받아들이는 사람이 많았다. 또한 전통적인 성역할에 도전하는 광고 캐릭터를 긍정적으로 생각하는 사람은 성역할에 평등주의적 관점을 지닌 사람들에 한정되었다.

국내 연구에서도 TV 광고에 등장하는 어린이의 성역할 고정관념은 유사하게 나타난다. 최은섭과 리대룡(2004)에 따르면 TV 광고에 묘사되는 어린이들 중 남자 어린이는 게임기/조립완구, 학습지 등의 광고에 상대적으로 자주 등장하였으며 여자 어린이는 인형류나 음료수, 학용품 등의 광고에 자주 등장하여 성별에 따른 구분이 명확히 존재하였다. 또한 여자 어린이는 인형류를 제외한 게임기/조립완구 등과 같은 다른 완구류에는 모델로 등장하지 않았다. 또 남자 어린이의 경우 육체적 활동을 즐기고 경쟁적이며 공격적으로 행동하는 것으로 묘사된 반면, 여자 어린이는 정적인 놀이를 더 즐기고 상호협조적인 태도를 보이는 것으로 묘사되었다. 여자 어린이는 실외 활동에 거의 등장하지 않고 실내에서 활동하는 모습이 많았다. 또 내레이터의 비율이 높고 카피 메시지에 여성어의 사용이 두드러지는 등 언어의 여성화 현상이 관찰되었다. 김희정 (2003)의 연구에서도 장난감류의 광고에서 인형 광고에는 여자 어린이만, 자동차나 비행기 등의 장난감 광고에는 남자 어린이만 등장하는 등 성별 고정관념이 뚜렷이 나타나는 것을 확인할 수 있었다.

이러한 성유형화는 부모가 어느 정도 영향력을 조절할 수 있지만(Ward, Wackman & Wartella, 1977) 여전히 광고에서 전달되는 이미지가 어린이들의 가치관이나 자기 존중, 제품 선호도 등에 영향을 미친다는 점에서 주시해야 한다(Browne, 1998). 인쇄 광고의 내용 분석을 통해 성유형화의 관점에서 광고의 등장인물들이 어떤 방식으로 묘사되고 있는지 살펴본 연구에 따르면(최은섭, 2006) 전통적인 성역할 고정관념이 반영된 성유형화는 다양한 부분에 존재하였다. 구체적으로는 등장 어린이의 남녀 또는 단일성별 구성비, 등장 어린이의 행동, 광고 메시지의 성별어 사용 등에서 고정관념에 따른 성유형화가 나타났다.

성유형화의 영향력은 어린이의 연령에 따라 달라지는데 특히 어린 나이일수록 더욱 강하게 나타난다(Franken, 1983). 9세가 되면 성역할 고정관념은 보다 융통성 있고 덜 맹목적이게 된다(Levy, Taylor & Gelman, 1995). 즉 9세 이전 어린이들 사이에서 성역할 고정관념이나 성분리가 더욱 뚜렷하게 나타난다. 또 사춘기 이후에는 새로운 사회적 기대에 의한 성역할의 강화를 경험하게 된다는 면에서 10세 이후, 사춘기 전의 어린이가 그 이전 연령에 비해 오히려 성역할 고정관념이 덜 경직될 수 있다. 성유형화의 영향은 4세가량 어린 아이라도 동성의 어린이가 TV에서 모델로 등장하는 것을 본 적이 있는 경우 성별이 구분된 장난감을 선택하는 경향을 보이는 등 매우 뚜렷하게 나타났다(Ruble, Balaban & Cooper, 1981). 어린이들은 성유형화에 따른 고정관념을 제시해주는 그대로 받아들이는 경향이 있어 이 과정을 통해 성별에 따라 기대되는 역할을 인지하며, 성별 구분 없는 행동을 하거나 그러한 특성을 보이는 또래들을 거부한다는 모습을 보였다(Durkin, 1984).

[그림 3-4]는 위와 같은 성 고정관념을 타파하여 좋은 반응을 얻은 1981년 미국 레고 회사의 장난감 광고이다. 80년대 대부분의 조립 장난감에 등장하는 모델이 남자아이였고 여자아이들은 인형류 장난감에 한정되어 등장했기 때문에 고정관념을 벗어나 건강한 메시지를 전달한 사례로 꼽힌다. 광고가 어린이 성유형화를 고착화시키는 대신 이를 타파하고 다양한 역할과 생각을 유도한다는 점에서 긍정적으로 평가된다. [그림 3-5]는 이와 대조적인 사례로 성역할 고정관념으로 논란이 된 커피 광고이다. 고무장갑을 낀 전업주부, 남편에게 커피를 따라주는 아내의 모습 등이 가부장적 편견을 고착화시킨다는 비판을 받고 게재 중단되었다(윤혜경, 2017). 이는 편견과 고정관념을 형성·강화시키는 광고 내용이 오늘날 소비자에게 거부되고 부정적 평가를 받는다는 점을 보여준다.

[그림 3-4] 성역할 고정관념을 깨는 참신함을 보여준 레고 장난감 광고(위)와 [그림 3-5] 성차별적 역할 구분이라는 논란을 일으킨 커피 광고(아래). 남자아이들만의 무대이던 조립 장난감 광고에 청바지를 입은 활동적인 모습의 여자아이를 등장시킨 1981년 레고 광고는 성역할의 고정관념을 타파한 예로 당시에 큰 반향을 일으켰으며 오늘날까지도 회자되고 있다. 반면 남성과 여성의 전형적인 역할 구분을 드러내는 2017년 국내 커피 광고는 시대착오적이며 성차별적인 설정이라는 비판 아래 소비자들에게 외면받았다.

2) 물질주의 가치관

물질주의는 돈이나 소유물에 대한 집착을 말하며(Belk, 1985; Rossiter, 1980) 개인의 부나 물질의 소유가 성공적인 삶을 위한 가장 중요한 요건이라고 보는 것이다(Fournier & Richins, 1991). 광고는 어린이들의 물질주의적 세계관을 강화시킨다고 알려져왔다(이의자, 1992; Buijzen & Valkenburg, 2003a; Goldberg & Gorn, 1978; Greenberg & Brand, 1993; Liebert, 1986; Pollay, 1986; Wulfemeyer & Muller, 1992). 광고는 소유의 중요성 및 성공, 아름다움, 행복 등에 대한 기준을 설정하고 이것이 물질적인 소유를 통해서 가능해질 수 있다는 이데올로기를 제시하며 물질주의 가치관을 강화시킨다(Pollay, 1986; Wulfemeyer & Muller, 1992).

광고 시청과 물질주의적 세계관은 유의미한 상관관계가 있는 것으로 밝혀졌다(Feldman & Wolf, 1974; Greenberg & Brand, 1993; Goldberg & Gorn, 1978; Moschis & Churchill, 1978; Moschis & Moore, 1982). 광고를 많이 시청하는 도시와 농어촌 어린이 및 청소년에게서 물질주의적 가치관을 중시하는 높은 수준의 허영심이 발견되었다(Feldman & Wolf, 1974). TV 광고와 물질주의 세계관의 상관관계는 나이나 성별, 사회경제적 수준, 학업 성취도, 인종 등의 통제 변인이 추가되었을 때에도 유의미한 것으로 나타났다(Buijzen & Valkenburg, 2003a).

광고의 영향력은 어린이들의 내재된 특성에 의해 조절된다. 이미 높은 수준의 물질주의적 세계관을 지니고 있는 학생들에게는 광고효과가 크지 않았으나, 반대의 경우에는 TV 광고가 물질주의적 세계관을 강화시키는 효과가 훨씬 큰 것으로 나타났다(Moschis & Moore, 1982). 삶의 만족도가 낮은 어린이들의 경우 물질주의적 세계관이 높은 것으로 나타났고, 광고 노출도가 높은 어린이들의 경우 그 영향력이 더 크게 나타났다. 즉 어린이들의 광고 노출이 적은 경우 삶의 만족도가 물질주의적 세계관을 갖게 되는 데 미치는 영향은 상대적으로 작았다(Opree, Buijzen & Valkenburg, 2012).

부모의 역할은 광고가 물질주의 가치관에 미치는 영향력에서도 나타났다. 이는 부모가 광고의 부정적인 효과를 감소시킬 수 있는 매개 역할을 할 수 있다는 기존의 연구 결과(Valkenburg, Krcmar, Peeters & Marseille, 1999)와 같은 선상에 있다. 광고 노출로 인해 물질주의적 가치관을 습득한 어린이가 부모와 함께 소비 행동이나 광고에 대해 토론을 한 적이 있는 경우에는 광고의 영향력이 상대적으로 낮아졌다고 한다(이의자, 1992; Buijzen & Valkenburg, 2003b; Moschis & Churchill, 1978). 이는 부모와 어떠한 이야기를 나누느냐에 따라 광고를 통해 세상을 바라보고 해석하는 어린이들의 관점이 달라질 수 있다는 점을 보여준다.

3) 부모와 어린이의 갈등

광고는 어린이와 부모의 관계에도 영향을 미친다. 어린이들은 직접 구매 능력이 없고 대부분의 소비가 부모를 통하여 이루어지기 때문에 광고에 의해 촉발된 어린이들의 물질 구매욕구는 부모와의 갈등을 가져올 수 있다(Feldman, Wolf & Warmouth, 1977). 펠드먼 등(Feldman, 1977)은 어린이들은 광고를 통해 물질주의적 세계관에 대해 관심을 갖게 되지만 부모들의 경우 비물질적인 것을 교육시키려고 하기 때문에 부모와 자녀 간에 차이가 발생한다고 보았다. 게다가 어린이들은 돈에 대한 개념이 구체화되지 않았기 때문에 값이 싼 것처럼 광고를 하면 가격을 비싸다고 인식하는 부모와의 갈등이 생겨나기도 한다(Feldman & Wolf, 1974). 이러한 과정이 반복되면 어린이들은 자신들의 소비 요구에 대한 부모들의 거절에 대해 불쾌감을 느끼게 되는데, 이 불쾌감은 나이가 어릴수록 높고 부모와의 관계를 긴장시키기도 한다(Sheikh & Moleski, 1977).

부모와의 갈등은 나이가 어린 어린이들의 경우 더 잦은 것으로 나타났다. 나이가 어릴수록 광고에 영향을 받은 구매를 더 많이 하게 되고 이는 부모와 어린이의 갈등을 유발한다(Robertson & Rossiter, 1974; Ward & Wackman, 1972; Ward et al., 1977). 부모와의 갈등은 나이가 어린 어린이일수록 욕구를 참거나 기다리는 것을 힘들어하기 때문이기도 하다(Metcalfe & Mischel, 1999). 나이가 어릴수록 부모를 귀찮게 하거나 화를 내면서 부모를 설득하려는 경향이 높은 반면, 나이가 많은 어린이들의 경우 협상이나 아첨, 선의의 거짓말 등을 사용하여 부모를 설득하려고 한다(Williams & Burns, 2000). 나이가 많은 어린이들이 사용하는 좀 더 세련된 설득방식은 부모와의 갈등을 덜 유발하는 것으로 나타났다(Atkin, 1978; Kuczynski, Kochanska, Radke-Yarrow & Girnius-Brown, 1987; Mangleburg, 1990; Williams & Burns, 2000).

부모와의 갈등은 남자아이에게서 더 많이 발견되었다. 남자아이의 경우 부모의 의견을 덜 따르고 좀 더 고집스런 방식을 취하는 반면, 여자아이들은 좀 더 공손하고 부드럽게 요구함으로써 갈등이 덜 유발되는 것으로 나타났다(Cowan & Avants, 1988). 광고가 어린이와 부모의 관계에 미치는 영향력은 주로 1970년대와 1980년대에 많이 연구되었고, 이러한 결과들이 오늘날 어린이들에게서도 동일하게 나타나는지는 새로운 조사와 연구가 필요한 부분이다. 특히 디지털 미디어 환경에서 광고가 어린이와 부모의 역학 관계에 어떤 영향을 주는지에 대한 심층적 고찰이 필요하다.

3. 어린이 식습관과 건강에 미치는 영향

광고가 어린이에게 미치는 영향 중에서 가장 큰 논란을 일으키는 부분 중 하나는 건강과 비만에 대한 것이다. 이는 어린이 대상 광고 중 식품 광고가 차지하는 비중이 높기 때문이기도 하다. 오늘날 세계 여러 국가에서 어린이 비만과 과체중의 문제는 중요한 사회적 문제로 간주되고 있다. WHO 보고서에 따르면 1990년 3,200만 명이던 전 세계 5세 이하 비만 어린이는 2016년 4,100만 명으로 증가했다(WHO, 2019). 미국의 경우 비만율이 2-5세는 13.9%, 6-11세는 18.4%, 12-19세는 20.6%로 연령이 증가할수록 높게 나타났다. 특히 미국 저소득층 2-19세 어린이의 비만율이 18.9%인 데 반해 고소득층 어린이는 10.9%으로 낮아 소득 격차의 문제가 건강으로 연결되고 있음을 보여준다(CDC, 2019).

국내 어린이, 청소년 비만율도 증가 추세이다(김윤종, 2018). 대한비만학회와 국민건강보험공단이 함께 조사한 2015년 기준 소아청소년 과체중 및 비만율은 15.4%로 10년 사이 3.2%(2005년 12.2%) 증가했다. 즉 6명 중 1명은 과체중 및 비만인 셈이다(박상준, 2017). 특히 국내 아동 청소년들 중 남아 비만율(25%)이 OECD 평균(23%)보다 높게 보고되었는데(김지은, 2014) 이는 패스트푸드나 고열량 고지방 음식의 섭취율 증가, 과일 채소 섭취율 감소 등 잘못된 식습관과 관련이 있는 것으로 논의되고 있다(유용하, 2019).

어린이 대상 식품 광고의 경우 당분 함량이 높은 음식을 많이 광고하는 것으로 나타났다(Reece et al., 1999). 미국 어린이 5–12세를 대상으로 설문조사한 결과 응답자 3분의 2가 당분 함량이 높은 시리얼이 치아에 좋지 않다고 생각하고 있었으나, TV 시청량이 높은 어린이의 경우에는 그러한 인식이 상대적으로 훨씬 낮았다. 또한 TV 식품 광고를 많이 본 어린이들은 적게 본 어린이들과 비교하여 당분 함량이 높은 시리얼과 사탕류의 영양가를 높게 평가하는 경향이 있었다(Atkin, Reeves & Gibson, 1979). 8–12세 미국 어린이의 경우 토요일 아침 어린이 프로그램을 많이 볼수록 영양 관련 지식이 낮은 것으로 나타났는데, 이러한 연구 결과는 어린이의 식품 광고 노출이 영양 관련 지식과 인식에 부정적 영향을 미치고 있음을 지적한다(Wiman & Newman, 1989).

성별, 독서량, 인종, 부모의 직업과 교육의 영향력을 감안한 후에도 초등학교 4–5학년 어린이의 TV 시청량은 나쁜 식습관 및 영양에 대한 잘못된 인식과 유의미한 관계가 있는 것으로 나타났다(Signorielli & Lears, 1992). 7–11세 어린이들의 경우 시리얼, 스낵, 탄산음료 광고를 본 후 부모에게 사달라고 조르는 경우가 많았고, 이러한 경향은 TV 시청량이 높은 저소득층 어린이에게서 더 높게 나타났다(Donkin, Neale & Tilson, 1993). 어린이 대상 실험 연구 9개를 종합해서 분석한 연구(Scammori & Christopher, 1981)는 당분 함량이 높은 식품 광고에 대한 노출이 어린이로 하여금 건강에 좋지 않은 식품을 선택하도록 한다고 결론지었다.

어린이 식품 광고는 식품선호도를 넘어서서 실제로 어린이의 식품 선택과 행동에도 영향을 미치는 것으로 나타났다. 하루에 4시간 이상 TV를 시청하는 경우 2시간 이하 시청하는 어린이보다 신체 지방(body fat)과 체질량지수(BMI)가 높은 것으로 나타났다(Andersen, Crespo, Bartlett, Cheskin & Pratt, 1998). 어린이 방에 TV가 있는 경우 시청 시간을 4.8시간 증가시켰고 과체중 위험이 높아졌다(Dennison et al., 2002). TV 시청 중에 음식 섭취가 증가하는 경향이 발견되었는데 하루에 5시간 이상 TV를 시청하는 경우에는 1시간

이하로 시청하는 경우와 비교해 175칼로리를 더 소비하는 것으로 나타났고 (Crespo et al., 2001), TV 시청이 1시간 증가할수록 하루에 167칼로리를 더 섭취하는 것으로 밝혀졌다(Wiecha et al., 2006). 청소년 대상의 연구(Boynton-Jarrett et al., 2003)는 시청량이 높을수록 청소년들의 과일과 야채 섭취량이 줄어든다는 것을 보여주었다.

식품회사들이 어린이를 대상으로 당분이 높은 식품을 광고하고 다양한 마케팅 전략을 펼치는 것은 어제오늘의 일은 아니다. [그림 3-6]은 식품회사들이 어린이를 설득하기 위해 오래전부터 다양한 전략을 펼쳐왔다는 것을 잘 보여준다. 그림 왼쪽은 1915년 하인즈(Heinez) 회사가 어린이를 대상으로 자사 제품을 긍정적으로 묘사한 이야기책이고, 오른쪽은 1959년 임페리얼 슈가 (Imperial Sugar) 회사가 어린이를 대상으로 만든 요리책이다.

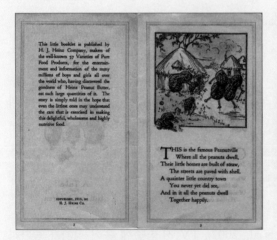

[그림 3-6] 1900년대 미국 식품회사들의 어린이 대상 마케팅 예. 시대에 따라 매체는 변화되어왔지만, 어린이들의 마음을 사로잡기 위해 흥미로운 인물(캐릭터)과 이야기를 활용하는 어린이 대상 광고의 전략은 예나 지금이나 동일하다.

식품마케팅이 어린이 식습관에 미치는 영향력은 많은 연구에서 유의미하게 나타났다. 캔디 광고를 본 어린이들은 오후 스낵으로 과일보다 캔디를 선택하는 경향이 높았고(Gorn & Goldberg, 1982), 식품 광고에 대한 기억과 실제 소비에는 유의미한 관계가 나타났는데 특히 탄산음료를 기억하는 경우 탄산음료를 많이 섭취하게 되었다고 한다(Hitchings & Moynihan, 1998). 9~11세 어린이를 대상으로 한 실험에서 한 집단은 8개의 음식 광고, 다른 집단은 8개의 비음식 광고를 본 후 음식을 선택하게 하였다. 그 결과 음식 광고에 노출된 집단이 당분 함량이 높은 식품을 훨씬 더 많이 선택하였다(Halford, Gillespie, Brown, Pontin & Dovey, 2004). 같은 실험을 5~7세 어린이를 대상으로 했을 때도 유사한 결과가 나왔다(Halford, Boyland, Hughes, Oliverira & Dovey, 2007). 다른 연구에서도 식품 광고 노출은 지방 함량과 당분이 높은 스낵을 선택할 가능성을 높이는 것으로 밝혀졌고, 이러한 관계는 비만 어린이에게서 더 크게 나타났다(Halford et al., 2008).

유치원 어린이들을 대상으로 한 실험에서는 광고를 본 어린이가 보지 않은 어린이에 비해 광고된 제품을 더 많이 선택하였다(Borzekowski & Robinson, 2001). 과체중 비만 어린이의 경우 정상 체중 어린이보다 맥도날드와 같은 브랜드 식품에 대한 선호도가 높았으나, 광고를 본 후에는 두 집단의 차이가 없어졌다. 연구 결과는 TV 식품 광고의 경우 과체중 어린이뿐만 아니라 정상체중 어린이에게도 건강에 좋지 않은 음식에 대한 선호도를 높이는 것을 보여준다(Halford et al., 2008).

식품 광고의 영향력에 대한 영국의 보고서(Hastings et al., 2003)는 식품 광고가 어린이에게 주는 영향력이 다른 상황적 변인을 모두 통제한 후에도 상당히 크게 나타난다고 밝히고 있다. 고지방/고당분/고염분 식품은 HFSS(high in fat, sugar, salt) 제품이라고 지칭되는데 어린이 광고가 이러한 제품군의 선택에 직접적인 효과가 있는 것으로 결론 내리고 있다. 이러한 연구 결과들을 바탕으

[표 3-1] 광고 시간 제한에 관한 「어린이 식생활안전관리」 특별법 시행령

	어린이 식생활안전관리 특별법 시행령
제7조의2 (광고 시간의 제한 등)	① 법 제10조 제2항에 따라 어린이 기호식품을 제조·가공·수입·유통·판매하는 자에게 고열량·저영양 식품과 고카페인 함유 식품에 대한 텔레비전 방송 광고를 제한하는 시간은 오후 5시부터 오후 7시까지로 한다. 〈개정 2014. 1. 28.〉

로 영국의 방송통신 규제기관인 오프콤(Ofcom)은 HFSS 제품의 방송 광고에 대한 제재를 가하기에 충분한 근거가 있다고 설명한다(권경성, 2009). 영국에서는 2007년 이후 16세 미만 어린이 대상 프로그램에서 HFSS 제품의 광고가 허용되지 않고 있다. 특히 4-15세 어린이 대상 프로그램에서 전격적으로 금지되었다(Ofcom, 2007).

국내에서도 HFSS 제품 광고는 제한되고 있다. 고열량·저영양 식품은 오후 5시에서 7시 사이에 TV 광고가 불가능하며 그 밖의 시간에도 어린이가 주 시청대상인 프로그램에서는 관련 중간광고가 금지된다. 정부는 어린이의 건강 보호를 목적으로 이러한 규정을 2010년부터 도입하였다. 또한 고열량·저영양 식품으로 지정되면 학교나 우수판매업소에서 판매가 제한된다(황인선, 2019). [표 3-1]은 「어린이 식생활안전관리」 특별법 시행령의 주요 내용이다.

한상필·지원배(2010)의 연구는 국내 어린이 식품 광고 내용과 형식의 문제점을 잘 보여준다. TV, 라디오, 인쇄매체를 통해 노출되는 어린이 기호식품 광고의 식품군 광고물(음식, 제과, 식품) 중 공통적으로 모든 매체에서 식품 광고물의 노출이 가장 많았다. 어린이를 대상으로 하는 식품 광고 표현의 특성을 살펴보면 일상 중에 수시로 먹거나 마시는 등 주 식사의 대체품으로 먹거나 마셔도 되는 것처럼 표현하는 광고, 제품의 크기를 과장하거나 돋보이게 하여 먹음직스럽게 표현하는 광고가 많았다. 하지만 식사 대용을 표현하는 광고임에

도 광고 식품의 칼로리나 원재료 함량에 대해 설명하고 있는 광고는 거의 없는 것으로 나타났다(한상필·지원배, 2010).

디지털 미디어 환경에서도 유사한 문제점이 발견되었다(안순태, 2012b). 국내 주요 식품회사들이 인터넷에 제공하는 광고게임을 분석한 결과, 많은 광고게임이 저영양 고칼로리 식품을 광고하고 있었는데 대부분이 지방과 설탕 함량이 적정치를 넘는 식품들이었다. 게임에 등장하는 식품으로는 과자/스낵/파이류가 28.3%로 가장 많았고, 아이스크림이 7.2%, 사탕/껌/초콜릿이 6.9%, 시리얼이 3.3%, 혼합음료 2.8%, 가족/패스트푸드 식당이 1.7% 순으로 나타났다. 지방 함량이 적정치를 넘는 식품은 62.2%이었고, 소금은 16.3%, 설탕은 75.1%의 식품에서 적정치를 초과하였다.

또한 광고게임 내 상표나 기업명의 노출 정도가 높은 것으로 나타났다. 게임 중 상표가 표시되는 광고게임이 49.4%였고, 3분의 2 이상의 게임에서 기업명이 광고게임 중에 보였는데 그 비율은 72.5%였다. 그럼에도 불구하고 광고게임이 설득의도를 지닌 광고의 일종이라고 설명하는 광고 표시나 안내문은 부재하였다(안순태, 2012b). 식품회사들의 활발한 광고게임 활용도는 문영숙과 이미라(2012)의 연구에서도 드러났다. 2011년도를 기준으로 국내 37개 기업의 51개 브랜드에서 151개의 광고게임을 운영하고 있는 것으로 조사되었는데, 그 중 가장 활발히 광고게임을 사용하는 기업은 식품회사였다.

해외 연구에서도 어린이 대상 식품회사들이 광고게임을 활발히 사용하고 있다는 것이 확인되었다(An & Kang, 2013). 분석 대상 164개 식품 브랜드 웹사이트에서 82개 웹사이트가 광고게임을 사용하고 있었다. 국내와의 차이점은 국내 식품회사 웹사이트에서는 광고 표시나 안내문이 발견되지 않았음에 비해(안순태, 2012b) 해외 82개 웹사이트 중 31개에서는 광고 안내문(ad break)을 제시하고 있었다.

해외 기업들은 다양한 유형의 광고 안내문을 광고게임에 부착하고 있었다.

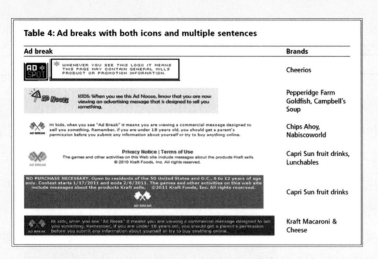

Table 4: Ad breaks with both icons and multiple sentences

Ad break		Brands
AD SPOT	✳ WHENEVER YOU SEE THIS LOGO IT MEANS THIS PAGE MAY CONTAIN GENERAL MILLS PRODUCT OR PROMOTION INFORMATION.	Cheerios
Ad Nooze	KIDS: When you see this Ad Nooze, know that you are now viewing an advertising message that is designed to sell you something.	Pepperidge Farm Goldfish, Campbell's Soup
AD BREAK	Hi kids, when you see "Ad Break" it means you are viewing a commercial message designed to sell you something. Remember, if you are under 18 years old, you should get a parent's permission before you submit any information about yourself or try to buy anything online.	Chips Ahoy, Nabiscoworld
AD BREAK	Privacy Notice | Terms of Use The games and other activities on this Web site include messages about the products Kraft sells. © 2010 Kraft Foods, Inc. All rights reserved.	Capri Sun fruit drinks, Lunchables
	NO PURCHASE NECESSARY. Open to residents of the 50 United States and D.C., 6 to 12 years of age only. Contest starts 1/17/2011 and ends 2/6/2011. The games and other activities on this web site include messages about the products Kraft sells. ©2011 Kraft Foods, Inc. All rights reserved. AD BREAK	Capri Sun fruit drinks
AD BREAK	Hi kids, when you see "Ad Break" it means you are viewing a commercial message designed to sell you something. Remember, if you are under 18 years old, you should get a parent's permission before you submit any information about yourself or try to buy anything online.	Kraft Macaroni & Cheese

[그림 3-7] 해외 식품회사의 광고게임에 부착된 광고 안내문. 치리오스(Cheerios) 시리얼을 광고하는 광고게임 내에 'Ad Spot'이라는 아이콘이 표시되어 있고 제너럴밀스(General Mills)사의 제품이 게임 내에 광고되고 있을을 알려주고 있다.

[그림 3-7]에서 볼 수 있듯이 아이콘과 함께 간단한 설명을 덧붙여 광고게임이 브랜드에 관한 상업적 정보를 담고 있다는 것을 표시하는 경우가 많았는데, 이는 어린이들의 광고 분별력 증진을 위한 기업의 실질적 움직임이라 볼 수 있다.

건강에 좋지 않은 음식 광고가 식습관에 부정적 영향을 주는 반면, 건강에 좋은 음식 광고는 긍정적 영향을 주는 것으로 나타났다(Dixon, Scully, Wakefield, White & Crawford, 2007; Beaudoin, Fernandez, Wall & Farley, 2007). 식습관 개선을 위한 캠페인에서 광고가 순기능을 발휘한 사례는 많은 나라에서 입증되었다. 호주에서 건강 식습관에 대한 캠페인을 실시한 후 과일과 야채 섭취량이 증가한(Chapman et al., 2016) 것도 광고의 순기능을 반증한다.

미국 캘리포니아에서는 "하루에 다섯 개, 더 건강해지기 위해!(5 a Day – for Better Health!)" 캠페인을 실시하였다. '지방을 줄이고 식이섬유 섭취를 증가시키기 위해 과일과 야채를 하루에 5접시씩 먹자'는 이 캠페인은 TV와 라디오, 신문과 잡지 등을 통하여 식품 선택의 순간에 행동 가이드라인을 주는 형태의 광고로 진행되었다. 캠페인 전후의 결과를 비교하면, 실제로 전체 식료품 소비량에서 과일/야채 소비량에 큰 차이가 일어난 것을 확인할 수 있었다. 또 사람들의 암에 대한 인지, 지식, 믿음, 태도를 조사한 결과에서도 긍정적인 변화가 나타났다. 과일과 야채를 더 먹어야 한다고 생각하느냐는 질문에 그렇다고 대답한 사람이 전체 52%에서 60%까지 증가하였다(Foerster et al., 1995).

2004년 영국에서는 심혈관계 질환의 증가를 막기 위하여 소금 섭취 줄이기 캠페인을 실시하였다. 캠페인을 위하여 시드 더 슬러그(Sid the Slug)라는 캐릭터를 소금의 위험성을 경고하는 데 사용하였고 광고 시리즈물을 제작하였다. 결과는 소금 섭취량에 대한 인식 증진 및 재조직화에 긍정적 영향을 준 것으로 나타났다. 1년 새 소금의 적정 섭취량에 대하여 인지하고 있는 사람의 수가 3%에서 34%로 증가하였고, 3년 후에는 슈퍼마켓에서 판매하는 가공식품의 소금 함량이 20-30%가량 줄어드는 변화가 나타났다. 또 실제로 사람들의 소금 섭취를 비교하기 위해 2000-2001년 기간과 2008년의 24시간 소변 소금 분석 결과를 실시한 결과, 9.5g이던 수치가 8.6g으로 약 10% 감소한 것을 확인하였다(Shankar et al., 2013).

식품 광고가 어린이 건강에 주는 역기능과 더불어 건강한 음식 광고가 주는 순기능, 건강한 식습관을 위한 광고캠페인의 효과를 주시해야 한다. 부모 대상의 조사에 의하면 자녀들의 식품 선택과 선호에 영향을 주는 가장 큰 요인 중 하나는 TV 광고이다(Kelly, Turner & McKenna, 2006; Pettigrew & Roberts, 2006). 이러한 이유로 광고의 내용적 특성, 건강한 식습관과 행동을 독려하는 광고 캠페인에 대한 논의와 실행은 매우 중요하다. 한편, 부모들은 TV 광고만큼 그들 자신이 영향력을 발휘할 수 있다고 믿으며(Dens et al., 2007), 나아가 학교의 역할과 영향력도 인정한다(Eagle et al., 2004). [그림 3-7]에서 보았듯이 해외 식품회사들은 어린이 광고에 대한 기업의 책임 있는 자세를 잘 보여주고 있다. 이처럼 광고를 기획하고 제작하는 이해관계자뿐만 아니라 부모, 학교, 사회가 모두 책임을 느끼고 어린이 건강과 복지를 위한 방향성을 고민해야 할 것이다.

전통 미디어 광고에 대한
어린이의 이해와 반응

1. TV 광고와 프로그램 구분에 대한 어린이의 이해

광고에 대한 어린이의 이해를 측정하는 것은 중요하면서도 어려운 과제이다. 가장 기본적인 문제 중 하나는 어린이가 TV 광고와 프로그램을 구분할 수 있느냐는 점이다. 이를 측정하기 위해 언어적, 비언어적, 관찰을 통한 방법들이 사용된다. 먼저 언어적 방법은 어린이들에게 직접 TV 프로그램과 광고를 구분할 수 있느냐고 구술로 질문을 하는 것이고, 비언어적 방법은 광고를 프로그램과 구분했을 때 행동으로 표시하게 하는 방법(Bijmolt, Claassen & Brus, 1998; Stutts, Vance & Hudleson, 1981; Dorr, 1986) 등이다. 관찰을 통한 방법은 프로그램과 광고 시간 동안 어린이들의 시각, 청각적인 주의 수준을 면밀히 살펴서 그 차이를 알고 있는지 파악하는 방법(Zuckerman, Ziegler & Stevenson, 1978)이다.

대체로 언어적 방법을 통해 측정한 연구들은 5세 이하 어린이는 광고를 프로그램과 변별할 수 있는 능력이 없다고 주장한다(Kunkel & Roberts, 1991). 그러나 비언어적 방법에 의한 연구들은 좀 더 이른 나이에 어린이들이 광고를 프로그램과 구분할 수 있다고 설명한다. 레빈과 동료들(Levin et al., 1982)은 10초짜리 광고를 보여주었을 때 5세 어린이 중 5분의 4, 4세 어린이 중 3분의 2, 3세 어린이 중 3분의 2가 광고를 구분했다고 한다. 따라서 어린이 대상의 실험 결과들을 비교·검토할 때는 연구방법론에 대한 고려가 필수적이다.

레빈과 동료들(Levin et al., 1982)의 실험에서는 광고의 초반 10초와 TV

프로그램의 처음 10초(타이틀 화면은 제외)를 보여주고, 어린이들에게 그들이 보고 있는 것이 광고인지 TV 프로그램인지 질문하였다. 그 결과 5세의 경우 5분의 4가 정답을 맞혔다. 정답을 맞히지 못한 5세도 있었지만, 10초의 발췌물만 보았다는 점을 생각할 때 짧은 부분만 보고도 대부분의 5세 어린이가 광고를 구별해낼 수 있었다는 점은 주목할 만하다. 유사한 결과는 다른 연구에서도 나타났는데(Butter et al., 1981) 4세의 경우 4분의 3, 5세의 경우 거의 모든 어린이가 광고를 구분하는 것으로 나타났다. 만화영화를 보여주면서 광고가 나올 때 동영상을 멈추고 그 광고가 만화의 일부분이냐고 질문했을 때 4세 어린이의 대부분이 광고를 만화영화와 구분하였다(Gaines & Esserman, 1981).

국내에서 비언어적인 측정도구로 어린이의 광고에 대한 이해도를 알아본 남명자(1995)의 연구에서도 어린이가 4세 정도 되면 광고는 물건을 팔기 위해 존재한다는 의도를 초보적인 감각으로 이해하는 것으로 나타났다. 광고가 나올 때 어린이의 집중도가 어떻게 변화하는지 살펴본 연구(Wartella & Ettema, 1974)에 의하면 연구에 참여한 3-8세 어린이 모두가 TV 프로그램에서 광고로 바뀌는 것을 알아채고 있었다. 레빈과 앤더슨(Levin & Anderson, 1976)의 연구에서도 광고가 나왔을 때 어린이들이 시각적으로 주의를 집중하는 모습이 관찰되었다.

1970년과 1980년 미국 연구들은 대체적으로 5세 정도에 어린이가 광고를 프로그램과 구분한다는 결과를 보여준다. 그러나 오늘날 어린이들이 몇 세 정도에 광고를 TV 프로그램과 구분하는지는 또 다른 문제일 수 있다. 미디어 접근성과 이용도의 증가로 어린이들의 경험적 판단이 훨씬 더 성숙했을 수 있기 때문이다. 리와 동료들(Li et al., 2014)은 중국 어린이를 대상으로 레빈과 동료들(Levin et al., 1982)의 실험을 재현하였다. 중국 우한과 총칭의 3-7세 어린이 127명을 대상으로 TV 프로그램과 광고를 구분하는지 살펴보았는데 3세 아동은 28개 광고 중 20개, 4세는 23개, 5세는 25개, 6세와 7세는 28개 모두를 구분했다. 이는 레빈과 동료들이 1980년도에 얻은 결과와 매우 유사한 것이다. 리와 동료들은 30년 전과 비교해 어린이들의 미디어 이용과 활용이 크게 증가했음에도 불구하고 광고에 대한 구분 능력의 차이는 발견되지 않는다고 결론지었다. 광고를 프로그램과 구분하는 것은 미디어 경험의 문제라기보다는 연령과 관련된 인지적 능력의 차이에 기인한다고 설명하였다.

어린이의 광고에 대한 이해는 크게 두 단계로 구분할 수 있다. 첫 번째는 어린이가 광고를 프로그램 등 다른 콘텐츠와 구분하는 단계이고, 두 번째는 어린이가 광고가 브랜드 인지도와 호감도, 구매 등 다양한 설득적 목적을 지니고 있다는 것을 이해하는 단계이다. 즉 광고가 프로그램과 다르다는 것을 인식하더라도 광고의 다양한 설득적 의도를 파악하는 것은 더 높은 수준의 설득지식으로 훨씬 더 후에 이루어진다. 나이가 어린 어린이의 경우 광고를 시각적으로 구분할 수는 있지만, 광고가 뉴스와 같은 객관적 정보와는 달리 광고주의 편향적인 설득목적으로 제공된다는 것을 알아차리지 못하는 경우가 많다.

2. 전통 미디어 광고의 설득의도에 대한 이해

어린이가 광고를 TV 프로그램과 구분하는 것에서 나아가 광고의 설득의도를 파악할 수 있는지 살펴보기 위해 다양한 방식의 연구가 진행되어왔다. 성인과 달리 어린이에게 광고의 목적이 무엇이냐고 직접 물어보는 것은 용이하지 않기 때문에 연구자들에 따라 조금씩 다른 실험 상황을 설정하고 그 이해도를 측정하였다. 따라서 연구방법과 접근방식에 따라 몇 세 정도에 광고의 설득의도를 이해하는지에 대한 결과가 상이하게 나타났다.

가장 많이 인용되는 초기 연구(Donohue et al, 1980)에서는 2-3세 어린이의 대부분이 광고의 설득의도를 파악하고 있다고 보고되었다. 해당 연구의 실험에서는 어린이들에게 투칸 샘(Toucan Sam)이라는 큰부리새 캐릭터가 등장하는 시리얼 광고물을 보여준 후 광고의 목적을 나타내는 그림을 고르게 했다. 하나는 엄마와 아이가 가게에서 시리얼을 쇼핑하고 있는 것이고, 다른 하나는 시리얼이 나오지 않는 텔레비전을 아이가 보고 있는 그림이었다. 실험에 참여한 어린이가 쇼핑하는 그림을 선택하면 광고의 설득적 의도를 파악하는 것으로 분석했는데, 그 결과 2-3세 어린이의 75%, 4세 70%, 5세 76%, 7세 96%가 쇼핑 그림을 골랐다.

그러나 맥클린(Macklin, 1987)은 도나휴와 동료들의 연구(Donohue et al, 1980)가 어린이의 설득의도를 과장해서 측정했다고 반박했다. 단지 2개의 그림만이 제시되었고 그중 하나에만 시리얼이 등장했기 때문에 시리얼 광고를 본 직후 대부분의 어린이가 시리얼이 등장하는 그림을 선택한 것은 자연스런 결과이지 설득의도를 파악한 것이 아니라는 것이다. 이러한 문제점을 보완하기 위해 맥클린은 도나휴와 동료들의 실험을 수정해 실시하였다. [그림 4-1]의 10개 그림을 사용했고 그중 하나인 1번 그림만이 시리얼을 쇼핑하는 그림으로 설정하였다. 그 결과 3세 어린이는 아무도 쇼핑 그림을 선택하지 않았고, 4세 8%, 5세 20%만이 쇼핑 그림을 선택했다. 이로써 맥클린은 도나휴와 동료들의 연구와는 달리, 3-4세 어린이의 경우 설득의도를 거의 파악하지 못하는 것으로 해석하였다.

이후 하비와 블레이드(Harvey & Blades, 2002)는 맥클린 연구의 방법을 재현하면서 모든 그림에 시리얼이 나오도록 설정하였다. 연구 결과 4-5세 어린이들도 기대 확률과 거의 유사한 수준에서 쇼핑 그림을 선택했고, 6세 어린이만이 통계적으로 유의미한 차원에서 쇼핑 그림을 선택했다. 이에 하비와 블레이드는 광고의 설득의도에 대한 어린이의 이해는 이전 연구들에서 제시한 것보다 연령이 훨씬 높아야 가능하다고 해석하였다.

맥클린(Macklin, 1987)은 또 다른 방식으로 광고에 대한 어린이의 이해를 측정하고자 시도하였다. 3세, 4세, 5세 어린이에게 시리얼 광고를 보여준 후 3개의 놀이방으로 아이들을 데리고 가서 시리얼 광고의 목적에 해당하는 놀이방을 선택하게 했다. 첫 번째 방은 부엌, 두 번째는 핫도그가 있는 야외 소풍 공간, 세 번째는 상점이었다. 시리얼은 세 놀이방 모두에 등장했고, 피험자 어린이 모두에게 세 놀이방을 보여준 후 한 곳을 선택하게 만들었다. 실험 결과 3-4세 어린이는 아무도 상점을 선택하지 않았고 15명의 5세 어린이 중 6명만이 상점이 광고의 목적이라고 정답을 선택했다. 이는 5세 어린이도 광고의 설득의도에 대한 이해가 제한적임을 보여주는 결과이다.

영(Young, 2000)은 4-9세 어린이에게 7편의 광고물을 시청하게 하면서 마지막 결말 부분을 잘라내 보여주어 광고의 설득의도에 대한 이해를 측정하였

[그림 4-1] 광고의 설득의도에 대한 어린이들의 이해를 검증하기 위한 10개의 그림. 서양에서는 어린 이가 광고의 설득의도를 파악할 수 있는지 살펴보기 위해 다양한 방식의 연구가 진행되어왔다. 어린 이들에게 광고의 목적을 묻는 직접적인 질문을 던지는 것은 용이하지 않기 때문에 연구자들에 따라 다양한 방식의 연구가 진행되었고 그에 따른 결과가 상이하게 나타났다.

다. 어린이들에게 결말 부분을 완성하도록 지시하면서 홍보성(promotional) 결론, 중립적(neutral) 결론, 오락성(entertaining) 결론, 세 가지 중 하나를 선택하게 하였다. 그 결과 4-5세 어린이 중 대다수는 오락성(entertaining) 결말을 선택했고, 6세 어린이 중에서도 정답인 홍보성 결말을 선택한 어린이는 3분의 1에 그쳤다. 이러한 연구 결과는 6세 이하 어린이들은 광고의 목적을 재미와 흥미 등 오락이라고 이해하며, 8세 정도가 되어야 브랜드를 홍보하기 위한 광고의 목적을 이해한다는 것을 보여준다.

지금까지 해외 연구들을 종합하면 대체적으로 어린이는 8세 정도가 되어야 광고의 설득의도를 파악한다고 볼 수 있다(Gunter et al., 2005; John, 1999; Kunkel & Gantz, 1992; Kunkel et al., 2004; Young, 2003). 그러나 어린이가 광고를 프로그램과 구분하는지에 대한 연구 결과가 측정 방법에 따라 상이하게 나온 것처럼, 설득의도에 대한 탐지도 어린이의 이해를 어떻게 살펴보았느냐에 따라 조금씩 상이하다.

먼저 직접 측정에 의한 방법은 말이나 글로 직접 물어보는 것으로 일대일 면접이나 집단 토론의 형식으로 연구되었다(Bergler, 1999; Blosser & Roberts, 1985; Lawlor & Prothero, 2003; Martensen & Hansen, 2001; Oates, Blades, Gunter & Don, 2003). 이들 연구에서는 '광고가 무엇이냐?', '광고의 목적이 무엇이냐?' 등의 질문을 한 후 어린이들이 '사람들에게 뭔가를 사게 하는 것', '광고된 물건을 사게 하는 것'과 같이 답하면 설득의도를 파악하는 것으로 간주하였다. 그 결과 대략 8세 정도가 되어야 설득의도를 파악할 수 있는 것으로 나타났다.

직접 측정의 또 다른 방법은 설문지를 사용하는 것이다(Boush, Friestad & Rose, 1994; Chan & McNeal, 2006; Martensen & Hansen, 2001). 설문은 대부분 객관식 형태로 어린이들이 답을 선택할 수 있도록 하고 설문지는 주로 문서 형태로 전달하였다. 나이가 어린 어린이의 경우에는 실험자가 질문을 읽어주는 형식으로 진행하였다. 그 결과 설문지 방식에 의한 연구에서도 대체적으로 8세를 설득의도 파악 시점으로 결론지었다.

간접적인 측정 방식에 의한 연구들(Bijmolt, Claassen & Brus, 1998; Donohue, Henke & Donohue, 1980; Macklin, 1987; McAlister & Cornwell, 2009; Owen, Auty, Lewis & Berridge, 2007; Young, 2003)은 그림을 제시하며 광고의 설득목적을 나타내는 상황을 고르도록 지시하였다. 이들 연구에서는 대체적으로 5-6세 어린이의 대부분이 설득의도를 파악한다는 결론을 내렸다. 직접적인 방법에 의한 연구에서보다는 좀 더 어린 나이에 설득의도 파악이 가능하다고 본 것이다.

국내의 어린이 광고 이해에 대한 연구 역시 연령이 중요한 변수가 된다는 점을 보여준다. 조병량(1983)의 연구에서도 TV 광고의 진실성 여부, 즉 TV 광고가 정직하게 진실을 보여주는가에 대한 신뢰도가 어린이의 연령이 높을수록 감소하며 광고에 대한 불신은 증가하는 것으로 밝혀졌다. 그러나 국내 어린이를 대상으로 '몇 세에 광고를 프로그램과 구분하고 광고의 설득의도를 파악하는지'를 측정한 연구는 거의 부재하여 외국의 어린이들을 대상으로 한 연구결과에 근거해 추정할 수밖에 없는 상황이다. 따라서 오늘날과 같은 디지털 미디어 환경에서 국내 어린이들이 몇 세 정도에 광고를 프로그램과 구분하고, 광고의 판매의도와 설득의도를 이해하는지에 대한 연구가 요청된다.

3. 어린이 광고 리터러시 증진 기제

1) 광고 안내문

어린이의 광고에 대한 이해를 돕기 위해 광고 안내문은 중요한 정책적 기제로 활용되어왔다. 광고 안내문은 영어로 ad break, bumper, separator 등으로 불리는데, 미국의 경우 광고 안내문을 시각적·청각적으로 제시하여 프로그램과 광고를 분리하는 것을 원칙으로 한다(National Assocition of Broadcasters[NAB], 1979). 그러나 광고 안내문의 효과를 실제로 측정한 연구들에서 그 영향력이 일관되게 나타나지는 않는다. 광고 안내문이 어린이에게 효과적이라고 말한 연구들에서는 광고 안내문이 어린이들이 광고를 프로그램과 구분할 수 있도록 도와주는 역할을 한다고 보았다(Ward et al., 1977; Dorr, 1986). 즉 광고 안내문이 어린이들에게 광고가 프로그램의 일부가 아니라는 단서를 준다는 것이다(Ward et al., 1977). 안과 스턴(An & Stern, 2011)은 광고 안내문이 광고게임에서도 광고의 상업적 의도를 이해하는 데 도움을 준다고 하였다. 광고 안내문이 적절하게 디자인된다면 어린이들의 광고에 대한 이해를 도모할 수 있다고 한다(Dorr, 1986).

광고 안내문의 효과를 크게 평가하지 않은 연구도 있다(Butter, Popovich, Stackhouse & Garner, 1981). 연령에 따라 두 집단의 어린이(평균연령 4.13 v. 5.15)에게 네 가지 실험 상황(청각적/시각적 광고 안내문, 시각적 광고 안내문, 청각적 광고 안내문, 광고 안내문 없음)에서 30초 동안 광고를 보여주었다. 총 40명의 어린이에게 '광고가 무엇인지, 왜 광고가 나오는지, 광고와 프로그램의 차이가 무엇인지' 직접 질문한 결과 연령이 높은 집단의 이해가 높게 나타났다. 연령이 높은 집단의 경우 청각적인 광고 안내문이 광고가 시작할 때 주의를 기울이게 하는 데 더 효과적이었다. 그러나 단지 25%만 광고 안내문이 주의를 집중하게 만들었고, 광고를 본 후에는 차이가 없었다. 대부분의 어린이(연령이 낮은 집단의 80%, 연령이 높은 집단의 96%)가 광고 안내문에 관계없이 광고를 구분할 수 있었다. 그러나 연령이 낮은 집단의 68%는 광고가 무엇인지에 대한 질문에 답변하지 못했고, 90%는 왜 TV에 광고가 나오는지, 광고와 프로그램의 차이를 설명하지 못했다. 즉 지각적으로 광고를 구분할 수는 있지만 그 이유나 근거는 제시하지 못한 것이다.

광고 안내문은 어린이들이 광고와 프로그램을 구분하는 데 큰 도움이 되지 않으며, 오히려 어린이들이 구분에 어려움을 느끼게 할 수도 있다는 주장도 있다(Palmer & McDowell, 1979). 또한 스텃과 동료들(Stutts et al., 1981)은 광고 안내문이 7세 이상의 연령대가 비교적 높은 어린이들에게 효과를 보인다고 하였다. 레빈과 동료들(Levin et al., 1982)도 미취학 아동들은 광고 안내문이 없어도 프로그램과 광고를 구분할 수 있는 능력이 있기 때문에 이와 같은 안내문이 필요하지 않다고 보았다.

국내에서는 어린이 프로그램 전후 광고에 '광고방송'이라는 자막을 표시해야 한다. [표 4–1]을 보면 방송법 시행령 제59조 제1항은 어린이를 주 시청대상으로 하는 프로그램의 전후 광고에는 화면 크기의 64분의 1 크기로 '광고방송'이라는 글씨를 내보내도록 규정하고 있다. 그러나 이러한 규정이 어떠한 효과를 가지는지에 대한 국내 어린이 대상 연구는 부재하다. 자막의 유용성, 자막의 규격과 방식에 대한 검토를 통해 실질적으로 어린이의 광고에 대한 이해를 돕고 있는지, 연령에 따라 이해도와 분별력에 어떠한 차이가 나는지 등은

[표 4-1] '광고방송' 자막에 대한 방송법 시행령

	방송법 시행령
제59조(방송 광고)	① 법 제73조 제1항에 따라 방송사업자는 어린이를 주 시청대상으로 하는 방송 프로그램(13세 미만의 어린이를 대상으로 어린이의 건강한 성장, 정서 발달과 문화적 다양성 확립을 돕는 방송내용물을 말한다. 이하 같다)의 방송 광고 시간 및 전후 토막광고 시간에 화면 좌상단 또는 우상단에 화면크기의 64분의 1 이상의 크기로 광고화면과 명확하게 구분될 수 있도록 '광고방송'이라는 자막을 계속하여 표기하여야 한다. 〈신설 2007. 8. 7., 2015. 7. 20.〉

기본적으로 점검해보아야 할 과제이다.

2) 광고 리터러시 교육

광고 안내문과 함께 광고 리터러시 교육도 어린이의 광고에 대한 이해를 돕기 위해 활용된다. 상업메시지가 범람하는 오늘날의 미디어 환경 속에서 어린이들이 광고에 대한 인지적 방어(cognitive defenses) 능력을 갖추는 것은 필수적인 역량으로 논의된다. 어린이들의 광고에 대한 인지(광고를 TV프로그램과 구분)와 광고의 설득의도 파악은 인지적 방어 능력의 핵심이다(Rozendaal et al., 2009).

　부이젠(Buijzen, 2007)은 인지적 방어와 광고효과에 대한 어린이들의 취약성을 구체적으로 살펴보았다. 어린이들이 광고에 대한 이해와 비판적 시각을 갖추어 인지적 방어를 높게 되면 광고 내용을 액면 그대로 받아들이지 않고 객관적으로 평가하게 되고, 이는 광고된 제품에 대한 구매의도를 낮추는 결과를 유도하게 된다는 것이다. 이를 통해 광고에 대한 어린이의 취약성이 줄어들 수 있다고 설명한다. 이러한 역량은 연령에 따라 다르게 나타나는데, 로젠달과 동료들(Rozendaal et al., 2009)은 기존의 광고 관련 정보를 다시 기억해내고 새로운 광고 정보 처리에 사용할 수 있는 10–12세 정도가 되어야 인지적 방어를 통해 광고된 상품을 사고 싶어 하는 마음을 감소시킬 수 있다고 보았다.

이처럼 어린이의 나이가 광고 리터러시의 핵심 내용인 설득의도 탐지와 밀접한 관련이 있다는 점은 많은 실증 연구들을 통해 밝혀져왔다(Robertson & Rossiter, 1974; Rossiter & Robertson, 1974; Ward et al., 1977). 마틴(Martin, 1997)은 메타분석을 통해 어린이의 나이에 따른 설득지식의 증가를 보여주었다. 크게 7세 미만, 7–11세, 12세 이상의 어린이들 사이에 차이점이 있는 것으로 나타났다(John, 1999). 중요한 것은 설득지식은 TV를 많이 본다고 해서 올라가지는 않으며, 사회화를 통한 인지 처리 능력의 성숙을 통해 향상시킬 수 있다는 점이다. 같은 연령대에서 TV를 많이 보는 어린이라도 더 높은 설득지식을 보여주지 않는다는 연구 결과(Comstock & Paik, 1991)는 이를 증명한다.

이처럼 설득지식은 어린이들이 광고의 의도를 이해하고 광고에 대하여 비판적인 시각을 갖추는 데 중요한 영향력을 끼친다. 그러나 문제는 국내 어린이들의 광고 리터러시가 매우 저조하다는 데 있다. 국내 초등학교 2–3학년을 대상으로 조사한 연구에 따르면 30%의 어린이만이 광고의 설득적 의도를 제대로 인지하고 있었다(안순태, 2012a). '광고가 무엇일까요? 간단히 설명해보세요'라는 질문을 하고 이에 대한 답을 분석한 결과, 전체 141명의 어린이 중 광고의 설득적 의도를 탐지하고 있는 어린이는 30.5%(43명)에 그쳤다. 대다수인 56%(79명)가 정보의 일환으로 광고를 이해하는 협조적 의도만을 나타냈고, 8.5%(12명)는 그 외의 생각들을 나타냈으며, 5%(7명)는 답을 하지 않았다. 대다수의 어린이들은 뉴스나 프로그램과 같이 정보를 전달하는 차원에서 광고를 이해하고 있었다.

또한 어린이의 광고에 대한 이해는 저소득층 어린이와 일반가정 어린이에서 차이가 나타났다(안순태, 2015). [표 4–2]는 저소득층 어린이의 광고 리터러

[표 4-2] 소득수준에 따른 광고에 대한 어린이의 이해

| | | 소득수준 | | 전체 |
		저소득층	일반	
광고에 대한 이해	협조적 의도 이해	22 (22.7%)	130 (23.4%)	152 (23.3%)
	설득적 의도 이해	51 (52.6%)	339 (61.0%)	393 (59.7%)
	그 외	6 (6.2%)	76 (13.7%)	82 (12.6%)
	무응답	18 (18.6%)	11 (2.0%)	29(4.4%)
합계		97 (100%)	556 (100%)	653 (100%)

$\chi^2 = 55.79$, $df = 3$, $p < .001$ 출처: 안순태, 2012a

시가 훨씬 낮음을 보여준다. 일반 가정 어린이의 경우 61.0%가 광고가 상업적 의도를 가지고 소비자를 설득시키려는 목적을 갖는다고 응답한 반면, 저소득층 가정 어린이의 경우 52.6%만이 광고가 설득적 목적을 갖는다고 답했다. [표 4-2]를 보면 저소득층 가정 어린이들의 '모른다' 또는 '무응답' 답변도 상대적으로 많음이 눈에 띈다. 이처럼 어린이의 광고에 대한 이해는 소득에 따라 유의미한 차이가 있고, 저소득층 어린이의 현저히 높은 무응답 답변은 이들을 위한 광고 리터러시 교육의 필요성을 잘 보여준다(안순태, 2012a). 어린이를 비롯한 광고 수용자 교육이 활성화되어야 할 필요성이 지적되어왔지만(문철수, 2006) 아직 이에 대한 관심과 대책이 부족하고 특히 저소득층 어린이의 정보 격차, 광고 리터러시 격차 문제는 시급해 보인다.

어린이의 광고 리터러시는 광고를 향한 태도와 깊은 관련이 있다. 안순태(2012a)의 연구에서는 광고 리터러시가 낮은 어린이는 광고에 대해 비교적 긍정적인 태도를 보인 반면 광고 리터러시가 높은 어린이는 비판적인 태도를 보였다. 즉 광고 리터러시의 수준에 따라 어린이들의 광고를 대하는 태도가 달

[표 4-3] '광고되는 상품은 언제나 좋은 물건이다'라는 질문에 대한 판매의도 탐지에 따른 답변

	판매의도 미탐지	판매의도 탐지	전체
전혀 그렇지 않다	16.3% (16)	18.6% (8)	17.0% (24)
그렇지 않다	37.8% (37)	27.9% (12)	34.8% (49)
보통이다	29.6% (29)	53.5% (23)	36.9% (52)
그렇다	12.2% (12)	0% (0)	8.5% (12)
매우 그렇다	4.1% (4)	0% (0)	2.8% (4)
합계	100% (98)	100% (43)	141

χ^2 = 12.6, df = 4, p < .05   출처: 안순태, 2012a

라지는 것으로 나타났다. [표 4-3]은 '광고되는 상품은 언제나 좋은 물건이다'
라는 질문에 대해 광고에 대한 이해에 따라 초등학교 2-3학년의 의견이 어떻
게 나타나는지를 정리한 것이다. 판매의도를 탐지하고 있는 어린이들의 광고
에 대한 태도가 좀 더 비판적이었다. 판매의도를 탐지하지 못한 어린이는 '그렇
다'(12.2%), '매우 그렇다'(4.1%)로 약 16%의 어린이들이 광고되는 상품은 언제
나 좋은 물건이라고 생각하고 있었다. 반면 판매의도를 탐지한 어린이들 중 그
렇게 답변한 어린이는 아무도 없었다. 대신 판매의도를 탐지한 어린이들은 '전
혀 그렇지 않다'(18.6%), '그렇지 않다'(27.9%)로 좀 더 부정적인 태도를 보여준
다. 광고의 판매의도 탐지는 광고를 다른 콘텐츠와 구분하는 분별력보다 더 성
숙한 설득지식이다. 어린이들이 판매의도를 탐지함으로써 광고에 대한 비판적,
회의적 태도를 갖는다는 것은 광고 리터러시 교육의 필요성을 잘 보여준다.

광고 리터러시의 향상과 관련하여 김지은과 한규훈(2016)의 연구에서는
광고를 활용한 비판적 사고력 교육 프로그램을 실행한 후 초등학생들이 광고
를 비판적으로 볼 수 있는 능력을 갖추게 된 것을 보여주었다. 광고 리터러시
교육 후반에 '가격은 역시 ○○○○(마트 브랜드)가 가장 쌉니다'라는 카피의

옥외광고를 제시한 후 사실 여부를 묻는 질문에 대해 연구에 참여한 학생들은 '마트들은 서로 경쟁을 하고 여기저기 다 할인해주기 때문에 사실이 아니다', '싸다고 이야기하지만 다 그런 게 아니고 일부 물건만 그럴 것이므로 제일 싼지는 알 수 없다'라는 등의 응답을 제시하였다. 또한 '요즘 어떻게 지내냐는 친구의 말에 ○○○로 대답했습니다'라는 카피의 광고를 보고 편견을 찾아보라는 질문에 대해서는 '좋은 차를 타는 것이 꼭 성공한 것을 나타내는 것은 아니다', '돈만 많다고 꼭 행복해지는 것은 아니다' 등의 합리적인 답변을 제시하기도 하였다. 이는 학생들이 광고를 제대로 읽어낼 수 있는 능력인 광고 리터러시가 광고활용교육 과정을 통해 어느 정도 향상되었다는 점을 시사한다(김지은·한규훈, 2016).

3) 국내 어린이 광고활용교육

어린이와 청소년들이 광고를 제대로 이해하고, 올바른 광고의 선별과 비판적 태도를 익히기 위한 교육의 필요성이 제기되어왔다(이희복, 2006). 정연우(2011)에 따르면 광고활용교육은 세 가지 측면으로 구분해볼 수 있다. 첫 번째는 광고 수용자 교육으로, 현명한 소비자로서의 의사결정 능력과 문제가 되는 광고를 걸러낼 수 있는 분별력을 길러주는 것이다. 두 번째는 광고를 교육의 수단으로 활용하는 것이다. 광고활용교육은 광고 리터러시 측면에서의 교육뿐 아니라 활용을 통해 다른 분야에서도 교육 효과의 증진과 학습에 대한 흥미 유발을 기대해볼 수 있다(정연우, 2011). 세 번째는 광고를 비판할 수 있는 능력을 길러주는 교육이다. 이는 자본주의 체제에서의 광고를 비판적으로 수용하고 이해할 수 있도록 하기 위한 교육으로 어린이들에게 불공정한 설득효과가 일어나는 것을 방지하기 위해 필수적으로 요구된다.

광고활용교육의 시행 형태를 살펴보면, 주로 교과시간에 해당 교과와 연계하여 광고를 활용하는 경우가 많은 것으로 나타났다. 한편 교사들이 활용하는 교재는 교과와 연관시킨 자료를 직접 제작한다는 의견이 다수였다. 주로 인쇄 광고와 TV 광고를 사용하여 수업을 진행하는데 광고를 선정하는 기준은 건전한 내용인 것, 수업 활용도가 높은 것, 공익광고 등이었다. 광고물은 주로 KOBACO 홈페이지(공익광고 모음), 광고정보센터, 유튜브 등 인터넷을 통해 입수하는 것으로 나타났다. 광고활용교육의 장점과 기대효과에 대한 인식에 있어서는 교사들 간에 공통된 의견이 많았다. 무엇보다 광고활용교육이 학생들의 흥미를 이끌어 학습동기 유발에 효과적이라는 의견이 많았고, 학생들의 비판적·창의적 사고, 독해력, 정보활용능력의 증대 이외에도 문화와 트렌드 이해, 집단지성을 통한 협동 작업까지 총체적인 소양을 기르는 데 효과를 거두리란 기대도 확인할 수 있었다(한규훈·김지은, 2013).

어린이, 청소년기 광고에 대한 인식은 향후 광고 소비자로서 주체적인 역할을 담당하는 데 결정적인 역할을 한다. 광고산업이 활성화되고, 소비자들이 광고에 대한 균형 잡힌 인식을 갖게 하기 위해서는 광고의 긍정적인 역할을 포함하는 객관적 지식을 제공할 필요가 있다(차유철 외, 2008). 초·중·고등학교에서의 광고교육은 일반적인 광고교육과 구별해야 하는 개념이며(이희복, 2012) 중요한 사회적 과제이다. 광고활용교육은 단순히 광고 리터러시의 구현에 그치지 않고, 광고를 보다 적극적으로 교육의 수단이자 원천으로 활용하는 데 그 궁극적인 목적이 있다(이희복, 2012). 광고활용교육을 받은 어린이들은 광고에 대한 올바른 이해를 바탕으로 건전하게 비판하고 판단하는 현명한 소비자로 자라날 수 있을 것이다.

5

미디어 환경 변화에 따른
광고 방식과 어린이의 이해

1. 중간광고

예전에는 TV 프로그램 전후에만 나왔던 TV 광고가 이제는 프로그램 중간에도 빈번히 방영된다. 중간광고는 1개의 동일한 방송 프로그램이 시작된 후부터 종료되기 전까지 그 사이에 방송 프로그램을 중단하고 편성되는 광고이다 (방송법 제73조 제2항). 해외의 경우 전반적으로 관련 규정을 완화하는 추세이다. 미국의 경우 중간광고는 방송사들이 자율적으로 결정하며 따로 규제하지 않는다. EU의 경우 30분에 1회에 한해 광고 방영이 가능한데 TV드라마, 뉴스, 영화 등에 허용되며 종교행사에는 금지된다. 일본은 민간방송연맹 가이드라인에 따라 자율규제를 실시하며 전체 장르에 허용하고 시간과 횟수에 제한이 없는 대신 주간 방송 시간 18% 이내로 제한한다(이희복, 2017).

국내 방송법 시행령 제59조에 따르면 중간광고는 2019년 기준으로 케이블, 위성 및 라디오 방송에서만 허용되며, 지상파의 경우 스포츠 중계나 일요일 장시간 방송 예능 프로그램의 경우에만 조건부 허용된다. 편성 가능 시간은 종합유선방송 전체 광고 시간 규제 내에서 편성할 수 있다. 단 중간광고의 횟수는 방송 프로그램의 총 방영시간에 따라 달라지며, 운동경기나 문화예술 행사 등의 휴식 및 준비시간이 있는 방송 프로그램인 경우 이 시간에 한해 중간광고를 제한 없이 할 수 있다. 다만, 지상파의 경우 2017년부터 프로그램을 여러 편으로 쪼갠 후 프리미엄CM(PCM)을 삽입하는 형태의 유사 중간광고를 하고 있다(류은주, 2019).

어린이 식생활안전관리 특별법은 어린이를 주 시청대상으로 하는 방송프로그램의 중간광고에 고열량·저영양 식품의 광고 금지를 명할 수 있다고 정하고 있다. [그림 5-1]은 고열량·저영양 식품 확인 요령 등이 담긴 식품의약품안전처 포스터이며, [표 5-1]은 어린이 식생활안전관리 특별법 시행령의 중간광고 관련 규정이다. [표 5-1]에 제시되어 있듯이 고열량·저영양 식품의 TV 광고는 오후 5시부터 7시까지 금지된다. 또한 이 제한시간 외에도 어린이를 대상으로 하는 만화나 오락과 같은 TV 프로그램의 중간광고에는 고열량·저영양 식품의 광고가 금지된다(박광택, 2010). 이는 식품 광고가 어린이에게 미치는 부정적 영향을 고려한 조치로, 특히 중간광고의 경우 프로그램을 시청하고 있는 도중에 식품 섭취 확률을 높일 수 있기 때문이다.

[그림 5-1] 고열량 · 저영양 식품 확인 방법 등을 담은 식품의약품안전처의 포스터. 고열량 · 저영양 식품 광고의 역기능을 막고 올바른 식습관 형성을 유도하는 데 그 목적이 있다.

[표 5-1] 어린이 대상 중간광고에 대한 규정

	중간광고와 관련된 어린이 식생활안전관리 특별법 시행령
제7조의2 (광고 시간의 제한 등)	② 식품의약품안전처장은 제1항에 따른 텔레비전방송 광고 제한시간 외에도 어린이 기호식품을 제조 · 가공 · 수입 · 유통 · 판매하는 자에게 어린이를 주 시청대상으로 하는 방송프로그램의 중간광고(「방송법」 제73조제2항제2호에 따른 중간광고를 말한다. 이하 같다)에 고열량 · 저영양 식품과 고카페인 함유 식품의 광고 금지를 명할 수 있다. 〈개정 2013. 3. 23., 2014. 1. 28.〉 ④ 식품의약품안전처장은 제2항에 따라 중간광고를 금지하려는 때에는 법 제25조에 따른 어린이식생활안전관리위원회(이하 "위원회"라 한다)의 심의를 거쳐야 한다. 〈개정 2013. 3. 23.〉

국내에서 중간광고에 대한 논의는 찬반이 활발하다. 찬성하는 편에서는 중간광고가 광고의 효율적 배분을 가능하게 하여 광고의 군집현상을 완화하고 시청자의 신체리듬에 맞는 휴식공간을 제공하는 장점이 있다고 주장한다(박노성, 2004). 그러나 중간광고가 광고 의존성을 심화시켜 프로그램의 질을 떨어뜨리고 상업적인 측면이 강화됨에 따라 시청자 주권 침해의 우려가 있다는 의견도 있다(문현숙, 2007; 신태섭, 2006). 게다가 중간광고는 드라마와 같이 광고효과가 높은 프로그램에 집중될 가능성이 높아 광고효과가 상대적으로 낮은 어린이나 청소년 대상 프로그램의 광고가 줄어들고, 이와 같은 프로그램의 편성 자체가 줄어들 가능성도 제기된다(윤석년, 2008).

성인을 대상으로 한 기존의 연구들은 중간광고에 대한 인지나 가치 평가가 중간광고가 삽입되는 프로그램에 의해 영향을 받는다는 것을 발견하였다(Krugman, 1983; Murry et al., 1992; Coulter, 1998; De Pelsmacker et al., 2002). 어린이들을 대상으로 한 관련 연구는 그 수가 많지 않고 명확한 결론을 내리기 어렵지만, 긍정 또는 부정의 두 가지 상반된 결과가 나타나는 것으로 보인다. 먼저 긍정적인 광고효과의 경우는, 긍정적으로 평가되는 프로그램이 인접한 광고나 중간광고에 대해서도 긍정적인 반응을 가지고 온다는 것이다. 10세에서 12세의 어린이들이 중간광고에 대해 가지는 태도를 실험한 연구(Khouaja & Bouslama, 2014)는 프로그램에 대한 어린이들의 호의적인 감정이 중간광고에 대해서도 호의적으로 이어진다는 것을 보여준다. 어린이들이 프로그램을 더 즐기고 좋아할수록 중간광고에 대해서도 유사한 감정을 보인다는 것이다(Khouaja & Bouslama, 2014).

반면 부정적인 광고효과의 경우는, 어린이들이 가지고 있는 프로그램에 대한 긍정적인 감정 때문에 중간에 삽입된 광고를 일종의 방해로 인지하게 된다는 것이다. 이에 따르면 중간에 삽입된 광고는 어린이들에게 부정적인 태도를 유발할 수 있으며, 따라서 호의적인 태도를 갖고 있는 프로그램보다는 호의적이지 않은 태도를 갖는 프로그램과 연관된 광고가 오히려 더 효과적일 수 있다(Pecheux, Derbaix & Poncin, 2006). 호이 등(Hoy et al., 1986)은 호스트셀링(host selling) 광고의 게재 위치를 통하여 어린이들의 광고 인지를 살펴보았다. 호스트셀링 광고는 프로그램의 바로 앞에 있을 때 가장 높은 인지도를 보여주었으나, 반대로 프로그램 사이에 삽입되는 중간광고에 대해서는 인지도가 낮은 것으로 나타났다. 프로그램의 바로 뒤에 있는 경우에도 중간광고보다 인지도가 높았다.

국내에서 중간광고의 효과에 대한 연구는 대부분 일반 성인을 대상으로 진행되었다. 이희욱과 백병호(1998)는 프로그램 전후와 프로그램 전/중간에 광고를 노출시킨 후 TV 광고효과를 비교하였다. 이에 따르면 광고효과는 프로그램 전과 중간에 노출시킨 집단에서 가장 높게 나타났다. 이재록(2005)의 연구에서는 프로그램 전후 광고와 비교하였을 때 광고나 브랜드에 대한 태도, 구매의도 등에서 중간광고의 효과가 높게 나타났다. 이상민과 유승엽(2004)은 프로그램 맥락과 제시 순서에 따른 호스트셀링 광고의 효과를 살펴보았는데,

여기에서도 브랜드 회상과 재인율에 대한 중간광고의 효과가 프로그램 전후 광고에 비해 크게 나타났다. 이와 같은 결과는 홍종필과 이영아(2010)의 연구에서도 유사하게 나타났다.

문제는 중간광고가 어린이의 광고 분별력에 미치는 영향에 관한 구체적 연구가 부재하다는 점이다. 광고효과 차원에서 중간광고의 영향력을 살펴보았기 때문에 어린이 프로그램이 아닌 일반 프로그램 시청과 관련된 광고 인지의 문제는 어린이 건강 차원에서 특별한 관심과 고민이 필요하다. 현재 고열량·저영양 식품의 중간광고가 어린이 대상 프로그램에서 금지되어 있을 뿐이고, 많은 경우 어린이들은 일반 프로그램을 통해 중간광고를 빈번히 접하게 된다. 프로그램의 중간에 나오기 때문에 광고와 프로그램의 구분이 더 힘들 수 있고, 식품 관련 중간광고의 효과성은 어린이에게 더 크게 나타날 수 있다. 특히 광고라고 인지하지 못한 상태에서 일어나는 설득효과가 중간광고에서 극대화될 수 있다는 점은 이에 대한 체계적 점검이 필요함을 나타낸다.

현재 규제 대상이 아닌 일반 프로그램을 통한 어린이의 식품 광고 노출, 특히 중간광고를 통한 노출이 어린이 식습관에 미치는 영향에 대해서는 깊이 있는 점검이 필요하다. 특히 나이가 어린 어린이들의 경우 광고 분별력이 없기 때문에 '광고 정보'라는 자막이 고지되지 않는 일반 프로그램에 나오는 중간광고는 큰 혼동을 불러일으킬 수 있다는 점을 주시해야 한다. 또한 최근 급증하고 있는 음식과 관련된 먹방, 쿡방 프로그램의 중간광고가 어린이 식습관과 음식 선택에 미치는 영향력에 대하여 체계적 검토가 필요하다. 먹방과 쿡방이라는 방송 특성상 음식을 선택하고 섭취하는 것이 주요 행위이기 때문에 이에 몰입되어 있는 어린이들이 중간광고에 노출되는 경우 어떤 파급효과가 있는지 살펴보아야 한다. 아울러 학교나 부모의 중재 등을 통해 지도와 교육이 필요한 부분을 점검하고 관련 정책에 대한 재정비도 이루어져야 할 것이다.

2. 가상광고

판타지와 특수효과 기법은 어린이를 대상으로 한 광고에서 특별한 주의가 필요한 부분이다(Gunter, Oates & Blades, 2005). 브랜드나 기업의 로고가 실제 현장에 있는 것처럼 보여주는 가상광고는 어린이의 광고에 대한 이해와 식별을 더 힘들게 할 수 있다. 가상광고는 컴퓨터로 만들어진 가상의 이미지를 비디오 시퀀스 안에 자연스럽게 삽입하는 것을 말한다(Burgi, 1997; Turner & Cusumano, 2000). 국내에서는 2018년에 지상파 TV의 가상광고가 전년대비 136.5% 증가하여 가상광고 시장의 규모가 총 210억 원 정도에 달했다. 가상광고가 주로 스포츠 경기에 쓰인다는 점을 고려하면 2018년 평창 동계올림픽이 급격한 비용 증가의 원인으로 보인다. 2020년에는 가상광고 시장의 규모가 8억 9,000만 원 정도에 이를 것으로 추정된다(과학기술정보통신부, 2019).

[표 5-2]의 방송법 시행령 제59조 2항에 따르면 국내에서 가상광고가 허용되는 방송 프로그램은 운동경기를 중계하는 프로그램이나 스포츠 분야의 보도에 관한 프로그램, 그리고 오락에 관한 프로그램에 제한된다. 다만 오락에 관한 방송 프로그램 중 어린이를 주 시청대상으로 하는 프로그램은 가상광고가 허용되지 않는다. 즉 직접적으로 어린이를 대상으로 한 가상광고는 금지되어 있는 것인데, 판타지와 특수효과 기법이 어린이에게 줄 수 있는 혼동을 고려하면 이는 꼭 필요한 규제로 보인다.

＊ 가상광고는 '원래는 존재하지 않는 이미지이지만 TV 모니터를 통해 볼 때

[표 5-2] 어린이 관련 가상광고에 대한 규정

방송법 시행령 제59조의 2(가상광고)
① 가상광고는 다음 각 호의 방송 프로그램에만 허용된다.
1. 운동경기를 중계하는 방송 프로그램
2. 오락에 관한 방송 프로그램. 다만, 오락에 관한 방송 프로그램 중 어린이를 주 시청대상으로 하는 방송 프로그램은 허용되지 아니한다.

〈전문개정 2015. 7. 20.〉

실제 있는 것처럼 보이도록 가상의 이미지를 이용하여 광고를 만드는 기법'이다(이경렬, 2005). 가상광고는 소품형, 자막형, 동영상형 등으로 나뉜다. [그림 5-2]는 프로야구 경기 중계에 등장한 동영상형 가상광고의 예다. 동영상형 가상광고는 이미지, 문자 등을 변화시키는 등 상당한 움직임을 수반하는 형태로 나타난다.

가상광고는 광의의 개념에서 간접광고의 일종으로 시청자들의 광고 회피나 광고의 부정적 시각을 최소화하기 위한 것이다(진창현, 2011). 광고효과 측면에서 가상광고에 찬성하는 편에서는 가상광고를 통해 다양한 정보를 제공할 수 있으며, 기술의 발달로 더욱 자연스러워진 가상광고가 프로그램에 대한 몰입을 높일 수 있다고 말한다(신준호, 2002). 그러나 반대하는 편에서는 가상광고가 가상과 현실의 혼동에서 발생하는 시청자 기만과 시청자 주권 침해 등의 문제를 제기한다고 말한다(문철수, 2002). 또 가상광고의 삽입이 현실에 대한 혼동을 일으킨다고 본다(김봉철·이용성·이귀옥, 2004).

이처럼 판타지와 특수효과 기법이 가상세계와 현실세계에 대한 혼동을 준다는 관점에서 볼 때, 성인에 비하여 광고의 의도를 이해하기 어려운 어린이들에게는 가상광고에 대한 각별한 주의가 필요하다. 어린이가 주 시청대상인 프로그램에서 가상광고가 나오지 않는다 하더라도, 다른 프로그램에서 어린이

[그림 5-2] 프로야구 경기 중계 중 가상광고의 한 장면. 움직이는 캐릭터가 화면 가운데 등장해 지역 특산물을 광고하고 있다.

들이 가상광고에 노출되는 경우 어린이들의 시선을 끌게 된다. 그러므로 이로 인한 파급효과에 대하여 체계적이고 깊이 있는 연구가 필요하다.

지금까지 대부분의 가상광고 연구는 스포츠 중계 상황에서 이루어졌다. 가상광고가 새로운 유형의 광고이고 방영 중인 프로그램에 삽입되는 형태이기 때문에 광고가 방해된다고 생각하는 시각도 있었지만 큰 불편을 느끼지 않는다는 시각도 많았다(FORSA, 1998; Sasse & Ludwig, 2002). 남성이 여성보다, 또 50세 이상의 고령층이 젊은 계층보다 더 가상광고가 거슬린다고 응답하였다(FORSA, 1998). 한편 스포츠 경기 중에 삽입되는 가상광고는 거슬리기는 하지만 곧 익숙해진다는 의견이 많았다(Sasse & Ludwig, 2002).

가상광고는 표시되는 위치에 따라 효과가 상이하게 나타났다. 베네트 등 (Bennett et al., 2006)은 스포츠 중계 프로그램의 일반 TV 광고와 가상광고에 대한 소비자들의 태도를 비교하였는데, 로고와 함께 점수 표시 위아래에 등장하는 가상광고가 일반광고에 비하여 더 신뢰할 만하다고 여기는 것으로 나타났다. 반면 스포츠 경기장 위나 골 바로 옆에 위치하는 가상광고들은 소비자에게 잘 받아들여지지 않는 것으로 나타났다(Sasse & Ludwig, 2002). 시안프론 등(Cianfrone et al., 2006)은 가상광고가 화면의 어느 부분에 삽입되는지에 따라 브랜드 회상에 미치는 효과가 다르다는 것을 발견하였다. 화면 위 가상의 점수판 옆에 삽입된 가상광고의 회상률이 높게 나타난 반면, 경기장이나 골포스트에 삽입된 광고는 회상률이나 인지율이 상대적으로 낮게 나타났다. 한편 산더와 알토벨리(Sander & Altobelli, 2011)는 가상광고의 노출 빈도가 중요하다는 점을 강조하였는데, 프로그램 시청을 방해할 정도의 잦은 노출은 가상광고를 수용하고자 하는 시청자들의 의사조차 감소시킬 수 있다고 지적했다. 또한 구매의도와 광고 태도의 관계를 살펴본 가상광고 연구(Choi, Han & Yu, 2016)에서는 광고 자체에 대한 태도가 호의적인 경우 가상광고가 구매의도에 긍정적인 영향을 미친다고 보았다.

판타지와 특수효과를 활용해서 실제로 있는 것처럼 보여주는 가상광고의 기법이 어린이의 광고 인지와 반응에 큰 영향을 줄 것으로 생각되지만, 국내에서 이에 대한 체계적인 연구와 논의는 부재하다. 어린이 프로그램의 가상광고가 금지되어 있는 것과는 별도로 가상광고가 어린이에게 미치는 영향에 대한 고찰이 이루어져야 한다. 앞서 살펴본 [그림 5-2]와 같은 가상광고는 어린이들이 가족과 함께 시청할 가능성이 높은 프로야구 중계 중에 방영된다. 그러므로 어린이들이 이러한 광고를 어떻게 이해하고 반응하는지를 파악하여 이에 대한 적절한 광고 리터러시 교육과 지도가 학교와 가정에서 이루어져야 할 것이다.

3. 간접광고

중간광고와 가상광고가 각각 다른 차원에서 어린이의 광고에 대한 이해에 문제점을 제기한다면, 간접광고는 중간광고와 가상광고의 문제점이 혼재되어 있는 경우이다. 프로그램과 잘 구분되지 않는다는 점에서는 중간광고가 주는 문제점과 동일하며, 브랜드나 기업 로고가 콘텐츠 안에 내재되어 있다는 점에서는 브랜드 실제감을 목표로 하는 가상광고의 문제점이기도 하다. 간접광고 속 브랜드가 주인공이 실제적으로 사용하는 브랜드, 또는 주인공의 일상 속에 자리를 잡고 있는 브랜드로 표현된다는 점에서 중간광고와 가상광고가 일으킬 수 있는 두 가지 문제점을 내포하고 있다.

간접광고는 상업적 목적으로 다양한 방법을 통해 영화나 TV 프로그램에 브랜드나 기업을 넣어서 상품을 보여주는 것이다(Nebenzahl & Secunda, 1993). 2019년 방송통신광고비 조사 보고서에 따르면 국내 지상파 TV의 간접광고는 2018년 기준 전년 대비 19.2% 증가하여 350억 원 정도의 비용이 집행되었다. 케이블에서는 전년 대비 59.4%의 증가율을 보여 41억 원가량의 비용이 집행되었다(과학기술정보통신부, 2019).

[표 5-3]에 제시되어 있듯이, 방송법 시행령 제59조 3항에 따르면 간접광고는 국내 어린이 대상 프로그램에서 허용되지 않는다. 과거 국내 방송법은 방송사업자가 방송 광고와 방송 프로그램이 혼동되지 않도록 명확하게 구분해야 한다고 명시함으로써 간접광고를 사실상 금지하였다. 그러나 2010년 방송

[그림 5-3] 간접광고의 예. 드라마 속 주인공이 특정 브랜드의 음료수를 간접광고 하고 있다. 드라마의 이야기와 자연스레 어우러져 연출되기 때문에 소비자들, 특히 간접광고에 대한 인지가 부족한 어린이들은 무방비로 받아들일 수 있다.

법 개정에 따라 방송 광고 유형에 간접광고가 포함되면서 방송을 통한 간접광고가 허용되었다. 방송법 제72조(방송 광고 등) 2항은 간접광고를 방송 광고의 한 종류로 추가하고 '방송 프로그램 안에서 상품을 소품으로 활용하여 그 상품을 노출시키는 형태의 광고'로 정의하고 있다.

　　방송법 시행령 제59조의3(간접광고) 1항은 간접광고의 허용범위, 시간, 횟수, 방법 등에 대해 기준을 제시하고 있다. 이 조항에 따르면 간접광고가 허용되는 방송 프로그램의 유형은 오락과 교양 분야로 제한하고 있으나, 간접광고가 금지되는 프로그램 유형으로 명시된 것은 '보도·시사·논평·토론 등 객관성이나 공정성이 요구되는 방송 프로그램'뿐으로 사실상 이를 제외한 대부분의 프로그램에서 간접광고가 허용된다고 볼 수 있다. 다만 오락이나 교양 분야의 프로그램이더라도 어린이를 대상으로 하는 경우에는 간접광고가 허용되지 않는데, 이는 간접광고가 어린이에게 줄 수 있는 혼동이 여러 차원에서 일어날 수 있다는 점에서 꼭 필요한 조치이다. 간접광고는 프로그램과 광고의 구분이

[표 5-3] 어린이 대상 간접광고에 대한 규정

방송법 시행령 제59조의3(간접광고)
① 간접광고는 교양 또는 오락에 관한 방송 프로그램에만 허용된다. 다만, 교양 또는 오락에 관한 방송 프로그램 중 다음 각 호의 어느 하나에 해당하는 방송 프로그램은 허용되지 아니한다. 1. 어린이를 주 시청대상으로 하는 방송 프로그램 2. 보도 · 시사 · 논평 · 토론 등 객관성과 공정성이 요구되는 방송 프로그램

〈전문개정 2015. 7. 20.〉

명확하지 않고, 콘텐츠 안에 브랜드가 위치하여 묘사되므로 어린이가 광고로 이해하기 쉽지 않다.

간접광고는 크게 두 가지 방식으로 분류할 수 있다. 첫 번째는 상품이나 브랜드를 화면에 클로즈업하는 방식으로 직접적인 배치를 하는 것이고, 두 번째는 상품이나 브랜드를 소품이나 배경화면으로 자연스럽게 노출하는 방식이다(Gupta & Lord, 1998; Vollmers & Mizerski, 1994). 간접광고는 단순노출 효과(mere exposure effect)를 이용하는 것으로, 단순반복을 통한 노출이 향후 제품 구매의도나 제품에 대한 판단에 유의미한 영향을 미치게 하는 것이다 (Janiszewski, 1990; Shapiro, MacInnis & Heckler, 1997). 이로써 소비자는 광고물 자체를 기억하기보다는 단순반복을 통해 기억 속에 각인이 이루어지기 때문에 구매 시점에서 이 기억이 영향력을 가지게 된다.

간접광고가 배치되는 방식은 브랜드 기억과 브랜드 태도에 영향을 미친다. 기존 연구들에 따르면 상품과 브랜드가 직접적으로 노출되는 방식의 간접광고는 배경으로 등장하는 등의 간접적인 노출을 통한 간접광고보다 브랜드 회상률이 더 높은 것으로 나타났다(Babin & Carder, 1996; Gupta & Lord, 1998; Lehu & Bressoud, 2009; 김미정·김종배, 2009; 유승엽·김진희, 2011; 상유·안순태, 2016). 그러나 브랜드 태도의 경우에는 오히려 부정적인 태도가 나타났다. 즉 상품과 브랜드가 눈에 띄도록 하는 직접적 배치는 브랜드에 대한 부정적인 태도를 유도했다. 또한 이와 같은 결과는 직접적 배치의 간접광고가 반복될수록 부정적인 태도가 더욱 심화되는 것으로 나타났다(d'Astous & Chartier, 2000; Homer, 2009; 상유·안순태, 2016).

간접광고의 배치 효과는 여러 가지 다른 상황적 요인들에 의해 조절된다. 상유와 안순태(2016)는 중국인 소비자들의 한류에 대한 관여도가 간접광고의 배치 효과를 변화시킬 수 있는 요인이 된다는 점을 발견하였다. 연구 결과에 따르면 상품의 직접적 배치에서 한류 관여도는 설득지식을 증가시키는 효과를 가져왔으나 간접적 배치 상태에서는 큰 차이가 나타나지 않았다. 즉 중국인 소비자들이 갖는 한류에 대한 높은 관심이 화면에 두드러지게 나타나는 브랜드나 상품을 더 주의 깊게 살피게 한다는 것이다. 이러한 과정을 통해 설득의도의 간파가 더 쉽게 일어나는 것으로 보았다.

간접광고는 어린이에게도 효과가 있는 것으로 나타났다. 오티와 루이스 (Auty & Lewis, 2004)는 6-12세 어린이를 대상으로 영화 상영 중간에 탄산음료의 간접광고를 삽입한 결과, 영화가 끝난 후 다수의 아이들이 해당 탄산음료를 선택했다는 것을 발견했다. 이는 단순노출효과가 그대로 나타난 것으로 반복적으로 노출된 제품을 자연스럽게 선택하는 행동이 어린이에게도 유효한 것으로 보인다. 간접광고의 영향력은 어린이의 나이에 따라 달라지는 경향이 있는데(Hudson & Elliott, 2013), 상대적으로 나이가 더 많은 어린이들 사이에서 건강에 좋지 않은 음식에 대한 간접광고를 접한 경우 강력한 브랜드 회상이 나타나기도 했다(van Reijmersdal et al., 2010). 특히 이러한 간접광고와 일반적인 TV 광고에 함께 노출되는 경우 시너지 효과가 일어나는 것으로 나타났다 (Uribe & Fuentes-Garcia, 2015).

간접광고의 단순노출효과는 어린이 보호 차원에서 주시해야 할 문제이다. 특히 어린이 식품 광고가 어린이의 음식 선호와 선택에 미치는 효과들은

(Donkin, Neale & Tilson, 1993; Scammori & Christopher, 1981; Signorielli & Lears, 1992) 간접광고가 어린이 식습관과 건강에 미칠 부정적 효과를 잘 나타낸다. 오티와 루이스(Auty & Lewis, 2004)의 연구에서 어린이들이 브랜드를 본 기억은 없다고 했지만, 많은 어린이들이 간접광고 된 제품을 선택했다는 것은 어린이 대상 간접광고의 영향력을 왜 주목해야 하는지를 잘 보여준다.

4. 네이티브 광고

네이티브 광고는 플랫폼의 형식에 자연스럽게 스며들어 제시되는 광고 방식으로 주로 기사 형식을 취하며 동영상으로 만들어지기도 한다. 소셜미디어에서는 인피드 광고(in-feed advertising) 형태로 빈번히 등장한다(An, Kang, Koo, 2019). 페이스북과 같은 소셜미디어에서 친구들이 포스팅한 내용들 사이에 인피드 광고로 등장하여 객관적 정보처럼 보여지는 것이다. 기사형 광고는 광고가 기사로 둔갑한 광고라고 볼 수 있고, 네이티브 광고는 플랫폼에 따라 다양한 형태로 제시되는 좀 더 폭 넓은 개념이다. 특히 소셜미디어의 경우에 콘텐츠들 사이에 기존 콘텐츠와 같은 포맷을 가진 네이티브 광고가 위치하고 있어 그 구별이 쉽지 않다(An, Kang, Koo, 2019). [그림 5-4]는 미국 〈허핑턴포스트(The Huffingtonpost)〉에 실린 넷플릭스(Netflix)에 관한 기사형 네이티브 광고이다.

소비자들이 광고를 인식하고 이해할 수 있도록 네이티브 광고에는 광고임을 알리는 '광고 표식'을 명시하는 것이 필요하지만, 국내 네이티브 광고의 표식은 그 위치나 명료성에서 많은 문제점이 발견되었다(안순태·윤소영, 2019). 총 68개 국내 언론사에 게재된 네이티브 광고를 분석한 결과, 광고 표식은 대부분 눈에 잘 띄지 않는 하단에 부착되어 위치와 관련된 문제점을 보여주었고 시각적 단서도 부족해 현저성이 낮은 점도 지적되었다. 또한 명료성의 문제도 발견되었는데, 사용된 용어의 대부분이 '지원', '협찬'과 같은 단어의 변형으로 명

[그림 5-4] 〈허핑턴포스트(The Huffingtonpost)〉의 네이티브 광고. 기사와 거의 동일한 형식으로 제시되기 때문에 구분하기가 쉽지 않다.

확성이 떨어졌고 권장되는 '광고'라는 단어의 변형 또한 '애드버토리얼'이라는 단어가 빈번하게 사용되는 문제점이 있었다(안순태·윤소영, 2019).

　광고가 다른 콘텐츠와 혼합된 하이브리드 광고에 대한 어린이들의 이해는 매우 낮다. 광고와 게임을 접목시킨 광고게임의 경우 상당수의 어린이들이 게임의 광고 의도를 파악하지 못하는 것으로 나타났다(An & Stern, 2011; Mallinckrodt & Mizerski, 2007). 또한 광고의 단순노출효과(mere exposure effect)로 인해 하이브리드 광고의 설득효과가 강력해진다는 문제점도 있다(Pempek & Calvert, 2009). 기사형 광고의 경우 어린이들이 객관적인 정보를 제시하는 뉴스로 혼동하기 쉽다는 것이 심각한 문제이다(안순태, 2014).

[표 5-4] 학년에 따른 기사형 광고 식별력

	2학년	3학년	4학년	5학년	전체
광고이다	49 (36.8%)	59 (37.6%)	61 (44.5%)	64 (52.0%)	233 (42.4%)
광고가 아니다	85 (63.4%)	98 (62.4%)	76 (55.5%)	59 (48.0%)	318 (57.7%)
합계	133 (100%)	157 (100%)	137 (100%)	123 (100%)	551 (100%)

$\chi^2 = 8.290$, $df = 3$, $p < .05$

출처: 안순태, 2014

신문 등의 진흥에 관한 법률 제6조 제3항은 "독자가 기사와 광고를 혼동하지 않도록 명확하게 구분하여 편집해야 한다"고 규정하고 있다. 신문윤리위원회의 '신문광고윤리 실천 요강' 윤리강령 4항에서도 "광고임이 명확하지 않고 기사와 혼동하기 쉬운 편집체제 및 표현은 게재를 유보 또는 금지한다"고 명시하고 있다. 그러나 문제는 이러한 법 규정에도 불구하고 광고 표식이 없거나 식별이 어렵게 되어 있다는 점이다. 무엇보다 기사로 착각하게 하는 단서들이 사용되어 소비자의 혼란을 유발하고 있다(안순태, 2013).

안순태(2014)의 연구에서 기사형 광고에 대한 어린이의 이해는 매우 낮은 것으로 나타났다. 특히 나이가 어린 초등학생일 경우 훨씬 더 낮은 이해도를 보여주었다. [표 5-4]를 보면 2학년은 36.8%만이 기사형 광고를 광고로 인식하였고 3학년은 37.6%로 나타나, 2-3학년의 경우 4-5학년과 비교해 현격히 낮은 이해도를 보여주었다. 4학년에는 44.5%로 높아져 5학년의 경우에는 과반수(52.0%)가 기사형 광고를 광고로 인식하였는데, 어린이의 학년이 높아질수록 광고 식별 능력이 조금 더 나아졌다는 사실과 함께 2-3학년 어린이들의 낮은 이해도가 4-5학년 어린이들과 대조를 이룬다. 이는 해외 연구(Rozendaal, Buijzen & Valkenburg, 2010)에서 9-10세가 되면 성인과 비슷한

[표 5-5] 기사형 광고와 배너 광고에 대한 식별력 비교

	기사형 광고	배너 광고	기사
광고이다	233(41.9%)	512(92.1%)	123(22.1%)
광고가 아니다	318(57.2%)	43(7.7%)	431(77.5%)
결측값	5(.9%)	1(.2%)	2(.4%)
합계	556(100%)	556(100%)	556(100%)

출처: 안순태, 2014

광고 인지, 즉 광고를 분별할 수 있는 능력이 생긴다는 것과 유사한 결과이다.

그러나 [표 5-5]에서 나타나듯이, 배너 광고에 비하여 기사형 광고를 광고로 인식하는 비율이 현저히 낮다는 사실을 주목해야 한다. 전체 556명 중 92%의 어린이가 배너 광고를 광고로 인지하고 있었지만, 기사형 광고의 경우 42%만이 광고라고 답변을 했다. 대부분의 어린이들이 기사형 광고를 기사로 혼동하고 있었다. 기사형 광고는 '광고가 아니다'라고 답한 학생들의 경우, 대부분이 '기사', '뉴스', '뉴스제목', '사실', '신문', '정보' 등이라고 답변하였다. 대부분의 초등학생들이 배너 광고는 광고로서 인지하고 있지만, 기사형 광고는 광고보다 기사로 혼동하고 있다는 것을 확인할 수 있었다.

그러나 광고 표식이 적절하게 제시되는 경우에는 어린이들도 기사형 광고를 광고로 인지하는 비율이 급격히 증가하였다(안순태, 2014). 광고 표식과 같이 광고임을 드러내는 안내문은 어린이들이 해당 광고의 상업적 의도에 대해 인지적 방어 능력을 갖고 설득지식이 활성화되는 데 도움을 주기 때문이다(An & Stern, 2011; Rossiter & Robertson, 1974). 이는 광고임이 명확히 드러나지 않는 광고물에 대해 광고 안내문을 부착하도록 하는 미국 어린이광고심의기구(Children's Advertising Review Unit, CARU)의 권고사항(2009)과도 일치한다. 어린이의 설득지식을 활성화시켜 광고를 그대로 믿지 않고 광고 내용에 대한

비판적 태도를 갖출 수 있도록 돕는 것이 광고 표식과 같은 광고 안내문의 역할이다.

종합하면, 중간광고, 가상광고, 간접광고, 네이티브 광고는 어린이 대상 광고에서 각별한 주의가 요구된다. 중간광고, 가상광고, 간접광고, 네이티브 광고에 대한 어린이의 이해는 매우 제한적이고 이를 바탕으로 일어나는 설득효과는 부적절하고 불공정할 수 있기 때문이다. 광고 안내문, 광고 표시와 같은 기제의 폭넓은 활용에 대한 사회적 논의가 있어야 하며, 이를 바탕으로 새로운 방식의 광고에서 어떤 내용과 방식으로 어린이에게 광고 안내문을 제시해야 하는지 깊이 고민해야 한다. 이러한 광고들이 어린이 프로그램에는 금지되어 있다 하더라도 다른 일반 프로그램의 시청을 통해 노출이 가능하다는 점을 주목해야 한다. 부모, 학교, 사회의 모든 이해관계자들의 고민과 노력이 요청되는 부분이다.

6

디지털 미디어와
어린이 광고

1. 디지털 미디어 시장과 어린이의 미디어 이용

디지털 미디어 시장의 활성화는 전 세계적인 추세이다. KANTAR가 발행한 'Getting Media Right' 보고서(2019)에 따르면 2020년 마케팅 예산 편성 증가가 예상되는 채널은 온라인 동영상(84%), SNS(70%), 팟캐스트(63%), 어드밴스드 TV(advanced TV; OTT 광고 등 비전통적 TV 구매 방식, 54%), 온라인 디스플레이(52%) 순으로 꼽혔다. TV와 같은 전통 미디어 이용이 줄고 다양한 형태의 디지털 미디어 이용이 늘어나는 현상은 어린이들에게 더 두드러진다. [그림 6-1]은 2010년부터 2015년까지 미국 어린이 TV 네트워크의 시청자 통계이다. 니켈로데온(Nickelodeon) 채널의 경우 2010년 120만 명 이상이던 시청자가 지속적으로 감소하여 2015년에는 60만 명을 겨우 넘기는 수준에 이르렀다. 또 디즈니 채널 역시 2010년에는 90만 명 이상의 시청자가 있었으나 2015년에는 니켈로데온과 비슷한 수준으로 감소한 것으로 조사되었다(PwC, 2017).

국내의 경우에도 디지털 광고 시장은 성장세이다. 제일기획의 2019년 대한민국 총 광고비 결산에 따르면, 2019년 디지털 광고 시장(모바일, PC)이 2018년 대비 15% 성장했다고 한다. 특히 모바일 광고는 단일 매체로는 처음으로 광고비가 3조 원을 돌파하면서 광고 시장에서의 디지털 광고 비중이 42.2%까지 높아졌다. 제일기획은 모바일 광고 시장의 폭발적인 성장이 5G의 등장으로 인한 동영상 광고의 증가와 다양한 기술을 접목한 광고의 등장으로 인한 파급효과라고 설명했다(김영신, 2020).

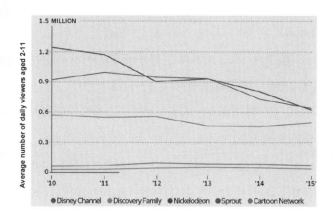

[그림 6-1] 미국 어린이 텔레비전 채널의 시청률 추이. 다양한 형태의 디지털 미디어의 등장으로 전통 미디어에 속하는 어린이 TV 채널의 시청자는 2010년부터 2015년까지 지속적으로 감소했다.

　　디지털 광고 시장의 성장과 함께 2020년 국내 총 광고비가 지난해 대비 약 4.3% 늘어난 14조 5,077억 원을 기록할 것으로 전망됐다(김수경, 2019). 과학 기술정보통신부와 한국방송광고진흥공사(2019)가 발표한 2019년 방송통신광고비 조사보고서에 따르면 국내 광고비에서 방송 광고의 비율은 지난해에 비해 감소했으나 온라인 광고는 약 13조 9,156억 원으로 지난해에 비해 3.2% 이상 증가했다. [그림 6-2]는 매체별 광고 시장 현황으로 온라인 광고가 전체의 46.9%를 차지하고, 방송 광고는 24.4%에 머물고 있음을 보여준다. 방송 광고를 비롯하여 대부분 매체의 광고비는 지속적인 감소 추세를 보일 것으로 예상되는 반면 온라인 광고비는 꾸준한 증가 추세를 보일 것으로 추정된다. 특히 모바일 광고가 지난해에 비해 약 24% 늘어난 4조 5,678억 원을 기록할 것으로 예측된다(김수경, 2019).

시장의 변화와 함께, 어린이들이 TV보다는 디지털 미디어를 선호하는 경향이 점점 뚜렷해지고 있다. 특히 2-11세, 12-17세의 경우 그 감소세가 크게 나타난다. [그림 6-3]은 미국 시청자 2-11세의 TV 시청 시간이 2018년에는 2014년에 비해 25% 넘게 줄어들었으며, 12-17세는 50% 가까이 줄어들었다는 것을 보여준다. 18-49세까지는 감소폭이 25% 이하 수준에서 머물고 있으며, 50세 이상은 오히려 2018년에 약간 증가한 것으로 나타난 것과는 확연히 대조된다(Van Eeden & Chow, 2019). 영국에서는 8-11세와 12-15세를 대상으로 유튜브와 TV에 대한 선호도를 조사하였는데(2017-2018년 기준), 두 연령 집단 모두에서 절반 가량의 어린이가 TV보다는 유튜브를 선호하는 것으로 나타났다(Van Eeden & Chow, 2019).

구체적으로 어린이 인터넷 소비 시간을 살펴보면 2014년부터 2018년 사이 5-15세의 주간 인터넷 소비 시간은 전체적으로 22%의 증가를 보였다. 같은 기간 동안 성인의 경우 18%의 증가를 보인 것에 비하면 큰 폭이라 할 수 있다. 특히 3-4세와 5-7세 어린이는 각각 35%, 33% 증가한 것으로 나타나 나이가 어릴수록 인터넷 사용 시간이 큰 폭으로 증가하고 있는 것을 알 수 있다. 같은 기간 8-11세와 12-15세 어린이의 인터넷 사용은 각각 23%, 19% 증가했다(Van Eeden & Chow, 2019). 국내 상황도 이와 유사하다. 청소년 중 인터넷 과의존 위험군이 매년 증가 추세이다(여성가족부, 2019).

국내 디지털 미디어 환경의 고도화는 어린이들의 디지털 미디어 사용을 가속화시키고 있다. 네트워크 품질조사업체인 오픈시그널에 따르면 2018년 2월 기준으로 한국은 4G 접근성 부문에서 1위를 차지했다. 한국에서의 4G 접근성은 97.49%로 2위인 일본(94.70%)을 크게 앞섰다. 뒤를 이어 노르웨이(92.16%), 홍콩(90.34%), 미국(90.32%) 순이다(유진상, 2018). 또한 한국의 스마트폰 보급률은 2019년 기준 95%로, 높은 모바일 기기 사용률 추세는 어린이들에게도 동일하게 나타났다. 세이프키즈코리아와 함께 실시한 최근 설문조사

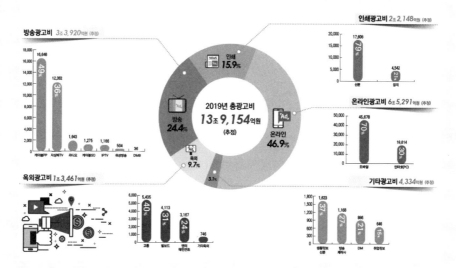

[그림 6-2] 2019년 매체별 광고비. 매체별 광고 시장 현황을 살펴보면 온라인 광고가 차지하는 비율이 방송 광고보다 높으며, 꾸준히 증가하는 추세임을 알 수 있다.

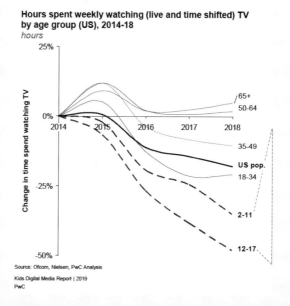

[그림 6-3] 미국 시청자 연령별 TV 주간 시청 시간. 미국 시청자들, 특히 2-11세, 12-17세까지의 어린 시청자들의 TV 시청 시간은 꾸준히 감소하고 있다. 이는 18-49세, 50세 이상의 성인 시청자들이 적은 감소폭을 보이거나 오히려 소폭 증가한 것과는 대조된다.

에 따르면 어린이 응답자의 91%가 스마트폰을 갖고 있는 것으로 밝혀졌다(채은미, 2020).

　디지털 미디어 환경에서 어린이가 차지하는 비중과 역할이 어느 때보다 커지고 있다. 주시할 점은 어린이가 미디어 소비자에서 나아가 생산자의 역할까지 담당하고 있다는 것이다. 특히 디지털 미디어 시장에서 어린이는 적극적인 생산자 역할을 하고 있다. 국내 유명 유튜브 채널인 '보람튜브'는 6세 어린이인 보람이가 주인공이며 보람이가 짜장라면을 먹는 동영상 조회수는 3억이 넘었다고 한다(박지현, 2019). 미국의 지상파 방송에서 가장 시청률이 높은 슈퍼볼의 시청자 수가 대략 1억 명이라고 하니, 1인방송의 영향력, 그것도 6세 어린이가 주인공인 유튜브의 영향력이 매우 크다(한국방송광고진흥공사, 2019). 디지털 미디어 환경에서 정보 생산자로서, 그리고 활발한 이용자로서 어린이에 대한 관심과 관찰이 어느 때보다 필요하다.

2. 어린이 대상 디지털 광고 시장

어린이 대상 디지털 광고 시장의 규모는 가파른 증가세를 보인다. 2021년까지 17억 달러에 이를 것으로 예상되며, 이는 전체 어린이 대상 광고의 37%에 해당한다. 2012년에는 전체 시장의 규모가 35억 달러 수준이었으며 이 중 디지털 광고 비중은 3억 달러에 불과했다. 2016년에는 어린이 대상 광고의 15%가 디지털 광고였고, 2019년에는 12억 달러로, 전체 42억 달러의 28%에 이르는 수준으로 증가했다. 전 세계적으로 어린이 광고에 대한 비용은 전체 마케팅 예산을 모두 포함하여 연간 3% 수준으로 증가할 것으로 보인다(PwC, 2017; Van Eeden & Chow, 2019).

어린이의 TV 시청이 줄고 온라인을 통한 디지털 미디어 이용이 늘어남에 따라 어린이 대상 광고 방식도 변모하고 있다. 2012년부터 2016년까지 13세 이하 전체 광고 비용은 3% 가량 증가하였으며, 이 중 디지털이 아닌 광고 비용의 증가는 1%에 머물렀다. 그러나 디지털 광고의 경우 17%의 증가폭을 보였다. 또한 2016년부터 2019년까지의 추정 증가치는 13세 이하 대상 전체 광고 비용의 1% 가량이고, 디지털이 아닌 광고 비용이 오히려 4% 가량 감소하는 동안 디지털 광고 비용은 25% 가량 대폭 증가할 것으로 추정되었다(PwC, 2017).

어린이들의 온라인 사용량과 디지털 미디어 활용이 증가함에 따라 주요 글로벌 미디어 기업들은 다양한 어린이 전용 플랫폼을 개발해왔다(김연지,

[그림 6-4] 페이스북의 어린이 전용 메신저 Messenger Kids. 어린이들의 온라인 사용량과 디지털 미디어 활용이 증가함에 따라 주요 글로벌 미디어 기업들은 다양한 어린이 전용 플랫폼을 개발했다.

2018). 페이스북은 어린이들을 위한 FB Messenger Kids 서비스를 시작하였고, 아마존은 아마존 프라임의 어린이용 콘텐츠 개발, 킨들 무료 사용 시간 제공, 장난감 회사와 함께하는 활동 등 다양한 방식으로 어린이 대상 콘텐츠를 늘려가고 있다. 애플의 경우 새로운 SVOD 서비스에서 어린이와 가족 콘텐츠에 대한 투자를 점점 늘리고 있고, 구글도 유튜브 키즈를 시작하고 가족 링크를 제공하고 있다. 어린이 대상 콘텐츠가 늘어가고 있다는 것은 그만큼 어린이 보호를 위한 기제와 정책이 동반되어야 함을 의미한다.

특히 유튜브는 어린이가 가장 많이 이용하는 디지털 엔터테인먼트 플랫폼이자 광고 플랫폼이다. 2015년 시작한 유튜브 키즈 채널이 어린이 전용으로 제공되고 있지만 많은 어린이들이 유튜브 콘텐츠 전체를 소비하고 있는 것으로 보고된다(김태훈, 2019). 미국과 유럽의 경우 유튜브의 다양한 콘텐츠에 어린이가 무방비로 노출되고 있다는 점에 착안하여 규제를 강화하고 있다. 타깃 광고를 위한 쿠키 등 개인 식별 가능 정보를 부모의 동의 없이 수집하거나 사용해서는 안 되며, EU에서는 13세 이하에 대한 온라인행동기반 맞춤형 광고 역시 금지하고 있다(양지연, 2009). 실제로 유튜브 키즈의 경우 어린이들에게 정크푸드 광고를 내보내 FTC로부터 규제를 받은 선례가 있으며(Kirschenbaum, 2016), 디즈니의 경우 42개의 게임 어플리케이션에서 어린이들의 정보를 몰래 수집했다는 이유로 Viacom을 통해 고소당하기도 했다(김형원, 2017).

어린이의 디지털 미디어 이용이 증가하고 디지털 미디어의 콘텐츠가 다양해짐에 따라 이에 대한 어린이의 이해와 적절한 대응 방식이 쟁점이 되고 있다. 온라인에서 빈번히 집행되는 기사 형식의 네이티브 광고는 일반 성인도 이에 대한 이해력이 매우 떨어진다고 밝혀져 있다(An, Kerr & Jin, 2019). 연구에 따르면 광고라는 표시가 별도로 제시되지 않을 때 네이티브 광고를 광고로 인지하는 비율은 일반 성인의 경우 27%에 그쳤다고 한다. 이러한 결과는 네이티브 광고와 같은 새로운 형식의 디지털 광고에 대한 어린이의 이해가 매우 제한적일 수밖에 없음을 잘 보여준다.

3. 디지털 미디어 광고에 대한 어린이의 이해

▶ ─────────────● ─────────────

디지털 미디어 광고의 대부분은 콘텐츠가 플랫폼에 내재되어 있는 마케팅 (embedded marketing)으로 어린이가 광고 내용을 알아차리고 비판적으로 평가하는 것이 전통 미디어 광고보다 훨씬 더 어렵다(Nairn & Fine, 2008). 디지털 미디어 광고에 대한 어린이의 낮은 이해력은 많은 연구자들이 지적해왔다 (Auty & Lewis, 2004; van Reijmersdal, Rozendaal & Buijzen, 2012; Waiguny & Terlutter, 2011; Wollslager, 2009). 오웬과 동료들(Owen et al., 2013)은 6-10세 어린이를 대상으로 한 연구에서 TV 광고에 비해 게임 등에 내재되어 있는 광고 정보에 대한 어린이의 지각과 이해가 훨씬 낮다는 것을 보여주었다.

캐나다 어린이 4-11학년 총 5,200명을 대상으로 한 설문에서 75%가 넘는 학생들이 광고게임을 그저 게임으로 여겼고, 광고라는 인식은 부족하였다 (Media Awareness Network, 2005). 오스트레일리아의 연구(Mallinckrodt & Mizerski, 2007)에서도 광고게임에 대한 어린이의 이해를 조사한 결과, 단지 25%의 어린이들만이 광고주의 존재를 지각하고 있었다. 미국의 연구(An & Stern, 2011)는 만 8-10세 어린이를 대상으로 광고게임에 대한 어린이의 이해를 살펴보았고, 그 결과 10%의 어린이들만이 광고게임의 설득의도를 탐지하고 있는 것을 발견하였다. 즉 어린이들은 광고게임을 재미와 흥미를 위한 게임으로 인식하는 경향이 높았고 특정 브랜드의 광고 정보가 전달되고 있는 상황에 대한 지각은 매우 부족했다.

국내 어린이들의 광고게임에 대한 이해도 매우 낮은 것으로 나타났다(안순태, 2011). 초등학교 2-3학년 어린이 중 약 5%의 어린이들만이 광고게임에 등장하는 아이스크림 회사의 존재를 깨닫고 있었다. 광고게임을 하는 동안 '부라보콘'이라는 아이스크림 브랜드가 반복적으로 제시되고 있었음에도 불구하고 광고주의 존재와 궁극적 목적인 설득의도에 대한 지각은 매우 낮았다. 약 9%의 어린이들만이 제품에 대한 판매의도를 지각하고 있었고, 대다수 어린이들은 게임 자체와 관련된 '재미있으라고', '게임을 하라고', '여름에 더울 때 시원하라고'를 광고게임의 목적이라고 답했다. 연구 결과는 미국과 오스트레일리아 연구와 비슷한 수준으로, 국내 초등학생들이 광고게임을 할 때 설득의도가 담긴 광고 측면보다 오락 차원의 게임에 중점을 두고 있음을 보여준다.

특히 유튜브 광고에 대한 어린이의 이해와 파급효과는 주시해야 할 문제이다. 유튜브는 어린이의 온라인 콘텐츠 이용 시간에서 높은 비중을 차지하고 있다. 실제로 영국의 3세에서 16세 사이 어린이들의 유튜브 시청 시간을 조사한 자료에 따르면(2016년 기준) 평균 유튜브 이용 시간이 주 4.5시간에 달하며, 이는 어린이들이 매주 온라인 미디어 사용에 쓰는 15시간 중 30%를 차지한다(PwC, 2017). 유튜브 이외에도 기존의 방송국 사이트 등 전통 미디어에 속하는 어린이용 사이트 이용 비중은 줄어들고 동시에 다른 게임 사이트 등으로 그 사용량이 변화하고 있는 추세이다.

문제는 유튜브에서는 조회수가 높을수록 광고 수익을 많이 얻을 수 있기 때문에 자극적인 콘텐츠로 시선을 끌기 위한 경쟁이 나타난다는 점이다.(공지유, 2019). 2017년 국제구호개발단체 세이브더칠드런(Save the children)은 키즈 유튜브 채널 운영자들을 아동학대로 고발했다. 유튜브 인기 채널인 '보람튜브'의 경우 실제 차도에서 장난감 자동차에 탑승하여 운전하는 영상을 올려 비난을 받았고, 또 다른 인기 채널인 '뚜아뚜지TV'에서는 6세 아동에게 자르지 않은 대왕문어를 먹게 하는 등 아동학대가 의심되는 영상으로 논란이 되었다(공

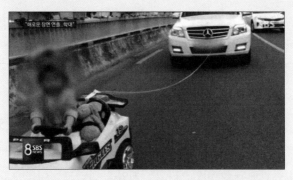

[그림 6-5] 인기 어린이 유튜브 채널인 '보람튜브'의 한 장면. 실제 차도에서 장난감 자동차를 운행하는 모습을 영상에 담아 비난을 받았다.

지유, 2019).

이처럼 최근 아동을 대상으로 한 콘텐츠와 광고의 문제점이 증폭되면서 유튜브 측은 어린이 시청자를 보호하기 위해 정책 수정 방안을 제시했다. 유튜브는 어린이 콘텐츠에 대한 개인 맞춤 광고를 중단하고, 크리에이터 본인이 게시하는 콘텐츠가 어린이를 위해 제작된 것인지에 대해 유튜브 측에 공지해야 한다고 밝혔다. 또한 머신러닝을 사용하여 어린이 동영상을 식별하는 등 플랫폼에서 어린이 시청자를 보호하기 위한 조치를 시행했다. 구글은 유튜브 키즈의 연령을 4세 이하, 5-7세 이상, 8-12세의 세 그룹으로 나누고 아동을 대상으로 하는 표적광고를 중단하며 부모가 아이들에게 맞는 콘텐츠를 찾을 수 있도록 하는 개편안을 밝혔다(이도원, 2019).

이러한 유튜브의 정책 변화는 어린이 시청자 보호 목적과 새로운 플랫폼의 등장으로 인한 사회적, 법적 논의와 체제가 현재진행 중임을 보여준다. 최근 미국연방거래위원회(FTC)는 미국의 아동 온라인 사생활 보호법(COPPA)에 의거, 13세 미만 어린이들의 데이터 불법 수집과 어린이들에게 성인을 대상으로 하는 콘텐츠를 제공했다는 이유로 유튜브에 1억 7,000만 달러 상당의 벌금을 부과했다(허지형, 2019).

그 외 다른 해외 소셜미디어 플랫폼들도 어린이 보호를 위해 노력하는 추세이다. 어린이 소셜네트워크 서비스인 KidMix나 메시지 어플리케이션인 Marimba와 같은 소셜미디어의 경우 부모의 동의를 통해 사용할 수 있고, 어플리케이션에서 어린이 대상 광고는 하지 않는다. KidMix의 경우는 메시지, 게임, 사진/영상을 공유할 수 있고 Marimba는 사진/영상을 메시지 형태로 전송하거나 단순 텍스트 메시지만 이용할 수 있다. 또, 어떤 정보든 게시할 수 있는 일종의 온라인 게시판인 Padlet은 13세 이하 어린이가 이용할 수 있지만 직접적으로 이들에게 마케팅을 하지는 않는다(Van Eeden & Chow, 2019).

미국과 유럽에서는 13세 이하 어린이 대상 광고에 대한 규제가 점점 증가하고 있다. 실제로 미국에서 벌금을 부과한 사례들을 살펴보면 2011년 이전에는 한 해 동안 거의 없거나 1–2건에 불과했던 것이 2011년 이후로는 상당히 증가한 모습을 보이고 있다. 2016년에는 4건, 178만 달러에 달하는 벌금이 부과되기도 했다(PwC, 2017). 국내에서도 좀 더 적극적인 규제 활동과 어린이 피해를 막을 수 있는 정책과 방안들이 검토되어야 한다. 디지털 미디어 이용이 일상화된 우리 어린이들의 현실에 적합한 구체적인 논의들이 필요하다.

4. 디지털 미디어 광고와 어린이의 설득지식

디지털 미디어 광고에 대한 어린이의 낮은 이해력을 감안하면 디지털 미디어 환경에서 어린이의 인지적 방어기제에 대한 논의는 더 중요해진다. 디지털 미디어 환경에서 어린이들이 상업적 메시지에 불공정한 영향을 받지 않도록 인지적 방어기제를 갖추도록 유도하고 이를 증진시켜주는 것이 필수적이다. 주시할 점은 전통 미디어에서 광고 리터러시의 중요성을 설명해주는 설득지식모델이 디지털 미디어에서는 매우 제한적으로 작동한다는 점이다(Rozendaal et al., 2011).

설득지식모델(Friestad & Wright, 1994)은 누군가 자신을 설득하고자 한다는 인식이 촉발되는 순간 인지적 방어기제가 작동하여 설득 메시지를 비판적이고 회의적으로 대한다는 이론이다. 따라서 TV 등 전통 미디어에서 광고와 프로그램을 구분해주는 광고 안내문이나 표식 등이 어린이의 설득지식을 촉발하여 인지적 방어기제 형성을 도모할 수 있다고 설명한다.

그러나 디지털 미디어 환경에서 어린이의 정보처리에 대한 동기와 능력은 전통 미디어 환경과 상이하다(Livingstone & Helpsper, 2006; Rozendaal et al., 2011). 어린이들이 인터넷과 모바일 공간에서 상업적 정보를 대하게 될 때 깊게 생각하고 반응하는 고관여 정보처리는 드물게 일어나고, 대신 별 생각 없이 반사적으로 대응하는 저관여 정보처리가 지배적이기 때문에 광고 인지나 설득 의도 파악 등과 같은 정교화된 정보처리를 기대하기 힘들어진다(Livingstone

& Helpsper, 2006; Rozendaal et al., 2011).

디지털 미디어 환경에서 인지적 방어기제로 설득지식의 한계점이 나타나는 이유는 어린이들의 광고 정보 처리에 대한 동기와 능력 때문이다. 디지털 미디어 광고의 대부분이 감성에 기반을 둔 설득기법을 활용하고 있고 콘텐츠가 플랫폼에 내재된 마케팅(embedded marketing)이기 때문에 어린이들이 인지적 노력이 많이 요구되는 이성적인 정보처리 과정을 취하기 힘들다(Moore & Rideout, 2007; Nairn & Fine, 2008; Harris, Brownell & Bargh, 2009; Livingstone & Helsper, 2006). 광고게임과 같은 몰입형 마케팅을 대할 때 광고에 대한 인식과 그 목적을 자각하는 것이 힘들고, 이에 대한 자각이 생기더라도 촉발된 설득지식이 광고효과를 조절하는 데는 한계가 있다. 실제로 광고게임에 관한 연구들(Mallinckrodt & Mizerski, 2007; van Reijmersdal, Rozendaal & Buijzen, 2012; Waiguny & Terlutter, 2011)은 설득지식모델에 의해 예측되는 인지적 방어능력의 유의미성을 발견하지 못했다.

즉 인터넷이나 모바일에서 어린이들이 광고게임 등을 할 때 생각과 고민을 많이 하기보다는 별 생각 없이 반사적으로 정보를 처리하기 때문에 광고의 설득의도를 파악하기가 어렵고, 이에 대한 자각이 있더라도 이를 활용해서 광고 메시지를 비판적으로 받아들이는 것은 힘들어 보인다. 오늘날 광고는 대부분 감성적인 접근을 해서 저관여 정보처리를 유도한다(Page & Brewster, 2007, 2009; Wicks et al., 2009). 따라서 디지털 미디어 환경을 고려하고 오늘날 어린이와 청소년들의 정보처리 경향을 감안하여 인지적 요소에 초점을 두고 있는 광고 리터러시 자체에 대한 재정비가 이루어져야 한다(An & Kang, 2019; Rozendaal et al., 2011). 현재 광고 리터러시가 광고주의 존재, 판매, 설득의도 등에 대한 인지적 이해에 중점을 두고 있어 이러한 교육 및 측정 방법은 오늘날 미디어 환경의 어린이를 돕기 위해 충분하지 않다는 것이다.

어린이들의 광고에 대한 회의적이고 비판적인 태도는 인지적 방어기제로 작용한다(An & Kang, 2019). 광고는 광고주의 일방적인 의견을 전달하는 편향된 의견이라는 인식을 어린이들에게 교육시키고 이러한 태도의 발현이 인지적 방어기제로 작동할 수 있도록 설정하는 것이 중요하다. 이와 관련하여 로젠달과 동료들(Rozendaal et al., 2011)은 광고 리터러시를 개념적(conceptual) 광고 리터러시와 태도적(attitudinal) 광고 리터러시로 구분하고, 그중 태도적 광고 리터러시의 중요성을 강조한다.

또한 설득지식의 소지 여부보다 중요한 것은 설득지식의 사용과 활용 여부이다(Rozendaal et al., 2011). 이런 차원에서 실천적 설득지식의 중요성이 제기되어왔다. 사용 여부는 동기와 능력에 의해 결정되므로 어린이들이 소지하고 있는 설득지식을 활용할 수 있도록 동기화를 시키는 것이 필요하다. 동기화되지 않으면 광고를 비판적이고 회의적으로 바라볼 수 없게 된다는 것이다. 광고주의 존재에 대한 인식, 설득의도 파악 등 개념적 광고 리터러시는 높은 수준의 인지적 노력이 필요하기 때문에 저관여 정보처리를 선호하는 오늘날 어린이들에게는 유용한 인지적 방어기제가 아닐 수도 있다(Buijzen et al., 2010). 태도적 광고 리터러시의 중요성(An & Kang, 2019; Rozendaal, Opree & Buijzen, 2016)이 디지털 미디어 환경에서 더 부각되고 있다.

광고를 비판적, 객관적으로 평가할 수 있도록 어린이를 동기화시키는 데 광고 안내문은 효과가 있는 것으로 나타났다. 안과 스턴(An & Stern, 2011)의 연구 결과, 광고 안내문(Ad break)을 접한 미국 어린이들은 광고 안내문을 접하지 않은 어린이들에 비해 설득으로부터 멀어지려는 이탈효과(detachment effect)가 크게 나타났다. [그림 6-6]은 실험에 사용된 광고 표식이 부착된 광고 게임의 한 장면이다. 광고 안내문을 인식하고 기억하는 인지적 효과는 발견되지 않았지만, 광고된 제품과 관련하여 태도적 효과가 나타났다는 점에서 의미가 있다.

안과 스턴(An & Stern, 2011)은 미국 초등학생 4-6학년을 대상으로 어린이

[그림 6-6] 어린이 대상 웹사이트에서 제공하는 광고게임 'Be a Pop Star'에는 시리얼 회사의 로고와 Honey Comb이라는 브랜드 이름이 반복 등장한다. 광고 안내문에는 '이 웹사이트에서 제공하는 게임과 관련 활동에는 켈로그가 판매하는 상품에 대한 메시지가 포함되어 있다'고 표시하고 있다.

대상의 웹사이트에서 제공하는 실제 광고게임 'Be a Pop Star'를 10분 동안 하도록 지시하였다. 게임에는 시리얼 회사의 로고와 Honey Comb이라는 브랜드 이름이 반복되어 등장했다. 실험집단 어린이들은 광고게임을 하는 동안 시각적 광고 안내문과 청각적 광고 안내문에 노출되었다. 광고 안내문은 '이 웹사이트에서 제공하는 게임과 관련 활동에는 켈로그가 판매하는 상품에 대한 메시지가 포함되어 있다'라는 설명을 시각적 또는 청각적으로 포함하고 있었다 ([그림 6-6]).

연구 결과에 따르면 광고 안내문이 있었음에도 불구하고 많은 어린이들은 광고게임이 시리얼 회사에서 제공되었다는 사실을 명확히 알지 못했으며, 광고 안내문이 게임의 궁극적 목적이 시리얼 구매라는 것을 알게 하는 데는 큰 효과가 없었다. 그러나 광고 안내문은 브랜드 회상과 선호를 감소시키는 것으로 나타났다. 광고 안내문에 노출된 아이들은 시리얼 광고를 회상하는 것에 더 어려움을 느꼈으며, 시리얼에 대한 선호도도 낮아지는 것으로 나타났다. 주목할 점은 광고 안내문이 단순노출효과를 감소시키는 단서가 될 수 있다는 것이다. 광고 안내문이 제시된 광고게임을 10분 동안 한 어린이의 경우 반복적으로 등장하는 시리얼 브랜드에 대한 기억과 선호도가 안내문이 없는 광고게임을 한 어린이와 비교해 훨씬 낮았다. 청각적 광고 안내문은 가장 낮은 브랜드 회상과 선호도를 보여주었다.

광고 안내문의 중요성을 제시하면서 안과 강(An & Kang, 2013)은 미국 어린이 대상 광고게임의 광고 안내문 내용을 분석하였다. 그 결과 게임상에 광고 안내문이 존재하기는 하였으나, 그 비중이 높지 않고 광고 안내문의 크기나 색상, 위치 때문에 읽기 어려운 경우도 많다는 것이 발견되었다. [표 6-1]은 텍스트로 제시된 광고 안내문의 유형이다. 예를 들어 버거킹, 맥도날드 등의 웹사이트에서 제공되는 광고게임에는 'Hey Kids, This is Advertising'이라는 5단어로 구성된 광고 안내문이 제시되어 있었고, 카프리선 과일 음료는 'Hey this is advertising just letting you know'라는 안내문이 부착되어 있었다. 식품 회사들이 자발적으로 광고게임의 상업적 목적을 어린이에게 알리고 있었다.

또한 아이콘으로 제시된 광고 안내문도 많이 발견되었다(An & Kang, 2013). [표 6-2]는 아이콘으로 제시된 광고 안내문 유형이다. 이외에도 다음과 같이 긴 문장으로 구성된 광고 안내문들이 사용되고 있었다: 'Kids: this website contains advertisements and/or promotions for ConAgra food products.' 그리고 아이콘과 문장을 함께 제시하는 경우도 있었다(An & Kang, 2013).

실제로 국내 어린이를 대상으로 한 연구는 광고 표식의 효과를 잘 보여준다(안순태, 2014). [표 6-3]은 광고 표식에 따른 식별력 차이를 보여준다. 단순한 광고 표식 부착이 보여주는 효과는 주목할 만하다. 한 학년씩 높아지면 기사형 광고를 광고로 인지하는 확률이 0.793배 증가함에 비해, 광고 표식의 경우

[표 6-1] 식품 광고게임에 텍스트로 제시된 광고 안내문 유형

Table 1: One-sentence ad breaks

Number of words	Ad break	Brands
2 words	Powered by	Postopia
4 words	This is an advertisement!	Air Heads
5 words	Hey kids, this is advertising	Burger King, Cinnamon Toast Crunch, Fruit by the Foot, Lucky Charms, McDonald's, Betty Crocker Gushers Fruit Snack, Cheerios, Trix
5 words	Hey kids – this is advertising!	Candymania, Ring Pop, Rush Pop, Topps, Topps Rush Pops, Toppstown
8 words	Hey this is advertising, just letting you know	Capri Sun fruit drinks

출처: An & Kang, 2013

[표 6-2] 식품 광고게임에 아이콘으로 제시된 광고 안내문 유형

Table 3: Icon ad breaks

Ad break	Brands
	Cheerios, Trix, Reese's Puffs, Betty Crocker Gushers Fruit Snack
	Pepperidge Farm Goldfish, Campbell's Soup
	Bomb Pop

출처: An & Kang, 2013

[표 6-3] 광고 표식에 따른 기사형 광고 식별력

	광고 표식이 있는 A형 설문지를 본 그룹	광고 표식이 없는 B형 설문지를 본 그룹	전체
광고이다	131 (48.2%)	102 (36.6%)	233 (42.3%)
광고가 아니다	141 (51.8%)	177 (63.4%)	318 (57.7%)
합계	272 (100%)	279 (100%)	551 (100%)

$\chi^2 = 7.597$, $df = 1$, $p < .05$

출처: 안순태, 2014

광고 인지율을 1.797배 증가시켰다(안순태, 2014).

광고 표식의 유용성에도 불구하고 디지털 미디어에 대한 광고 규제는 전통 미디어 광고에 비해 훨씬 더 느슨하다. 한국의 경우 어린이 대상 TV 광고에서 '광고 정보'라는 자막이 필수이고, 미국의 경우 프로그램에서 광고로 바뀔 때 광고를 듣고 다시 프로그램으로 돌아온다는 안내문이 나오는 것이 법령화되어 있지만, 온라인 광고의 경우 그러한 규정이 전혀 없다. 디지털 미디어 광고에 대한 어린이의 이해가 훨씬 더 제한적임을 고려했을 때 온라인 광고에 대한 광고 표식이나 안내문이 법령화되어 있지 않은 상황은 안타까운 현실이다.

특히 해외 기업의 경우 자발적으로 다양한 광고 표시나 안내문을 제시한 것에 비해 국내 상황은 이와 다르다는 점에 주목해야 한다. 디지털 미디어 환경에서 어린이들이 광고에 대하여 주의 깊고 정교화된 정보처리를 할 가능성이 적다는 점은 어린이들의 설득지식을 촉발하고 동기화시킬 수 있는 더 많은 단서와 도움이 필요하다는 것을 의미한다. 어린이들이 디지털 광고를 좀 더 쉽게 분별하고, 객관적이고 비판적으로 바라보도록 동기화시킬 수 있는 광고 표식의 활용에 대한 고민과 대책이 시급하다.

7

북미의 어린이 광고 규제

1. 미국

미국에서 허위(false), 불공정(unfair) 광고는 50개 주와 연방정부에 의해 타율 규제되고 광고업계와 미디어 산업의 자율규제를 받는다(Shaver & An, 2014). 미국 수정헌법 1조는 표현의 자유를 보장하며 광고 규제 또한 이 원칙에 부합해야 한다. 1976년 미국 대법원은 광고도 표현의 일종이며 소비자 권익을 위해 중요한 정보를 제공한다고 판시했다(425 U.S. 748, 96 S, Ct 1817). 판결문에서 광고와 같은 상업적 정보의 자유로운 유통은(free flow of commercial information) 시장경제 체제에서 필수불가결(indispensable)하다고 지적하며 가격 표시 광고를 금지하는 버지니아주의 제약 광고 규정은 헌법에 위배된다고 판시했다.

　　1976년 미국 대법원이 광고를 표현의 자유 영역에 포함시키기 전까지 광고는 상업적 목적을 이유로 헌법적인 보호를 전혀 받지 못했다. 1942년 처음으로 미국 대법원이 광고에 관한 사건을 검토하였을 때 광고는 상업적 행위로, 표현의 자유 영역에 속하지 않는다고 짧게 의견을 제시했고 이는 70년대에 이르기까지 광고 규제의 근간이 되었다(An, 2003). 1976년에서야 비로소 광고를 표현의 일종으로 간주하고 시장경제에서 광고가 차지하는 역할과 영향력을 인정하여 소비자의 권리 증진, 상업적 정보 유통의 중요성 등 시대의 변화를 반영한 것으로 평가받는다(An, 2003). 그러나 광고는 표현의 자유 영역에서 가장 하부에 위치한 표현으로 정치적 표현 등과 비교해 상대적으로 많은 규제를 받는 범주에 속한다. 어린이 광고의 경우 어린이의 권익 보호를 위해 다양한 정부 기관과 업계가 특별한 주의와 노력을 기울이고 있으나, 자율규제에 큰 무게가 실려 있다. 수정헌법 1조 표현의 자유 원칙에 따라 전반적으로 최소한의 공적 규제를 원칙으로 하고 있기 때문이다.

1) 미국의 어린이 광고 타율규제

미국 연방거래위원회(Federal Trade Commission, FTC)는 어린이를 포함한 소비자 보호를 담당하는 주요 기관이다. FTC는 광고물이 상식에 맞게 행동하는 소비자를 기만하는 정보가 포함되거나 또는 생략되는 경우 기만 광고이고, 허위 또는 오인 유발적인 진술은 명시적 또는 묵시적 형태로 이루어질 수 있다고 규정한다. 명시적 형태에는 비언어적 표현도 포함되며, 묵시적 표현은 비록 명시적으로 기술되어 있지는 않지만 전체적으로 파악했을 때 소비자에게 전달되는 의미를 말한다(이기종, 2011).

구체적으로, 그러한 정보나 정보의 생략이 소비자의 구매결정에 영향을 준다고 판단되는 경우 실질적인(material) 정보라고 간주하고 기만성을 결정한다. 또한 광고로 인해 상당한 소비자 위해(substantial consumer injury)가 발생할 것으로 보이는 경우 불공정한 광고로 규제한다. 어린이 광고의 경우 명시적, 묵시적으로 어린이에게 혼동을 주어 구매에 영향을 주었다고 판단되는 경우 기만 광고로 규정될 수 있다. 또한 광고 내용으로 인해 어린이에게 정신적, 신체적 위해가 발생할 수 있는 경우는 불공정한 광고로 문제가 될 수 있다.

FTC는 1970년대부터 어린이 광고와 관련하여 광고의 설득적 목적을 이해하기에 너무 어린 시청자에게 광고를 하는 것은 본질적으로 불공정하다고 직시하였다(FTC, 1978). FTC는 본질적으로 불공정(inherently unfair)하다는 강한 표현을 쓰면서 1970년대 어린이 식품 광고에 대한 강력한 규제를 시도하였으나 의회와의 마찰을 겪으며 성공하지 못했다. 이는 지금까지도 캐나다, 영국, 호주 등에서 이루어지고 있는 어린이 식품 광고의 강력한 공적 규제와 대조된다(Kunkel et al., 2004).

어린이 대상 광고의 기만성과 불공정성은 어린이의 관점에서 판단된다. 예를 들어 TV 광고에서 한 발로 서서 회전하는 발레리나 인형이 실제로는 그렇게 할 수 없거나(Lewis Galoob Toys, Inc., 114 F.T.C. 187, 1991), 광고에서는 헬리콥터 장난감이 하늘을 날아다니지만 실제로는 그런 기능이 없는(Hasbro, Inc., 116 F.T.C. 657, 1993) 경우 모두 오인유발성이 있는 것으로 결정되었다. 제품의 특성과 기능뿐 아니라 잘못된 인식을 줄 수 있는 경우도 주의하여야 한다. Wonder Bread라는 식품이 칼슘을 많이 함유하고 있으며 어린이들의 기억력을 높여준다는 TV 광고도 문제가 되었다. 어린이들의 두뇌 활동 증진에는 칼슘이 필요하지만 빵을 통한 칼슘 섭취가 두뇌 활동을 직접적으로 향상시킨다는 근거는 없다고 결정되었다(Interstate Bakeries Corps., 2002 F.T.C. LEXIS 20, 2002).

FTC는 기만적 광고, 불공정한 광고에 관한 포괄적이고 주도적인 권한을 행사한다. 광범위한 조사권한을 근거로 위반 사항에 대해 동의명령(consent decree)을 내리고 시정을 요구한다. 동의명령으로 시정되지 않으면 문제되는 광고에 대해 자체적으로 중지명령(cease and desist order)을 내리거나 연방법원에 제소하여 금지명령(injuction)을 청구하기도 한다. 많은 경우 FTC가 문제를 제기하면 광고주는 협의하에 문제시되는 광고를 수정 또는 철회한다.

연방커뮤니케이션위원회(Federal Communications Commission, FCC)는 라디오와 공중파 방송사의 허가 교부를 관할하는 기관으로 광고를 포함한 방송 콘텐츠를 모니터하고 규제하는 기관이다. TV 광고에 문제가 생겼을 경우 FTC가 광고주와 광고업계에 조치를 취한다면 FCC는 문제의 광고를 송출

[그림 7-1] FTC에 의해 문제가 제기된 어린이 음료 광고의 한 장면. 광고에 나타난 어린이 음료 제품의 프로바이오틱스 성분이 감기, 인플루엔자와 같은 호흡기 질환에 걸릴 위험을 줄인다는 주장에 대하여 FTC가 문제를 제기했고, 광고주인 네슬레는 해당 광고를 중지하였다.

한 미디어를 관할한다. 광고 내용의 허위성(false), 오인 유발성(misleading) 등은 FTC의 주 판단 기준이고, 공중파의 성격을 고려하여 광고 내용이 선정적(obscene)인가, 부적절(indecent)하거나 퇴폐적(profane)인가가 FCC가 광고를 심의하는 주요 기준이다(Shaver & An, 2014).

FCC는 방송 광고와 관련하여 어린이 보호를 위한 정책과 기제들을 가동시켜왔다. 크게 세 가지 원칙이 강조되는데, 첫 번째는 광고와 프로그램의 구분으로 'After these messages, we'll be right back' 등과 같은 광고 안내문을 TV 프로그램과 광고 사이에 삽입하도록 권고하는 것이다. 두 번째는 호스트 셀링의 금지로 TV 프로그램의 주인공이 광고 시간에 등장해서 제품을 광고하는 것을 허용하지 않는 것이다. 세 번째는 판매되는 광고 제품이 프로그램 안에 등장하는 것을 금지하는 원칙이다. 이러한 원칙들은 일반 성인을 대상으로 하는 광고와는 차별화된 조치들이다. 일반 프로그램에서는 광고와 프로그램의 구분이 제시되지 않으며, 많은 유명인이 광고 시간에 등장해 제품을 광고하는 것은 물론, 간접광고와 같이 프로그램 안에 제품이 등장하는 것은 빈번한

[그림 7-2] 미국 어린이 프로그램 방영 중 광고가 나오기 전 화면 하단에 광고 안내문이 표기된 장면. FCC는 어린이들이 광고와 프로그램을 구분할 수 있도록 안내문 표기를 권고한다.

일이기 때문이다. 이외에도 어린이 보호를 위해 광고 시간과 내용 및 형식을 제한하고 있다. 어린이 대상 프로그램은 주말에는 한 시간당 10.5분까지, 평일에는 한 시간당 12분까지 광고가 허용된다(FCC, 2019).

　FCC는 광고 시간을 지키지 않거나 어린이에게 알려진 캐릭터가 광고에 등장하는 경우 벌금이나 시정조치를 가한다. 예를 들어, 30분짜리 포키만(Pokemon) 프로그램에 광고주로 등장한 켈로그 에고(Kellogg's Eggo) 와플과 제너럴밀즈 프루트(General Mill's Fruit) 스낵에게 벌금 16,500달러를 부과하였다(Friedman, 2008). 광고 시간 동안 포키만 캐릭터 이미지가 두 제품에 나왔기 때문에 어린이에게 알려진 캐릭터가 광고 시간에 등장할 수 없다는 원칙을 위반한 것으로 판단한 것이다.

2) 미국의 어린이 광고 자율규제

어린이광고심의기구(Children's Advertising Review Unit, CARU)는 1974년 어린이 광고에 초점을 두고 전미광고국(National Advertising division, NAD)의 특별부서로서 설립된 자율규제기구이다. CARU의 정책 및 규정은 광고자율규제위원회(Advertising Self-Regulatory Council, ASRC)가 담당하고 있으며, 거래개선위원회(Council of Better Business Bureau, CBBB)의 관리를 받고 있다. 어린이 대상 광고의 심의를 통하여 부정확하거나 CARU의 가이드라인에 맞지 않는 광고들은 광고주들의 자발적인 협력을 통해 시정하는 것을 원칙으로 한다. CARU는 12세 미만을 어린이로 정의하며, CARU의 어린이 광고에 대한 8가지 주요 원칙은 [표 7-1]에 제시되어 있다(한국인터넷진흥원, 2019, p.5).

CARU의 광고 자율규제는 상위기관인 NAD의 활동의 일부로서 자체 모니터링을 통해 문제가 되는 광고를 찾아 개선을 권하는 방식으로 진행된다. 예를 들어 2014년 Cartoon Doll Emporium 웹사이트에서는 어린이들이 게임을 통해 친구를 만들고 사진을 올리거나 가상의 물건들을 구매할 수 있었는데, CARU는 이 웹사이트의 나이 확인 시스템에서 나이를 마음대로 수정할 수 있어서 어린이도 보호자의 동의 없이 성인용 광고를 시청할 수 있다는 문제점을 지적하였다. CARU의 시정 요구에 웹사이트는 관련 내용을 수정하였다(ASRC, 2018). 2013년에는 Girlgogames.com이라는 웹사이트가 13세 이하 어린이들의 개인 식별 가능 정보를 보호자의 동의 없이 공개할 수 있도록 설정하고, 13세 이하 어린이의 가입을 받지 않는 소셜미디어에 가입하도록 어린이들을 유도하고 있다는 것을 발견하고 시정을 요구하여 해당 사이트에서 관련 내용은 삭제되었다(ASRC, 2018).

2019년에는 완구 업체 ZURU가 어른에게 물풍선을 던지는 장면을 담은

[표 7-1] 미국 CARU 어린이 광고에 대한 주요 원칙

CARU 어린이 광고에 대한 주요 원칙	
1	어린이를 대상으로 한 광고에서는 정보의 신뢰성에 대한 평가, 광고의 의도를 파악하는 능력, 광고의 영향력에 대한 수용자의 이해에 한계가 있다는 점을 인지하고 이러한 광고에 대한 책임을 강력하게 인식해야 한다.
2	어린이를 대상으로 한 광고가 기만적이거나 불공정하지 않도록 주의해야 한다.
3	광고주는 광고에서 주장하는 바를 충분히 입증할 수 있어야 한다.
4	광고로 인해 어린이들이 제품의 품질이나 효능에 대해 과장된 기대를 갖지 않도록 해야 한다.
5	어린이에게 적합하지 않은 제품과 내용을 어린이를 대상으로 직접적으로 광고하지 않아야 한다.
6	광고는 사회적 통념에 어긋나거나 편견에 호소하지 않아야 한다.
7	광고가 어린이에게 교육적인 역할을 수행하는 것은 물론, 바람직한 행동 유발에 영향을 미칠 수 있음을 인식해야 한다.
8	어린이의 인격적·사회적 발달에 영향을 미치는 부모의 중대한 역할을 고려하여, 부모와 자녀 사이의 건설적인 관계에 기여해야 한다.

출처: 한국인터넷진흥원, 2019

광고로 CARU로부터 권고 조치를 받았다. CARU는 ZURU의 'Toys Bunch of Balloons' 광고가 '괴롭힘'에 대한 내용을 담고 있어 자율규제 핵심 원칙 제 7항에 위배된다고 판단하였다. 이에 ZURU는 추후 제작될 광고에 CARU의 권고 사항을 반영하기로 합의하였다(한국인터넷진흥원, 2019). 광고가 어린이에게 바람직하지 않은 행동을 유발할 가능성이 있는 경우 문제가 되며 되도록 교육적인 역할을 수행해야 한다는 것이 CARU의 핵심 원칙 중 하나이다.

CARU에서 해결되지 못한 사안은 전미광고심의위원회(National Advertising Review Board, NARB)로 이관된다. NARB는 NAD와 CARU에서 해결되지 못한 사안을 재심하는 기관으로 항소 처리를 담당하고 있다.

NARB 의장은 항소 내용을 검토하여 NARB 심의위원회 심의 대상 상정 여부를 결정한다. 항소가 결정되면 NARB 의장에 의해 사건을 심의할 심의위원회가 구성되며, 최종 결정을 내리게 된다(한국인터넷진흥원, 2019).

어린이 대상 광고를 자체 모니터링하고 소비자가 제기하는 이의를 처리하는 CARU 이외에도 업계의 자율규제는 별도로 이루어지고 있다. 특히 어린이 건강에 미치는 광고의 영향력을 주시하여 고지방/고당분/고염분 제품(high in fat, sugar, salt, HFSS) 광고에 대한 자율규제가 이루어져왔다. 어린이식음료광고이니셔티브(The Children's Food and Beverage Advertising Initiative, CFBAI)는 2006년 식품회사들이 자발적으로 설립한 자율규제기구이다. 건강한 식습관에 대한 내용을 12세 이하 어린이 대상 광고에 포함시킨다는 기조 아래 18개의 식품 및 음료 회사들이 이 프로그램에 참여하고 있고, 참여 회사들은 70-80%의 어린이 대상 텔레비전 프로그램을 송출하고 있다(CFBAI, 2015). CFBAI는 매년 연간 보고서를 발행하며 한 해의 모니터링 현황 및 CFBAI 참여 기업들의 자율적 평가 및 시정 결과를 공유한다. 예를 들어 2018년의 경우 CFBAI는 Conagra가 만화 채널에서 광고한 식품이 CFBAI의 영양기준에 맞지 않는다는 사실을 발견하고 시정을 요구했으며 Conagra는 문제 광고를 즉시 중단했다(Enright & Eskenazi, 2019).

어린이제과광고이니셔티브(The Children's Confection Advertising Initiative, CCAI)는 거래개선협회(Better Business Bureau, BBB)가 2016년에 설립한 소형에서 중형까지의 제과회사를 대상으로 한 자율규제기관이다. CFBAI를 모델로 한 프로그램으로 8개의 주요 제과 제조회사들이 여기에 참여하고 있고, CFBAI와 같은 원칙을 따른다(BBB National Programs, Inc., 2016). CFBAI와 CCAI에 속한 회사들을 모두 합치면 미국 시장에서 판매되는 대부분의 제과, 음료를 포함하기 때문에 자율규제의 의미와 실효성은 크다고 볼 수 있다. 미국은 캐나다, 유럽 등과 비교해서 어린이 식품, 특히 HFSS 품목에 대한 정부의 공적 규제가 상대적으로 약하기 때문에 업계의 자발적인 자율규제에 주로 의존하고 있다.

3) 미국의 어린이 광고 규제 관련 주요 법령

어린이 텔레비전법(Children's Television Act, CTA)은 미국 연방통신위원회(Federal Communications Commission, FCC)에서 어린이 텔레비전에서 방영되는 광고에 대한 규제를 요구하는 법률로, 미국의 텔레비전 방송국은 어린이들에게 필요한 교육 및 정보를 제공하도록 특별히 제작된 프로그램을 송출해야한다는 의무를 규정하고 있다. 이 법률은 광고 시간, 방영 중인 프로그램과 관련된 광고 금지 등의 내용을 포함하는 어린이 대상 상업시간(commercial time)제약 조항을 포함하고 있다(FCC, 2019).

구체적으로 12세 이하 어린이를 대상으로 하는 텔레비전 프로그램에서 방송 가능한 광고 시간을 평일에는 시간당 12분, 주말에는 10.5분으로 제한한다. 또한 텔레비전 프로그램과 광고에 분명한 구분점을 마련하여 어린이 시청자들이 프로그램과 광고를 구분할 수 있도록 하고 있다(Hayes, 1993). 또한 프로그램 중 나타나는 웹사이트 주소와 관련하여 ① 웹사이트가 프로그램 관련 또는 비상업적인 진실성 높은 컨텐츠를 제공할 것, ② 웹사이트의 목적이 상업적인 것이 아닐 것, ③ 웹사이트의 홈페이지와 메뉴 페이지가 상업적 섹션과 비상업적 섹션을 명확히 구분하고 있을 것, ④ 전자상거래, 광고나 기타의 상업목적으로 사용되지 않을 것을 제시하고 있다(FCC, 2019).

특히 웹사이트들이 상업 목적으로 어린이 개인정보를 악용하는 경우를 방지하기 위해 1998년에 미국 의회는 어린이 온라인 사생활보호법(Children's Online Privacy Protection Act, COPPA)을 제정하였다. 상업적 웹사이트

(commercial websites)들이 웹사이트를 방문하는 어린이 개인정보를 무단으로 수집하고 이를 광고주나 제3자에게 판매하는 등의 문제를 해결하기 위한 법령으로, 미국 연방거래위원회(Federal Trade Commission, FTC)에 의하여 관리되고 있다. 웹사이트를 방문하는 어린이의 개인적인 정보를 수집하거나 사용할 때는 부모의 동의를 얻어야 한다고 COPPA는 규정하고 있다. 또한 어린이들의 프라이버시와 온라인상에서의 안전성을 고려하여 웹 사이트의 책임이 어떤 것인지 명시하고 있다(FTC, 2017).

미국에서는 HFSS 품목 광고에 대한 구체적인 공적 규제는 없다. 전 세계적으로 어린이 대상 식품 광고에 대한 규제가 강화되는 추세이나 미국은 대체적으로 자율규제에 의존하고 있는 것이 특징이다. 그러나 미국에서 HFSS 품목 광고와 관련하여 공적 규제 노력이 없었던 것은 아니다. 오히려 일찌감치 1970년대에 FTC가 300페이지 넘는 보고서로 어린이 대상의 HFSS 품목 광고에 대한 엄격한 규제를 제안하였으나 의회를 통과하지 못했다(FTC, 1978). 수정헌법 1조 표현의 자유와 시장경제의 자율적 통제를 강조하는 미국 상황에서 자율규제라는 대안에 눈을 돌리고, CARU 등과 같은 자율규제기관이 그 역할을 대신하고 있다.

2. 캐나다

캐나다는 영미의 불문법(common law) 체계와 프랑스의 성문법(civil law) 체계
가 공존하는 나라이다. 프랑스어를 사용하는 퀘벡(Quebec)주의 경우 프랑스
성문법 체계를 따르고 있고 그 외는 영미의 불문법에 기초하고 있어 이에 따라
광고에 대한 정책과 규제도 상이하다. 예를 들어 다른 주와 달리 퀘벡주에서는
13세 미만 어린이를 대상으로 한 광고가 원칙적으로 금지되어 있다. 광고 규제
와 관련된 표현의 자유 원칙은 미국 대법원이 표현을 위계적으로 나누어 정치
표현은 상위에, 광고는 하위에 위치시키는 카테고리 접근법을 취하는 것에 비
해, 캐나다는 상황에 따라 표현의 가치를 판단하는 좀 더 자유로운 접근방법
을 취하고 있다(Gower, 2005).

　　캐나다에서 어린이 방송 광고는 강력한 규제를 받는다. 무엇보다 어린이
광고의 경우 캐나다광고심의기구(Advertising Standards Canada, ASC) 내에
어린이광고사전심의위원회(Ad Standards Children's Clearance Committee)로
부터 사전심의(Preclearance)를 받아야 한다. 퀘벡을 제외한 모든 주에서 어린
이는 12세 미만으로 정의되며 주요 원칙은 다음과 같다. ① 어린이 광고는 어
린이에게 구매를 독촉하거나 부모를 졸라서 구매를 독촉하도록 권고하지 말아
야 한다. ② 전화 등을 이용해 즉각적인 반응을 유도하는 기법은 어린이를 대
상으로 허용되지 않는다. ③ 어린이 광고가 프리미엄이나 콘테스트를 포함하
는 경우 그 내용 구성에 특별한 주의가 필요하고 나이 제한이 있는 경우 이를

명확히 공지해야 한다(Shaver & An, 2014).

1) 캐나다의 어린이 광고 타율규제

캐나다의 공정거래국(Competition Bureau)은 광고 규제를 담당하는 주요 기관으로 자체 조사를 하거나 이의 신청에 답변하는 형식으로 광고를 규제한다. 그 근간은 캐나다 경쟁법(Competition Act)으로 광고에서 충분한 근거 없이 제품 기능을 표시하거나, 사실이 아닌 시연이나 소비자 보증(testimonial), 혼동을 줄 수 있는 가격 표시나 제품 보증 등 소비자를 현혹하거나 기만할 수 있는 광고는 금지되어 있다. 그 외에도 식품라벨표시 및 광고안내법(Consumer Packaging and Labelling Act), 귀금속표시법(Precious Metals Marking Act), 섬유표시법(Textile Labelling Act) 등이 광고 상품의 유형에 따라 광고 규제를 위한 법령으로 작동한다.

프랑스어를 사용하는 퀘벡주에서는 소비자보호국(The Office de la Protection du Consummateur)이 퀘벡 소비자보호법(Quebec Consumer Protection Act, QCPA)에 근거해 광고 규제를 담당한다. 퀘벡 소비자보호법은 13세 미만 어린이를 대상으로 하는 광고를 전면 금지하고 있다. 광고가 어린이를 대상으로 하느냐에 대한 판단은 광고물이 제시되는 상황을 고려하고, 특히 광고된 제품의 성격과 의도된 목적, 광고물이 제시되는 방식, 광고가 방송되는 시간과 장소를 감안하여 결정된다.

캐나다 라디오-텔레비전통신위원회(Canadian Radio-Television Commission, CRTC)는 공중파 방송의 허가, 프로그램 편성 기준, 광고 기준 등의 규칙에 해당하는 행정지침을 제정한다. 방송사 허가 교부를 관할하는 기구이기 때문에 방송사들은 문제가 될 수 있는 광고의 방송을 자체적으로 검열하거나 CRTC 시정

요구에 따른다. CRTC는 각종 인허가 시 윤리규정과 규칙 준수를 조건으로 부과하기도 한다.

CRTC는 방송사업자들은 반드시 캐나다방송인협회(Canadian Association of Broadcasters)에서 발행하는 어린이 광고 방송강령(Broadcast Code for Advertising to Children, BCAC)을 따르도록 지시하고 있다. BCAC의 주요 원칙은 어린이 대상 광고가 제품이나 서비스를 과장하기 위한 음향, 사진, 글을 사용하는 것을 제한하고, 어린이 구매를 독촉하거나 부모에게 구매를 조르도록 이야기하는 것을 금지하고 있다. 또한 '새로 나온' 제품이라는 표현의 사용을 제한하고, 어린이에게 잘 알려진 캐릭터가 상품을 광고하지 못하게 한다. 어린이에게 적합하지 않은 제품을 광고해서는 안 되고, 공중파는 30분 분량의 어린이 프로그램의 경우 4분 이상 광고를 할 수 없다(DLA Piper & UNICEF, 2016).

2) 캐나다의 어린이 광고 자율규제

캐나다광고심의기구(Advertising Standards Canada, ASC)는 1957년 캐나다 광고업계에서 설립한 비영리 자율규제단체이다. 이 단체에서는 어린이 광고 규제를 위한 위원회를 따로 두고 있으며, 12세 이하 아동에 대한 광고를 그 대상으로 하고 있다. ASC는 캐나다 광고 규제의 근간이 되는 캐나다 광고기준법(Canadian Code of Advertising Standards, CCAS)을 집행한다. CCAS는 ASC의 회원사 모두에게 적용되며 CCAS 위반이 문제시되는 광고는 독립적인 자율기구가 이를 심의한다. 광고에 문제가 있다고 판단되는 경우 해당 광고를 시정하거나 송출 중단을 요청한다(Shaver & An, 2014).

CCAS는 1963년에 만들어져 광고 전반에 자율적으로 적용되어왔다. 크게 14개 부분으로 나뉘며 어린이 광고(Advertising to Children)와 미성년자 광고(Advertising to Minors) 2개 부분은 어린이 광고와 관련된 내용이다. 먼저 어린이 광고 부분에서는 어린이의 순진성, 경험 부족, 충성심을 이용해서는 안 되며 신체적, 정서적, 도덕적 위해를 야기할 수 있는 정보와 설명은 금지한다고 명시하고 있다. 방송 광고는 어린이 광고 방송강령(BCAC)을 따르고, 퀘벡주의 경우 퀘벡 소비자보호법(QCPA)을 따른다고 명시되어 있다. 미성년자 광고 부분에서는 미성년자에게 판매될 수 없는 제품은 미성년자가 관심을 갖도록 광고해서는 안 되며, 그런 제품의 광고물에는 성인이나 명확히 성인으로 보이는 사람만 등장할 수 있다고 규정하고 있다.

어린이 건강에 좋지 않은 HFSS 품목의 광고와 관련하여 어린이식품음료광고이니셔티브(Children's Food and Beverage Advertising Initiative, CFBAI)가 2007년에 설립되어 식품 광고에 대한 자율적인 규제를 하고 있다. 2019년 기준으로 코카콜라, 맥도날드, 네슬레 등 주요 식품회사 18개의 회원사로 구성되어 있다. 어린이 광고 방송강령(BCAC)에 의해 규제되고 있는 방송 광고를 제외하고, 그 외 인쇄매체, 인터넷, 모바일 등은 CFBAI에 의해 자율규제되고 있다. 자율규제 가이드라인의 핵심은 12세 미만 어린이를 대상으로 하는 광고는 건강한 선택(healthy choices)을 위한 내용을 담고 있어야 한다는 것이다. 특이점은 금지하는 내용보다 장려하는 내용들을 강조하고 있다는 것이다. 12세 미만 어린이를 대상으로 하는 광고는 건강한 식습관과 생활습관을 장려할 수 있는 내용을 100% 넣기 위해 전념(devote)하거나, 그렇지 않으면 12세 미만 어린이 대상 광고를 하지 말라는 원칙을 제시하고 있다. 12세 미만 어린이 대상 인터액티브 게임에서는 건강한 식습관과 생활습관을 나타내는 품목만 나와야 한다고 구체적으로 제안하고 있다. 금지사항을 열거하며 광고의 역기능에 초점을 두기보다는 광고의 순기능을 활용하여 어린이에게 건강한 식습관과 선택을 하도록 독려하려는 취지가 강하게 나타난다.

그 외 자율규제기관으로 어린이를위한광고주협회(Concerned Children's

Advertisers, CCA)와 캐나다마케팅협회(Canadian Marketing Association, CMA) 등이 있다. 1990년에 창립된 CCA는 장난감, 식품, 또는 어린이 대상 방송국 등이 회원으로 활동하며, 어린이 대상 광고 및 커뮤니케이션에서 책임 감 있고 신뢰할 수 있으며 세심하게 배려하면서도 권위 있는 목소리를 내는 것을 목표로 한다고 밝히고 있다.[1] 주로 공익 광고(public service announcement, PSA)나 교육 프로그램을 통해 정보, 교육자, 부모, 전문가 등과 함께 어린이들의 미디어 생활에 도움이 될 수 있는 사업을 진행하고 있다(Clarke & Gardner, 2005). 또한 CMA는 마케팅협회 자체 윤리강령을 통해 회원사가 이를 위반하는 경우 내부적인 절차를 통해 조치를 취하는 자율규제를 실행하고 있다.

3) 캐나다의 어린이 광고 관련 주요 법령

캐나다에서 어린이 광고를 규제하는 주요 법령은 다음과 같다: ① 캐나다 광고기준법(The Canadian Code of Advertising Standards, CCAS), ② 어린이 광고 방송강령(The Broadcast Code for Advertising to Children, BCAC), ③ 퀘벡 소비자보호법(The Quebec Consumer Protection Act, QCPA). 퀘벡주에 적용되는 QCPA의 248조(Section 248)는 어린이를 13세 미만으로 정의하고 13세 미만 어린이를 대상으로 한 상업적 광고를 원칙적으로 전면 금지하고 있다. CCAS는 어린이 광고와 관련하여 어린이 대상 광고는 어린이의 취약성을 이용해서는 안 되며, 어린이에게 판매될 수 없는 제품은 어린이를 설득 대상으로 해서는 안 됨을 원칙으로 제시한다. BCAC는 CCAS를 보완하며 어린이 방송

---

1 https://www.cca-arpe.ca/english/about_cca/mission_mandate.html

[표 7-2] 캐나다 어린이 방송 광고에 대한 주요 규정

	어린이 방송 광고에 대한 BCAC의 주요 규정
1	어린이 프로그램에서 30분당 4분 이상 상업적 광고를 방영할 수 없으며, 같은 광고 메시지나 같은 상품을 광고하는 광고 메시지의 경우 어린이 프로그램에서 30분에 한 번 이상 방영될 수 없다.
2	어린이들이 부모에게 구매를 요구하도록 직접적으로 부추기는 표현은 금지된다.
3	메일이나 전화를 통해 즉각적인 반응을 유도하여 구매를 촉구하는 상품 광고는 허용되지 않는다.
4	프리미엄이나 콘테스트 관련 내용이 포함될 경우, 프리미엄이나 콘테스트 관련 상품이 실제 상품보다 최소한 같은 가치이거나 더 적은 가치여야 하고, 이에 대한 묘사가 전체 광고 시간의 반이 넘어가면 안 된다.
5	사실적 묘사를 위해서 문장이나 소리, 화면 등에서 과장된 표현이 허용되지 않으며 상품의 크기가 명확히 제시되어야 한다.
6	'새로운', '소개합니다' 등의 표현은 출시된 지 1년 이하의 상품에만 사용할 수 있다.
7	어린이를 대상으로 한 상품이 아닌 경우 어린이에게 직접적으로 광고를 할 수 없다.
8	어린이 불소 치약을 제외한 모든 약품 관련 광고는 허용되지 않는다.
9	만화 캐릭터를 포함한 각종 캐릭터들이 특정 상품이나 프리미엄, 서비스를 광고하기 위해 사용되는 것을 금지한다.

출처: Advertising Standards Canada, 2004

광고에 대한 구체적 기준을 제시한다. 특히 어린이 대상 방송 광고는 캐나다 사회의 도덕적, 윤리적, 법적 기준에 맞지 않는 가치를 전달해서는 안 된다고 규정하며, 12세 미만을 어린이로 규정한다. [표 7-2]는 BCAC의 어린이 광고에 대한 주요 규정이다.

캐나다 어린이 광고 규정에서 강조되는 것은 사회적 가치에 관한 것이다. 어린이 광고는 캐나다 사회의 도덕적, 윤리적, 법적 기준에 반하는 가치를 포함해서는 안 된다고 밝히고 있고, 이는 다양한 문화적 가치를 강조하는 캐나다 정부의 목표와 원칙의 반영으로 보인다(Shaver & An, 2014). 예를 들어 캐나다

는 오래전부터 캐나다 방송 광고의 성역할표현 가이드라인(Gender Portrayal Guidelines)[2]을 만들어 집행해왔다. 사회적 편견과 고정관념 등이 광고와 같은 상업적 정보 속에서 왜곡되어 전달되는 것을 허용하지 않겠다는 원칙이 강하게 드러나는 부분이다.

특히 어린이 식품 광고를 좀 더 엄격히 규제하기 위해 고지방/고당분/고염분 제품(High in fat, sugar, salt, HFSS)에 대한 논의가 진행 중이다. 어린이 대상 식품 광고를 제한하는 새로운 법안 어린이 건강보호법(Child Health Protection Act, Bill S-228)이 2018년 12월 상원 검토까지 마쳤으나 2019년 6월 의회에서 본회의 의결대상이 되지 못했다(Parliament of Canada, 2020). 2017년 영국에서 어린이 대상 HFSS 품목 광고가 전격 금지된 후 캐나다에서도 자율규제를 넘어서서 엄격한 공적 규제에 대한 논의가 활발히 이루어졌다. 2016년부터 캐나다 보건국(Health Canada)이 다양한 이해관계자들과 심의 및 검토를 해온 법안(B S-228)이 최종 확정될 경우 13세 미만 어린이 대상의 HFSS 품목 광고가 모든 미디어에서 원칙적으로 금지된다. 텔레비전과 인터넷 등의 매체뿐만 아니라 놀이공원과 스포츠 경기를 관람하는 스타디움 등 어린이와 가족들을 위한 환경에서도 HFSS 품목 광고를 모두 금지하는 강력한 내용을 담고 있다.

---

2 https://adstandards.ca/code/gender-portrayal-guidelines/

8

유럽의 어린이 광고 규제

1. 유럽연합(EU)

유럽연합은 2020년 1월 31일 영국의 탈퇴 후 27개 회원국으로 이루어져 있다. 1989년 유럽 내 회원국들의 방송시장을 개방하면서 국경 없는 TV지침(Television without Frontiers Directive, TWFD)을 도입하였고(European Council, 1989), 2015년에는 디지털 단일시장(Digital Single Market) 전략을 제시하였다(European Commission, 2015). 2016년에는 회원국들의 공동규제 지침의 근간이 되는 시청각미디어 서비스지침(Audiovisual Media Services Directive)의 개정안을 통해 전반적으로 광고 규제 완화를 제시하였다. 개정안을 통해 광고와 관련한 가장 큰 변화 중 하나는 간접광고의 경우 원칙적 금지/예외적 허용에서 원칙적 허용/예외적 금지로 전격적인 방향이 수정된 것이다. 그러나 뉴스 시사 프로그램과 어린이 프로그램은 예외적 금지 영역으로 남겨 두었다(박석철, 2017).

1) EU 공동규제

유럽연합은 유럽연합 기능조약(Treaty on the Functioning of the European Union, TFEU)에 근거해 소비자 보호를 위한 집합적이고, 광범위한 규제를 실시하고 있다. EU의 어린이 광고 관련 주요 법률은 불공정 상관행지침(Unfair

Commercial Practices Directive 2005/29/EC, UCP Directive), 시청각미디어 서비스지침(Audiovisual Media Services Directive 2010/13/EU, AVMS Directive) 등이다.

불공정 상관행지침은 불공정한 거래 관행에 대해 각 회원국이 소비자의 이익보호를 위한 규제나 행정절차를 마련할 것을 규정하고 있다. 제5조 2항에 따르면 불공정 상관행은 전문적 성실(professional diligence)의 요구에 반하고, 평균적인 소비자, 또는 상관행이 특정한 소비자군을 지향하는 경우에는 그 소비자 집단의 제품에 관한 경제적 행동을 실질적으로 왜곡하거나 왜곡할 우려가 있는 경우이다(김재영, 2015, p.49). 광고와 관련하여 평균적인 소비자가 구매결정을 하는 데 필요로 하는 실질적인 정보를 생략하거나 숨기는 경우, 또는 불명확하거나 모호하고 적절하지 않은 방법으로 제공하는 경우를 오인을 유도하는 광고로 규정한다. 또한 취약한 소비자군을 위한 보호의 필요성을 인정하며, 어린이 소비자는 특별한 보호가 필요함을 명시하고 있다. EU에서 어린이는 12세 이하로 규정된다.

EU의 시청각미디어 서비스지침은 TV 또는 TV와 유사한 서비스를 규제한다. 2016년에 개정되면서 광고 규제의 완화와 시청각 상업적 커뮤니케이션(audiovisual commercial communication)에 대한 공동, 자율규제를 확대하였다(정은진, 2016). 시청각 상업적 커뮤니케이션이란 음성을 동반하거나 동반하지 않는 시각물로 경제적 활동을 추구하는 상품, 서비스, 자연적 또는 법적 실체를 직접적, 또는 간접적으로 촉진하는 것을 말한다. 시청각 상업적 커뮤니케이션은 텔레비전 광고, 협찬, 텔레쇼핑, 간접광고를 포함한다(European Council, 2010).

시청각 상업적 커뮤니케이션은 미성년자에게 어떤 도덕적 또는 신체적 위해를 가해서는 안 된다고 명시한다. 2016년 개정되면서 전반적으로 광고 규제는 완화하였으나, 어린이 보호를 위한 규정들은 유지하고, 광고, 제품의 노출 및 미성년자인 이용자의 정보 이용에 대한 보호수준은 강화하였다(박성진,

2018). 특히 어린이 건강과 밀접하게 관련된 소비자보호를 강조하며, 제9조의 2항은 포화지방, 나트륨, 당이 높은 음식에 대한 부적절한 광고에 대하여 회원국과 규제 대상 산업이 자율 및 공동 규제지침을 정립하도록 명시하고 있다. 이는 HFSS(high in fat, sugar, salt) 품목 광고에 관한 것으로 민간의 참여로 자율규제 또는 공동규제를 확대할 수 있는 방안을 촉구하고 있다(정은진, 2016). 시청각미디어 지침은 EU 전체를 아울러 일반적으로 꼭 지켜져야 할 최소한의 규제를 제시한다. 따라서 회원국에 따라 시청각 사업자에게 요구하는 기준이 다를 수 있고, 광고 사전심의(preclearance)도 EU는 각 국가가 결정하도록 하고 있다.

2) EU 자율규제

유럽광고기준연합(European Advertising Standards Alliance, EASA)은 유럽 내 개별 국가들의 자율규제뿐 아니라 회원국 간의 광고 분쟁을 해결하고, 각 회원국 광고단체 간 상호협조 체제의 기반을 마련하기 위하여 1992년부터 운영되고 있는 기구이다. 본부는 벨기에 브뤼셀에 위치하고 있으며, 유럽 27개의 자율규제기구와 광고 에이전시, 미디어 등으로 구성된 네트워크로 이루어져 있다. 회원국은 국가 간의 문화적 차이와 법적, 상업적 사례 등을 고려하여 효과적인 광고의 자율규제를 통해 책임 있는 광고 집행을 목표로 명시하고 있다(EASA, 2016). 특히 어린이는 EASA가 특별히 주의를 기울이는 대상으로 국가별 자율에 맡기고 있지만 회원국들에게 광범위하게 적용할 수 있도록 규제사항을 마련하고 있다.

EASA에서는 어린이를 대상으로 한 광고에 대해 다음과 같이 규제하고 있다. 30분 이하의 길이로 제작되는 어린이 프로그램(TV로 간주되는 프로그램이

거나 TV와 유사한 서비스인 경우 온라인 프로그램도 포함)은 TV 광고나 TV 쇼핑이 중간에 삽입될 수 없다. 30분 이상의 프로그램인 경우 30분에 1회까지는 광고가 삽입될 수 있다. 또한, 간접광고는 모든 어린이 TV 프로그램에서 금지된다. EASA 회원국 자체 규정에 따라 어린이 프로그램 방영 중 스폰서십 로고를 보여주는 것이 금지될 수 있다. 학교와 같이 어린이들이 주로 방문하는 장소에 대한 광고/마케팅에 대한 규정에서는 초등학교에서의 상품 광고를 일반적으로 금지한다. 예외로 교육적 목적으로 학교에서 요청하거나 동의한 상품에 대한 광고 커뮤니케이션 활동은 허용된다. 어린이를 대상으로 하는 TV나 TV 쇼핑 광고 중 알코올 음료 광고에는 어린이를 포함한 미성년자가 등장해서는 안 된다. 미성년자의 기준은 EASA 회원국에 따라 다르나 프랑스, 독일, 네덜란드, 폴란드 등 대부분의 국가에서 18세 이하로 규정한다(DLA Piper & UNICEF, 2016).

EU의 자율규제는 어린이 식품 광고에 관한 EU서약(EU Pledge)에 의해서도 이루어지고 있다. EU서약은 버거킹, 맥도날드 등 주요 식품기업들이 회원사로 2019년 기준 22개의 주요 기업들로 구성되어 12세 이하 어린이에 대한 식품 및 음료 광고에 대한 자율규제를 실행하고 있다. 원칙적으로 EU서약에서 제시하고 있는 구체적 영양정보기준(EU Pledge Nutrition Criteria)에 맞는 광고만을 하도록 명시하고 있다. 구체적인 내용은 크게 두 부분으로 이루어진다. 첫 번째는 12세 이하의 어린이를 대상으로 TV, 프린트, 인터넷 등의 매체를 통해 식품이나 음료 광고를 하지 않는다는 것이다. 예외는 영양정보기준을 만족하는 상품에 한정한다. 두 번째는 초등학교에서 특별히 교육적 목적으로 학교에서 요청받은 상품이 아닌 경우 상품 마케팅과 관련된 커뮤니케이션을 하지 않는다는 것이다(DLA Piper & UNICEF, 2016). 매해 제3의 조직이 EU서약 이행에 대한 모니터링을 실시하며, 모니터링 자체에 대한 평가도 이루어지고, 결과는 EU서약 웹사이트에 공개되어 적극적인 참여를 독려한다.

2. 영국

1) 영국의 어린이 광고 규제

영국의 광고 규제는 정부의 타율규제와 자율규제가 균형을 이루는 공동규제 시스템이다(염성원, 2006). 2003년 커뮤니케이션법이 제정되면서 탄생한 오프콤(The Office of Communications, Ofcom)은 방송과 광고 관련 정부 규제를 일원화하는 규제기관이다. Ofcom과 함께 광고표준위원회(Advertising Standards Authority, ASA)가 방송 광고 규제를 맡고 있다. 2004년 Ofcom은 자율규제기구와 공동규제 시스템을 구축하려는 목적으로 Ofcom의 광고 규제 기능을 자율규제기구인 ASA로 이전하였다. 2004년부터 본래 비방송매체에 관한 자율규제기구인 ASA가 Ofcom으로부터 방송 광고에 대한 권한을 부여받은 것이다. 따라서 영국의 광고 규제는 비방송 광고는 ASA의 자율규제(self-regulation), 방송 광고는 Ofcom과 ASA의 공동규제(co-regulation) 시스템이다(Conway, 2019).

ASA는 기업과 정부로부터 독립되어 광고법령을 집행한다. 광고법령을 제정하는 기관은 매체에 따라 광고관행위원회(Committee of Advertising Practice, CAP)와 방송광고관행위원회(Broadcast Committee of Advertising Practice, BCAP)로 나뉜다. 즉 방송 광고의 경우 Ofcom이 전체적으로 총괄적 책임을 지니고 있지만 규정을 제정하고 유지하는 것은 BCAP가 담당하고 그 내용을 집행하는 것은 ASA이다. 이런 차원에서 영국의 광고 규제는 공동규제 시스템 내의 자율규제(self-regulation within a co-regultory framework)라고 지칭된다. 비방송 광고의 경우 CAP가 제정하는 법령을 ASA가 집행하고 자율규제한다.

어린이 광고는 ASA가 중요하게 다루는 영역이며 ASA 웹사이트에 '어린이와 취약계층(Children and the Vulnerable)'이라고 특별히 구분하여 어린이 광고 규제의 원칙과 목표를 명확히 기술하고 있다. [표 8-1]은 영국 ASA가 어린이 광고를 특별히 주목하고 있음을 잘 나타낸다.

방송 광고의 경우 ASA는 모든 불만에 대해 평결을 내리며, 업계가 ASA 결정을 따르지 않으면 Ofcom의 회부 대상이 되고, 커뮤니케이션법에 따라 Ofcom이 최종적으로 개입하게 된다. Ofcom은 벌금 외에 방송사업자의 허가 취소라는 극단적인 제재 조치를 내릴 수 있다. ASA의 모든 심의는 사후심의로 진행되며, 심의 결과에 대해서는 광고주들과의 원만한 합의를 목표로 하지만 불가능할 경우 제재를 가할 수 있다(염성원, 2006).

ASA는 방송 광고가 아닌 비방송 광고에 대해서는 자율규제 시스템의 일환으로 필요한 수칙을 지키지 않는 광고에 대하여 법적인 제재를 가할 수 있다.

[표 8-1] 어린이 광고에 대한 영국의 ASA 원칙

어린이 광고에 대한 ASA 기본 원칙
어린이 보호는 광고법과 ASA 과업의 핵심이다. 광고와 관련해 사람들이 가장 염려하는 부분은 우리 어린이들이 보고 듣는 것이라고 밝혀졌다. 어린이들은 성인과 비교해 경험이 부족하기에 광고에서 제시되는 상업적 정보를 잘 이해하고 처리하기가 쉽지 않다. 또한 부적절하고, 공포스럽고 혐오스런 이미지에 더 예민하고 나쁜 영향을 받기 쉽다. 따라서 어린이들을 보호하기 위한 규정들은 특별히 더 엄격해야 한다. 어린이 광고는 어린이의 정신적, 신체적, 도덕적 위해를 줄 수 있는 어떤 내용도 포함해서는 안 된다. 어린이 광고를 규제하기 위한 규정들은 최신 연구와 광고기법을 감안하여 정기적으로 심의되고 개선된다.

출처: ASA, 2019

자율규제를 위해 ASA는 다양한 미디어기구들과 협업하고, 어린이 광고의 경우 Ofcom 등과 함께 학부모 포트(Parent Port) 웹사이트(www.parentport.org. uk)를 2011년에 구축하였다. 웹사이트에서는 어린이를 대상으로 하는 부적절한 광고나 기만 광고 등에 대해 부모들이 의견을 나누고 고소하는 등 실질적으로 문제를 제기할 수 있다. 학부모 포트는 광고를 포함한 부적절한 정보로부터 어린이들을 보호할 수 있도록 미디어 전반에 걸쳐 감시하는 역할을 한다. 개별적인 불만 사항을 수집하며, 어린이의 이익을 보호하기 위한 통합된 플랫폼을 제공한다. 이를 통해 위반에 대한 적절한 규제를 찾을 수 있도록 하여 문제 해결을 돕는다(DLA Piper & UNICEF, 2016).

2) 영국의 어린이 광고 관련 법령과 내용

영국의 광고 규제에 대한 주요 법령으로 비방송 광고, 판매촉진 및 직접마케팅법(UK Code of Non-broadcast Advertising, Sales Promotion and Direct Marketing, CAP Code)과 방송광고법(UK Code of Broadcast Advertising, BCAP Code)이 있다. 2011년 ASA의 권한은 회사 웹사이트와 회사에서 관리하는 트위터와 페이스북 같은 소셜네트워크 사이트까지 확대되었다. 따라서 CAP Code는 이러한 비방송 광고 모두에 적용된다. 이 규정들은 영국 소비자보호규정(UK Consumer Protection Regulations)의 지원을 받으며 EU의 불공정 상관행지침(Unfair Commercial Practices Directive)을 반영하고 있다. 영국에서 방송 광고가 금지되는 대표적인 품목들은 알코올, 담배, 도박, 의사의 처방전이 필요한 약품, 분유, 고당분이나 고염분 식품, 경호업체, 무기 등이다.

즉 Ofcom이 허가 교부하는 TV와 라디오 방송의 광고는 BCAP Code에 의해 다루어지고, 그 외 신문, 잡지, 브로셔, 온라인 등 다른 매체의 광고물은

CAP Code에 의해 규제된다. CAP Code는 어린이가 나오거나 어린이를 대상으로 하는 광고는 특별한 주의가 필요하다고 강조하면서 몇 가지 원칙을 밝힌다. 16세 미만을 어린이로 규정하며 어린이에게 신체적, 정신적, 도덕적 위해(harm)를 줄 수 있는 광고는 금지한다. 또한 어린이의 순진성, 충성심, 취약성, 경험의 부족을 광고에서 이용해서는 안 되며, 광고가 부모를 졸라서 구매를 독촉하도록 해서도 안 되고, 상품과 상금 등 어린이 대상 판촉물에 대해서도 엄격하게 제한한다(CAP, 2014). 대부분의 나라가 12세 또는 13세 미만 어린이 대상 광고를 규제하는 것에 비해, 영국은 16세 미만 어린이 대상 광고를 규제하는 것이 특징이다.

방송 광고는 BCAP Code에 의해 좀 더 구체적인 제한을 받고 있다. [표 8-2]는 영국 어린이 방송 광고를 규제하는 BCAP Code의 주요 내용이다. 광고에서 어린이가 혼자 다니거나 낯선 사람과 다니는 것을 보여주면 안 되고, 가격 표시와 관련하여 '단지, 약간' 등의 표현을 금지하는 등 매우 상세한 내용을 담고 있다.

CAP Code와 BCAP Code는 어린이에 대한 광고와 마케팅을 어린이 전체를 대상으로 하기도 하고 특정 연령 그룹을 대상으로 하기도 한다. 어린이는 16세 이하로 규정하며, CAP와 BCAP의 독특한 점은 연령대를 세분화하여 적합/부적합한 광고를 판단한다는 것이다. 특히 CAP 규정은 학교 안에서의 광고와 마케팅 활동에서도 매우 중요해서 학교에서 마케팅 활동을 하게 될 경우에는 연령 기준에 적합할 뿐 아니라 교육적인 가치를 얻을 수 있는 활동이어야 함을 명시하고 있다. 또 프로그램과 함께 방영되는 광고의 경우 어린이의 연령에 따라 매우 엄격하게 제한된다. 예를 들어 16세 이하 어린이를 대상으로 HFSS 제품, 의약품/비타민/건강기능보조제품 광고는 금지되어 있다. 영국의 경우 TV나 라디오 광고에 사전심의(preclearance)가 있다. BCAP 규정에 따라 방송이 되기 전에 거쳐야 하는 단계로 Clearcast는 TV 광고를 검열하는 기관이며 라디오광고검열센터(The Radio Advertising Clearance Centre)는 라디오 광고를 검열하는 기관이다(DLA Piper & UNICEF, 2016).

[표 8-2] 어린이 광고에 대한 영국의 BCAP Code

	BCAP Code
1	나이가 많은 어린이들에게는 적합하지만 좀 더 어린 아동에게는 적절하지 않은 광고들이 방송될 수 있는 시간들을 제한하고, 어린이들이 따라하면 위험한 행동을 보여주거나 독려하거나 용인하는 내용의 광고는 금지된다.
2	안전지침에 어긋나는 내용을 명시적, 묵시적으로 보여주는 광고물은 허용되지 않는다.
3	어린이가 혼자 다니거나 낯선 사람들과 다니는 것을 보여주거나 이를 부추기거나 용인해서는 안 된다. 단, 어린이에게 위험한 행동들과 관련된 위험을 가르치기 위해 그런 장면을 보여주는 광고일 경우에는 예외로 한다.
4	어린이의 건강에 위해가 될 수 있는 일들을 부추기거나 용인해서는 안 된다.
5	집단따돌림을 부추기거나 용인해서는 안 되며, 어린이를 성적으로 묘사하면 안 된다.
6	광고된 제품이나 서비스를 사용하지 않으면 어린이가 놀림받을 수 있다거나 뭔가 부족해 보이도록 묘사해서는 안 된다.
7	어린이의 경험 부족, 순진성이나 충성심을 이용해서는 안 되며, 어린이가 관심 있어할 만한 제품들의 성능을 부풀리는 등으로 제품의 기능을 오인하게 만들어서는 안 된다.
8	광고에 어린이가 등장할 수는 있으나 오인을 유발하거나 어린이의 순진성을 이용해서는 안 되는 등 각별한 주의가 요구된다.
9	부모를 졸라서 물건을 사도록 해서는 안 되며 어린이 대상으로 즉시 구매를 유도할 수 있는 내용을 포함해서는 안 된다.
10	광고에 가격을 포함하는 경우 '단지(only)' 또는 '약간(just)' 등과 같은 수식어를 사용하여 덜 비싸 보이게 해서는 안 된다.
11	TV 광고의 경우 장난감, 게임과 같은 제품은 반드시 가격을 표시하고 가격 표시가 가능하지 않을 경우 대략적인 가격을 제시해야 한다.
12	어린이 대상 판촉물의 경우 조건이나 부수적 조건을 명확히 제시해야 한다.

출처: BCAP, 2010

3) 영국의 어린이 대상 식품 광고 규제

영국은 어린이 청소년 비만 문제와 관련하여 어린이 대상 식품 광고에 대한 실질적 규제를 제일 먼저 시작한 나라 중 하나이며(Garde, Davies & Landon, 2017), 엄격한 기준을 처음으로 시작하고 최근까지 규제를 더 강화해오고 있다. 2004년 11월에 영국보건국(UK Health Department)이 비만문제 해결을 위해 정부와 식품업계가 취해야 할 원칙과 행동강령을 보고서로 발표하였고, 2006년 Ofcom은 어린이 채널과 4-15세 어린이 대상 프로그램에 등장하는 식품 광고에 대한 엄격한 기준을 제시하였다. 2007년 Ofcom은 전격적으로 어린이 대상 HFSS 품목 광고에 대한 엄격한 제한을 도입하였다(Garde et al., 2017).

2007년 개정된 CAP와 BCAP 규정들은 HFSS 품목의 광고 내용과 광고 위치에 대해 엄격하고 구체적인 제한을 가한다. 먼저, 방송 광고의 경우 16세 미만 어린이 대상 프로그램에 HFSS 품목은 광고할 수 없다. 어린이 대상이 아닌 프로그램일지라도 어린이가 많이 보는 경우 HFSS 품목은 광고할 수 없다고 명시하였다. HFSS 품목 광고는 나쁜 영양 습관이나 건강하지 않은 생활 습관을 독려해서는 안 되며, 과도한 섭취, 스낵을 식사 대용으로 하는 것, 야식을 독려해도 안 된다. 부모에게 구매를 조르게 하거나 그 제품을 갖지 못하면 열등감이나 우울감이 생긴다는 식으로 부추겨도 안 되고, 어린이들에게 인기 있는 유명인이나 캐릭터는 유치원이나 초등학생을 대상으로 하는 HFSS 제품 광고에 사용할 수 없다. 또한 유치원이나 초등생을 대상으로 HFSS 제품 광고에 판촉물을 사용하는 것은 허용되지 않고, 어린이 프로그램에 HFSS 품목의 협찬은 금지되어 있다(BCAP, 2010).

이러한 규제 변경 후 영국 어린이들은 2005년에 비해 2009년 어린이 방송 시간 동안 HFSS 품목 광고에 37% 덜 노출되었다고 한다. 4-9세 어린이는

52% 적게 노출되고, 10-15세 어린이의 경우 22% 적게 노출되었다는 Ofcom 자체 결과가 보고되었다(Ofcom, 2010). 또한 HFSS 품목 광고에서 유명 캐릭터가 등장하여 어린이의 관심을 끄는 기법도 대폭 감소하였고, HFSS 품목이 아닌 음식, 음료 광고가 2005년에는 22.5%에서 2009년에는 33%로 증가했다고 한다(Ofcom, 2010).

그러나 위와 같은 방송 광고 규제도 충분하지 않다는 시각이 제시되어왔다. 어린이 시청 시간이나 어린이 프로그램만 보는 아이들이 점점 더 적어지면서 어른들이 보는 시간에 함께 시청하거나 연령에 관계없는 프로그램을 시청하는 어린이가 많다는 것이다(Schor & Ford, 2007). 실제로 영국 리버풀 대학(University of Liverpool)과 비만건강연합(Obesity Health Alliance)이 조사한 결과에 의하면 2016년에 어린이와 어른들에게 모두 인기 있는 프로그램의 방송 광고 중 69%가 어린이 프로그램에서 광고할 수 없는 HFSS 품목이었다고 한다(Obesity Health Alliance, 2019).

또한 어린이 프로그램이 아니더라도 어린이가 많이 보는 프로그램에 대한 HFSS 광고 규제의 실효성 문제도 제기된다. 실제로 많은 어린이들이 시청하지만, 동시에 어른도 많이 보는 경우는 규제 대상이 되지 않기 때문이다(Boyland, Harrold, Kirkham & Hatford, 2014). 예를 들어 2018년 10월에 방송된 〈X-Factor〉는 4-15세 어린이 75만 명이 시청한 것으로 추산되었으나 어른들이 600만 명 시청했기 때문에 규제 대상 프로그램이 되지 못했다(Obesity Health Alliance, 2019).

2017년 기준으로 영국 어린이들이 본 TV 광고의 11%가 음식, 음료 광고이며, 그중 43%가 HFSS 품목이라고 한다(Kantar, 2019). 영국은 어린이 건강에 미치는 역기능을 감안하여 규제를 계속 강화해왔고 엄격한 기준을 방송 광고뿐만 아니라 미디어 전체로 확대해야 한다는 의견에 많은 공중이 동의하고 있는 것으로 나타났다. 2019년 영국 성인 2,078명을 대상으로 이루어진 조사에 따르면, 응답자 중 72%는 9시 이후 가족들에게 인기 있는 모든 프로그램에서 정크푸드 광고를 금지해야 한다는 데 찬성하는 것으로 나타났다(Obesity Health Alliance, 2019).

2017년 7월 영국 CAP는 HFSS 품목 광고에 대한 좀 더 엄격한 제한을 도입했다. 방송매체에만 적용되던 HFSS 품목 광고의 전격적 금지를 비방송매체인 광고게임, 모바일 어플리케이션과 소셜미디어 플랫폼으로 대폭 확장시켰다. 2018년에는 첫 번째 위반 사례로 식품을 홍보하는 광고게임을 지적하고 HFSS 품목 제한에 대한 비방송 광고매체, 특히 온라인 광고게임 등을 주목했다(WHO, 2018). 핵심은 16세 미만 어린이를 대상으로 하는 모든 미디어에 HFSS 품목을 광고할 수 없으며, 어린이 대상 프로그램이 아니더라도 어린이가 전체 시청자의 25%를 넘는 경우에는 광고가 금지된다는 내용이다. 어린이 대상 식품 광고에 대한 영국의 규제는 다른 어느 나라보다 강력하고 캐나다 등 다른 나라에서도 같은 방향으로 규제를 추진하고 있다.

9

국내 어린이 광고 규제와 심의

1. 국내 어린이 광고에 대한 타율규제

어린이 시청자 보호를 위해 어린이 대상 광고는 그 내용과 형식, 방송 시간 등의 제약을 받는다. 어린이 대상 광고에서 원칙적으로 가장 중요시되는 부분은 광고와 프로그램의 구분이다. 방송사업자는 프로그램과 광고가 혼동되지 않도록 명확히 구분해야 한다(방송법 제73조). 방송법시행령 제59조 1항에 따라 어린이 대상 프로그램의 광고 시간 및 전후 토막광고 시간에 화면 좌상단 또는 우상단에 화면 크기의 64분의 1 이상으로 '광고방송'이라는 자막을 계속해서 표기해야 한다.

[그림 9-1]은 화면 좌상단에 '광고방송'이라고 자막이 표기된 광고 영상이다. 어린이가 광고와 프로그램을 구분할 수 있도록 광고가 진행되는 동안 계속 표시하고 있다. 광고의 의미를 알고 있는 어린이들에게 일종의 단서(cue)를 제공하여 광고 인지(advertising recognition)를 돕는 목적이다. 광고 인지를 하게 되면 광고 내용을 액면 그대로 받아들이지 않고 객관적이고 비판적으로 바라본다는 연구 결과(An, Jin & Park, 2014)는 광고 표시의 필요성과 효과를 잘 보여준다.

[그림 9-2]는 어린이 대상 프로그램의 자막 고지 위반 사례로 자막이 제시되었지만 크기가 화면 크기의 64분의 1에 미치지 못한 경우이다. 우상단에 네모 박스로 표시되어 있는 '광고방송' 자막은 그 크기가 화면의 64분의 1 미만이다. '광고방송' 자막이 어린이들에게 광고 인지를 위한 단서로 작용하기 위해

[그림 9-1] 어린이 대상 프로그램의 광고인 경우, 어린이가 광고와 프로그램을 구분할 수 있도록 광고가 나오는 동안 화면 상단에 '광고방송' 자막을 계속 표시해야 한다.

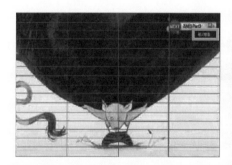

[그림 9-2] 어린이 대상 프로그램의 자막 고지 위반 사례. 광고임을 표시하는 '광고방송' 자막 크기는 가시성을 위해 화면 크기의 64분의 1 이상이 되어야 하는데 제시된 자막의 크기는 이에 미치지 못한다.

서는 눈에 잘 띄어야 함에도 불구하고 [그림 9-1]의 사례들과 비교하여 가시성이 매우 떨어진다.

[표 9-1]은 어린이 대상의 방송 광고는 방송 프로그램으로 오인될 수 있는 방식으로 제작되어서는 안 된다는 방송 광고 심의에 관한 규정이다. 특정 방송 프로그램의 주요 고정출연자가 방송 광고에 등장하여 해당 방송 프로그램과 유사한 상황을 연출해서는 안 되며, 방송 프로그램의 광고 시간에 해당 방송 프로그램에 등장하거나 언급된 주요 소품·장소 등을 광고해서도 안 된다. 이러한 일반적 원칙과 함께 어린이를 대상으로 하는 방송 프로그램에 관해서는 2호에서 별도로 규정하고 있다.

[그림 9-3]은 '뚜뚜'라는 어린이 장난감 광고가 어린이를 주 시청대상으로 하는 프로그램 〈뽀롱뽀롱 뽀로로4〉의 광고 시간에 방영된 위반 사례이다. 해당 방송 프로그램과 방송 광고를 혼동하게 하여서는 안 된다는 심의규정을 위반한 것으로 2014년 9월에 결정된 사례이다(시청자미디어재단, 2016).

[표 9-1] 어린이 대상 방송 광고와 방송 프로그램과의 구별

방송 광고 심의에 관한 규정 제6조(방송 프로그램과의 구별)
방송 광고는 방송 프로그램으로 오인될 수 있는 다음 각 호의 어느 하나에 해당하는 방식을 사용하여서는 아니 된다. 1. 특정 방송 프로그램의 주요 고정출연자가 방송 광고에 등장하여 해당 방송 프로그램과 유사한 상황을 연출하는 방식 2. 어린이를 주 시청대상으로 하는 방송 프로그램의 광고 시간 또는 전후 토막광고 시간에 해당 방송 프로그램의 진행자·인물을 등장시키거나, 어린이를 주 시청대상으로 하는 애니메이션 프로그램의 광고 시간에 해당 애니메이션의 주인공을 등장시키는 방식. 다만, 상품 등의 판매를 목적으로 하지 아니 하는 비상업적 공익광고는 예외로 한다. 3. 방송 프로그램의 광고 시간에 해당 방송 프로그램에 등장하거나 언급된 주요 소품·장소 등을 광고하는 방식 4. 그 밖에 시청자가 방송 광고를 방송 프로그램으로 오인할 수 있는 방식

〈전문개정 2014. 12. 30.〉

[그림 9-3] 방송 프로그램과의 구별 위반 사례. 방송 프로그램과 광고를 혼동할 수 있어 심의규정을 위반한 것으로 결정되었다.

또한 제품의 기능이나 사용에 대한 사실의 오인, 기만 가능성을 넘어서서 광고로 인해 어린이의 정서와 품성 및 가치관에 부정적 영향을 미칠 수 있는 모든 내용이 원칙적으로 금지되고 있다. 방송 광고 심의에 관한 규정 제23조에 따라 방송 광고가 허용되지 않는 예는 다음과 같다. ① 어린이가 상품과 관련된 상업문, 광고노래, 제품의 특징을 전달하는 표현, ② 상품의 소유가 어린이의 능력이나 행동을 변화시킬 것이라는 표현, ③ 상품을 소유하지 못했을 때 열등감을 갖게 되거나 조롱의 대상이 된다는 표현, ④ 상품을 구입하거나 부모에게 구입을 요구하도록 어린이를 자극하는 표현, ⑤ 사행심을 조장하는 표현, ⑥ 어린이를 위험한 장소에 두거나 행동을 하게 하는 표현, ⑦ 어린이의 건전한 식생활 또는 건강을 저해하는 표현 등.

2014년 가장 최근에 개정된 조항은 '방송 광고는 어린이 및 청소년의 품성과 정서, 가치관을 해치는 표현을 하여서는 아니 되며, 신체가 과도하게 노출되는 복장으로 어린이 및 청소년을 출연시키거나, 어린이 및 청소년이 지나치게 선정적인 장면을 연출하도록 하여서는 아니 된다'이다. [그림 9-4]에 나타난 위반 사례는 모바일 게임을 광고하면서 악당들에게 여성이 끌려가는 장면을 바라보며 소녀가 입을 막고 놀라는 장면, 살인, 신체 손상 등을 연상시키는 장면 등으로 지나친 공포감과 혐오감을 조성하여 어린이 및 청소년의 품성과 정서, 가치관을 해치는 표현에 해당하는 것으로 2015년 11월에 결정된 사례이다(시청자미디어재단, 2016).

또한 2014년에 신설된 조항은 '어린이 대상 방송 광고는 상품을 작동시키거나 사용하기 위하여 부속품이 필요한 경우 이러한 사실을 명확히 인식할 수 있는 방식으로 방송하여야 하며, 가격을 고지하는 때에는 상품과 부속품의 가격을 명확히 구분하여야 한다'이다. 특히 신설된 조항은 광고된 제품의 부속물이나 부가적 설명에 대한 어린이의 이해가 부족하다는 연구 결과들(Liebert, Sprafkin, Liebert & Rubinstein, 1977; Lingsweiler & Wilson, 2002)이 지적하는 점을 보완하고 있다. 성인들은 '배터리 미포함', '조립 필요'등의 의미를 쉽게 이해하지만 어린이들은 그렇지 못하다. 광고에서 움직이는 장난감을 보면 구매 후 바로 그렇게 움직일 것이라 기대한다는 것이다.

[그림 9-5]는 바람직한 해외 사례로 플레이도(Play-Doh) 키친 크리에이션 광고 동영상의 한 장면이다. 오븐, 파스타 기계, 프라이팬 등 부엌 살림살이 장난감을 어린이들이 가지고 노는 장면이 나오고 광고가 진행되는 동안 화면 하단부에 'Adult assembly required. Batteries not included'라는 부가설명이 고지되고 있다. 오븐, 파스타 기계 등을 어린이가 혼자 조립하기 힘들다는 것을 명확히 하기 위하여 어른이 조립해야 하며 배터리는 포함되어 있지 않다는 사실도 함께 전달하고 있다.

위와 같이 부가적인 설명을 제시할 때도 전달방식에 세심한 주의를 기울여야 한다. 어린이가 조립할 수 있는 장난감과 어른이 조립해야 하는 장난감을 명확히 구분하는 것처럼, 조립을 설명할 때도 '부분적 조립이 필요함(Some

본 영상은 게임 스토리를 영화로 각색한 연출된 영상입니다

[그림 9-4] 광고 표현 위반 사례로 결정된 모바일 게임 광고의 한 장면. 악당들에게 여성이 끌려가는 모습을 바라보며 소녀가 입을 막고 놀라는 장면, 살인, 신체 손상 등을 연상시키는 장면 등이 지나친 공포감과 혐오감을 조성하여 어린이 및 청소년의 품성과 정서, 가치관을 해칠 수 있다고 판단했다.

[그림 9-5] 플레이도 키친 크리에이션 광고의 한 장면. 어린이가 혼자 조립하는 것이 힘들다는 사실을 고지하기 위하여 '어른이 조립해야 함. 배터리 미포함'을 표시하였다.

assembly required)'이라는 딱딱한 표기 대신에, 어린이가 이해하기 쉽도록 '네가 붙여서 만들어야 함(You have to put it together)'이라고 전달했을 때 조립에 대한 어린이들의 이해력이 2배 높아졌다고 한다(Liebert, Sprafkin, Liebert & Rubinstein, 1977; Lingsweiler & Wilson, 2002).

또한 어린이에게 신체적, 정신적 위해를 줄 수 있는 광고도 원칙적으로 모두 금지된다. 소비자 안전에 관한 표시·광고 심사지침은 어린이 관련 상품 등에 관한 부당한 표시·광고의 예시로 안전사항을 명확하게 표기하지 않은 경우, 위험한 행동을 위험하지 않게 묘사하거나 그 위험을 축소 또는 은폐하여 광고하는 경우, 성인만이 사용할 수 있는 의약품들에 어린이에 대한 안전성 여부를 표시하지 않는 경우, 어린이 식품에 대하여 허위 정보를 표기하는 사례 등을 들고 있다. 구체적으로 장남감 광고와 관련하여 장난감을 가지고 높은 곳에서 뛰어내리거나 장난감을 때리거나 던져도 타인에게 위해가 발생하지 않는 것처럼 묘사하는 것은 부당한 광고라고 명시하고 있다.

어린이의 건전한 식생활을 도모하기 위한 특별 규제도 이루어지고 있다. 2009년 3월 시행된 어린이 식생활 안전관리 특별법은 학교 내에서 고열량·저영양 식품의 판매를 금지하고 이러한 식품 광고를 제한한다. 고열량·저영양 식품이란 식품의약품안전처장이 정한 기준보다 열량이 높고 영양가가 낮아 비만이나 영양불균형을 초래할 우려가 있는 어린이 기호식품을 말한다. 당, 지방, 나트륨 등의 성분이 일정 기준 이상 들어 있는 고열량·저영양 식품에 대하여 오후 5시부터 7시까지 공중파, 케이블, 위성 등 텔레비전 광고를 금지하고, 만화, 오락 등의 어린이를 대상으로 하는 텔레비전 프로그램의 중간광고에서도 이러한 식품의 광고를 금지하고 있다.

또 어린이 기호식품에 대한 방송 광고에는 식품이 아닌 장난감이나 그 밖에 어린이의 구매를 부추길 수 있는 물건을 무료로 제공한다는 내용이 포함되어서는 안 된다. 2013년 GS25 편의점이 한 달 가량 진행한 이벤트에서 '주먹

밥이나 햄버거를 구매할 경우 온라인 게임(컴투스 홈런왕, 리틀 레전드) 아이템 100% 무료 증정'이라는 문구가 문제가 되었다. GS25는 자사 홈페이지를 통해 이벤트에 대한 광고를 진행하였고, 보건복지부는 어린이 식생활 안전관리 특별법에 근거하여 GS25의 어린이 기호식품 무료 경품 광고에 대해 '1,000만 원 미만의 과태료와 위반 횟수에 따른 가중처벌이 부과될 수 있다'고 밝혔다. 이에 GS25는 자체적으로 해당 이벤트를 삭제 조치하였다(김창남, 2013).

그러나 어린이 식생활 안전관리 특별법은 TV 방송 광고에 한정되어 있어 규제 사각지대에 있는 온라인 광고 문제는 논란이 되어왔다(박소정, 2019). 이에 국회에서는 고열량·저영양 식품 및 고카페인 함유 식품의 광고 규제를 강화하기로 결정하였고, 현재 고열량·저영양 식품 및 고카페인 함유 식품의 광고를 제한하거나 금지하는 매체에 정보통신망, 신문 등을 추가하는 것을 주요 내용으로 하는 어린이 식생활 안전관리 특별법 일부개정 법률안이 발의되어 있는 상태이다(황인선, 2019).

또한 어린이, 청소년의 음주 폐해를 막기 위해 주류 광고에 대한 특별한 규제도 이루어지고 있다. 방송 광고 심의에 관한 규정 제43조의 2 제1항에 따르면 주류의 경우 TV에서는 오전 7시부터 22시까지 광고할 수 없다. 라디오에서는 17시부터 익일 8시까지 광고가 제한되고 8시부터 17시의 시간대라도 어린이나 청소년을 대상으로 하는 방송 프로그램 전후에는 방송 광고를 할 수 없도록 되어 있다. 주류 광고에서 광고모델이 술을 직접 마시거나, 소리를 통해 음주를 유도하는 장면을 모두 금지하고, 미성년자 등급의 방송 프로그램과 영화, 게임에서도 주류 광고가 모두 제한되는 방안이 보건복지부에서 2019년 11월 기준으로 검토 중이다(김은영, 2019).

담배 광고에 대한 엄격한 제한도 이루어지고 있다. 청소년보호법 제2조 제4호에서는 담배사업법에 따라 담배를 청소년 유해약물로 지정하고, 담배사업법 제25조의 5 제1항은 제조업자 및 수입판매업자는 담배의 포장이나 광고에 담배가 건강에 미치는 영향이나 위험을 경시하여 담배에 관한 잘못된 인식을 가지게 할 우려가 있는 용어·문구·상표·형상 또는 그 밖의 표시를 사용하여서는 아니 된다고 명시하고 있다. 또한 방송 광고 심의에 관한 규정 제43조에 따라 담배 및 흡연과 관련된 방송 광고는 금지되어 있다.

광고 심의 일반은 공정거래위원회 심의부서가 상품 및 용역에 대한 표시·광고에 있어 부당한 표시·광고를 방지하고 소비자에게 유용한 정보의 제공을 촉진한다는 목표 아래 광고 전반을 심의한다. 방송 광고에 대한 심의는 방송통신심의위원회의 광고심의소위원회를 통해 이루어진다. 이외에 보건복지부 및 식품의약품안전처는 의료, 의약, 건강기능식품, 의료기기 등 각 개별 업종에 따라 개별법을 두어 그에 따라 각 자율심의기구에 광고 심의 업무를 위탁하여 심의를 진행하고 있다.

주목할 점은 규제 사각지대에 있는 온라인 광고 콘텐츠이다. 방송법에 의해 규제되는 어린이 대상 방송 광고와는 달리, 온라인에 유통되고 있는 다양한 상업적 정보는 방송 광고 심의 규정의 적용을 받지 않는다. 유해성 정도에 따라 정보통신망법이나 청소년보호법 등의 적용이 가능할 뿐이다. 그러나 어린이 시청이 급격히 늘고 있는 유튜브 1인 방송의 경우 상업적 정보가 다양한 형식으로 포함되어 있어 이에 대한 고민과 대책이 시급해 보인다. 급성장을 보이고 있는 온라인 동영상 광고 시장은 2023년에는 약 500조 원에 달할 것으로 추산된다(한국방송광고진흥공사, 2019).

어린이 시청자가 많은 유튜브 1인 방송의 경우, 홈페이지에 나오는 비디오 디스플레이(인디스플레이) 광고, 메인 콘텐츠를 보기 전 광고 건너뛰기(skip) 버튼과 함께 나오는 인스트림 광고가 있다. 대부분 일정 시간 광고를 시청한 후에 원하는 동영상을 볼 수 있기 때문에 인스트림 광고가 진행되는 동안 남아 있는 시간이 표시되고 그 시간이 지나면 광고 건너뛰기 버튼이 나타난다.

이외에도 동영상 전후 중간에 나오는 광고, 크리에이터가 스폰서에게 제공

[그림 9-6] 유튜브의 가장 대표적인 광고 유형인 인스트림 광고와 '광고 건너뛰기' 버튼.

받은 제품을 리뷰하는 브랜디드 콘텐츠, 콘텐츠 내의 간접광고 등 다양한 상업적 정보가 유튜브를 통해 노출된다. 동영상을 보는 어린이 입장에서 무엇이 광고이고 무엇이 객관적 정보인지에 대한 구분이 더욱 어려워지고 있는 추세이다. 방송 광고에서는 어린이 프로그램의 경우 광고가 진행되는 동안 '광고 정보'라는 자막 고지가 의무화되어 있고 어린이가 주 시청자인 경우 가상광고, 간접광고가 금지되며 고열량·저영양 식품의 중간광고도 금지된다. 그러나 유튜브 동영상에서의 간접광고 등은 전혀 규제가 되고 있지 않다. 어린이들의 텔레비전 방송 시청 시간은 줄어들고 온라인 동영상 시청이 급증하고 있는 시점에서 온라인 광고로 인한 혼동, 불공정한 설득효과에 대한 사회적 논의와 대책이 필요하다.

2019년 소비자행태조사에 의하면 '온라인 동영상 광고가 강제로 나올 때 어떻게 하십니까?'라는 질문에 8%가 동영상 광고를 시청한다고 답변했고, 10%는 시선을 동영상 광고 이외의 것에 둔다고 답하였다. 나머지는 건너뛰거나 다른 행동을 한다고 답변하였다(한국방송광고진흥공사, 2019). 조사는 13세 이상을 대상으로 하였기 때문에 어린이로 규정하는 13세 미만이 어떻게 이용하고 있는지는 파악이 되지 않는다. 유튜브의 다양한 광고에 대한 어린이의 이해와 함께 이용행태에 대한 체계적 조사와 연구가 필요하다. 문제점 파악이 되지 않은 상태에서 어린이 보호를 위한 대책이나 교육 내용이 마련되기란 힘들기 때문이다.

영국의 경우 기존에는 HFSS 품목 광고에 대한 전격 금지가 방송 광고에만 적용되었으나, 이제는 온라인의 소셜네트워크, 광고게임 등으로까지 확대되어 있다. 국내에도 어린이 식생활 안전관리 특별법의 개정안이 발의 중에 있으나, 이는 식품 광고에 한정된 것이다. 온라인 어린이 유해 콘텐츠 중 상업적 정보에 대한 체계적 파악과 이에 대한 전반적 대책 마련이 시급하다. 특히 먹는 방송, 소위 '먹방'의 경우 Mukbang이라고 쓰며 고유명사처럼 여겨질 만큼 한국에서 시작된 독특한 방송 유형으로, 어린이들의 건강과 식습관에 미치는 영향력이 논란이 되어왔다. 먹방 전후, 그리고 시청 도중 노출되는 상업적 정보에 대한 고찰이 필요하다. 세계 어느 나라보다 온라인 사용이 일상화된 우리 어린이의 일상을 고려하면 규제 사각지대에 있는 온라인 광고 정보에 대한 점검은 필수적이며 시급하다.

2. 국내 어린이 광고에 대한 자율규제와 심의

광고는 헌법 제21조가 규정한 표현의 자유 보호 범위에 있다. 헌법재판소는 광고는 사상이나 지식, 정보 등을 다수인에게 전파하는 것으로 언론, 출판의 자유에 의한 보호 대상이라고 판시해왔다(헌법재판소 1998.2.27.선고 96헌바2결정; 2000.3.30.선고 97헌마108결정; 2000.3.30.선고 99헌마143결정; 2002.12.18.선고 2000헌마764결정). 그러나 방송 광고에 대한 사전심의는 2008년 한국광고자율심의기구가 위탁받아 수행한 방송 광고 사전심의가 검열에 해당한다고 위헌 결정을 내리기 전까지 이루어졌다. 2008년 이후에는 공적 규제를 통한 사전심의는 폐지되고, 한국방송협회, 한국케이블TV방송협회 등에서 자율적인 사전심의를 진행하고 있다.

이외 국내 광고 자율심의기구에는 인터넷신문위원회, 한국신문윤리위원회, 한국광고자율심의기구 등이 있다. 한국광고자율심의기구(KARB)는 광고 자율심의 및 조정, 광고로 인한 분쟁 또는 고발사항에 대한 심의 및 조정, 광고 윤리 확립을 위한 조사 및 연구, 광고 표현에 대한 상담 및 자문, 기존 광고 심의기구와 협조체제 유지 등의 사업을 실시하고 있다. 기사형 광고와 인쇄매체 광고를 분리하여 심의하고 있으며, 기사형 광고의 경우 기사와 광고 표현이 혼합되면서 오인을 유도하는 표현이나 광고 구분의 문제, 인쇄매체 광고 심의에서는 표현이나 주장의 입증 부분에서의 문제점이 주요 심의 쟁점이다(김지훈 외, 2016).

[그림 9-7] 한국광고자율심의기구의 온라인 심의 신청 안내 페이지.

　심의 결과는 기사형 광고와 인쇄매체 광고를 구분하여 제공하는데, 기사형 광고 통계를 세칙별 분류를 통해 살펴보면 2019년 기준 광고의 명시 위반이 986건, 오인 유도 표현 금지 위반이 4,018건으로 나타났다.[1] 또 인쇄매체 광고의 경우 2019년 12월 기준으로 총 146건의 광고를 대상으로 공정성·윤리성·합법성·인간의 존엄성·진실성 위반 표현이 57건, 소비자 오도 표현이 26건, 주장의 무입증 8건, 식품 광고의 소비자 오인 표현 2건, 효능효과 과신·과장 5건, 화장품 광고의 소비자 오인 표현 6건, 의약품 및 의료 광고 소비자 오도 표현 31건, 부동산 광고 소비자 오도 표현 11건 등의 위반이 있었던 것으로 나타났다.[2]

1　https://www.karb.or.kr/business/attachFile.aspx?idx=411

2　https://www.karb.or.kr/business/attachFile.aspx?idx=408

이외에도 여성가족부는 문화체육관광부, 보건복지부, 식품의약품안전처, 방송통신위원회 등 관계부처와 함께 인터넷 신문의 청소년 유해성 광고 문제를 검토해왔다. 여성가족부는 인터넷 신문의 청소년 유해성 광고에 대한 모니터링을 지속적으로 실시하여 결과를 관계부처 및 인터넷 신문업계에 공유하고, 방송통신위원회와 함께 시정 활동을 강화한다. 또 자율규제에 필요한 규약 제정 및 자율심의 방법에 대한 교육 등을 지원한다. 시민단체에서도 어린이, 청소년 대상 광고에 대한 지속적인 감시를 벌이고 있다. 예를 들면 우리아이지키기 시민연대는 카페인 음료인 박카스 광고의 부적절함을 지적하며, 광고에 유아와 여학생이 등장하고, '풀려라, 4천8백만! 풀려라, 피로!'라는 광고문구 표현이 어린이, 청소년의 카페인 복용을 부추길 수 있다고 성명서를 발표했다 (송윤세, 2012).

그러나 미국의 어린이광고심의기구(Children's Advertising Review Unit, CARU)와 같이 어린이 광고에 특화된 기구가 없다는 것은 과제로 남아 있다. 국내 어린이의 미디어 이용이 매우 활발하고 특히 유튜브와 같은 온라인 동영상 소비가 급증하고 있는 상황에서 어린이 보호 관점에서 광고의 방식, 광고 내용의 문제점을 지속적으로 모니터링하고 필요한 조치와 정책을 공론화할 수 있는 자율기구가 필요하다. 미국의 CARU와 같이 독립된 기구로 존재하거나 자율심의기구들 내에서 독립적인 부서로 존립해야 우리 어린이의 건강과 복지가 담보될 수 있으리라 생각한다.

3. 국내 인터넷 광고의 유해성과 어린이 보호

국내 인터넷 광고의 유해성은 어린이 보호 관점에서 특별히 논의가 필요한 영역이다. 클릭을 유도하고 방문자의 눈길을 끌기 위한 선정적이고 혐오스러운 내용의 광고는 우리 어린이들의 정신적, 신체적 건강을 위협하고 있다(조연하·배진아, 2012). 하주용과 김영(2011)의 분석에 의하면 미용/건강 업종 광고의 43.5%, 병원/의료 업종 광고의 28%에 선정적 표현이 포함되어 있다. 인터넷 광고의 선정성 논란은 2011년 12월 '인터넷신문광고 자율규제 가이드라인' 도입으로 연결되었다. 가이드라인은 총 8조로 구성되어 선정적 광고의 제한에 대한 유형과 규제 정도를 언급하고, 혐오광고를 정의하고 이에 대한 제제도 명시하고 있다.

2013년 2월부터 9월까지 3,764개의 인터넷 신문 유해성을 분석한 결과, 병/의원(38%), 성기능개선프로그램(18.6%), 화장품(13.1%), 성기능보조제(11.7%) 순으로 유해광고를 많이 하고 있었다. 성행위 및 성기를 표현하는 내용이 전체 광고의 73.2%에서 나타났고, 이외에 신체를 노출한 사진이나 성적 욕구를 자극하는 문구들이 빈번하게 등장하였다(여성가족부, 2013). 더군다나 여성가족부의 2015년 모니터링 결과에 따르면 청소년 유해성 광고물이 2013년에 비해 약 2배가량 증가한 것으로 나타났다(전혁수, 2017).

2016년 한국인터넷광고재단의 조사에 따르면 청소년의 94.5%가 인터넷을 이용하는 과정에서 선정적인 광고를 접하고 있다고 한다(김예나, 2016). 청

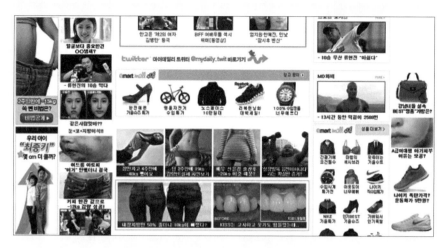

[그림 9-8] 미용/건강, 병원/의료 업종 광고로 넘치는 전형적인 인터넷 배너 광고들.

소년 5명 중 1명은 인터넷을 통해 성인용 영상물을 접한 것으로 조사되었다 (안승진, 2019). 또한 청소년 10명 중 8명은 SNS를 통해 폭력적이고 선정적인 콘텐츠를 접해본 경험이 있으며, 노출된 광고의 경우 선정적 콘텐츠가 전체의 77%, 허위·과장 광고가 전체의 72%로 나타났다(한국인터넷광고재단, 2016). 인 터넷 광고의 선정성은 자기 통제력이 부족한 어린이, 청소년들에게 성적 충동 에 의한 비행을 유도하는 등 사회적 문제도 야기한다(박종호, 2013).

어린이 보호 차원에서 또 다른 심각한 문제는 기사형 광고이다(안순태, 2014). 국내 8개 인터넷 신문사 광고를 분석한 결과(이재진, 2012)에 따르면, 전 체 화면에 기사보다 광고가 차지하는 양이 훨씬 더 많았고, 특히 광고 게재 시 '정보, 이슈, 뉴스' 등과 같은 용어가 혼용되고 있었다. 국내 20개 인터넷 신문 광고를 분석한 연구(안순태, 2013)에서도 광고임을 알려주는 광고 표식이 부재 한 경우가 전체의 67%로 나타났다. 광고라는 표시가 제시된 경우라도 '기업비즈, 클릭뉴스애드, 애드세계' 등과 같이 애매한 표현들이 빈번히 등장하고 있었다. 특히 한 줄짜리 광고 문구를 클릭한 후 새로 보이는 화면에는 '기사입력 날짜, 작성자이름' 등 기사 형식으로 둔갑한 광고들이 많이 발견되었다(안순태, 2013). [표 9-2]는 광고 단서에 대한 분석 결과이다. 총 662개의 텍스트 광고 중 광고라는 단서가 암시된 경우는 215건(32.4%)에 불과했다. 또한 광고 단서로 분류된 대부분의 표현들은 짧고 축약적인 용어들의 조합으로 이루어져 있어, 이에 대한 어린이의 이해는 쉽지 않을 것으로 생각된다(안순태, 2013).

위와 같은 기사형 광고의 형식적 문제는 내용의 심각성을 가중시키고 있었다. 광고의 대부분이 건강과 관련된 제품이나 의료 서비스 업종으로, 미용/건강 분야(30.1%), 병원/의료/제약(22.1%)으로 분석되었다. 미용/건강 관련 199개의 광고주 가운데 체중관리식품이(35.7%) 가장 많았고, 건강보조식품/금연과 성인보조식품/성인용품(25.6%), 화장품/향수(5.5%), 미용/관리(4.5%), 구강용품(2.5%), 다이어트 프로그램(0.5%) 순으로 보고되었다. 병원/의료/제약 관련 146개의 광고주 중 성형외과(23.3%), 비뇨기과(21.2%)가 가장 많았고, 다음으로 치과(12.3%), 건강기능식품(11.6%), 산부인과(6.8%), 안과(6.8%), 피부과(6.2%), 기타 병원(1.4%), 의료기기(0.7%) 순으로 나타났다. 즉 체중관리식품과 성형외과 광고가 가장 많이 등장했고, 특정 다이어트 제품과 성형수술 광고를 어린이들이 객관적인 정보로 받아들일 수 있다는 위험성이 지적되었다(안순태, 2013).

또한 신문사닷컴인 온라인 신문과 비교해서, 인터넷 광고 수익에 대부분을 의지하는 인터넷 신문의 경우 광고라고 알려주는 광고 단서를 덜 사용하고, 오히려 기사 가장 단서를 더 많이 사용하는 것으로 나타났다(안순태, 2013). 또한 기사 바로 밑이나 본문 중간 위치에 광고 단서가 덜 사용되거나 기사 가장 단서가 더 많이 활용되고 있는 관행이 심각한 문제로 지적되었다. 기사 바로 밑과 본문의 중앙은 기사와 광고의 구분이 가장 모호한 곳이기 때문이다.

[표 9-2] 국내 인터넷신문 텍스트 광고의 광고 단서

단서 명칭	빈도(%)
ad광고 혹은 ad	117(17.7%)
기업비즈/비즈링크	30(4.5%)
ad plus	28(4.2%)
스폰서 혹은 스폰서링크	16(2.4%)
클릭뉴스애드	8(1.2%)
비즈파트너	8(1.2%)
애드세계	5(.8%)
인기쇼핑뉴스	2(.3%)
브랜드링크	1(.2%)
소계	215(32.4%)
단서 없음	132(19.9%)
기사 가장 단서	315(47.6%)
화면 오류로 인한 결측값	1(.1%)
합계	662(100%)

출처: 안순태, 2013

[표 9-3]은 기사 가장 단서 분석 결과이다. 특히 본문의 중앙에 위치한 광고들의 경우 절반 이상의 광고가 기사 가장 단서를 담고 있어 기사와의 혼동을 가중시키고 있었다(안순태, 2013). 기사로 혼동시킬 우려가 있는 단서를 제공하는 경우는 315건(47.6%)이나 되었다. 광고 내용 앞에 제시된 용어들로, '속보'라고 표시된 경우가 27개(4.1%)였고, '주요 뉴스/기사'로 표시된 경우가 18개(2.7%), '요즘 뜨는 생활방식/정보'로 표시된 경우가 19개(2.9%) 등이었다.

[표 9-3] 국내 인터넷신문 텍스트 광고의 기사 가장 단서

단서 명칭	빈도(%)	단서 명칭	빈도(%)
프리미엄 링크	28(4.2%)	관련 기사	6(.9%)
속보	27(4.1%)	화제	4(.6%)
가장 많이 본 정보	27(4.1%)	네티즌 추천	3(.5%)
요즘 뜨는 생활방식/정보	19(2.9%)	보도자료	3(.5%)
주요 뉴스/기사	18(2.7%)	유용한 정보	3(.5%)
투데이 핫인포/핫트렌드	17(2.6%)	건강	2(.3%)
내가 본 정보	16(2.4%)	정보	2(.3%)
투데이 정보/인포	16(2.4%)	투데이 최신뉴스	2(.3%)
프리미엄클릭/베스트클릭	16(2.4%)	핫뉴스	2(.3%)
오늘의 인기 정보	15(2.3%)	고객프리미엄	1(.2%)
프리미엄 정보	15(2.3%)	분야별 최신뉴스	1(.2%)
생생정보통	14(2.1%)	지금 많이 본 뉴스	1(.2%)
실시간 핫이슈/이 시간 주요 이슈	14(2.1%)	투데이 포커스	1(.2%)
이슈	12(1.8%)	특종	1(.2%)
특종 놀라운 정보	11(1.7%)	포토뉴스	1(.2%)
이 시각 최다클릭 정보	8(1.2%)	의학	1(.2%)
투데이 링크	8(1.2%)		
소계		315(47.6%)	
단서 없음		132(19.9%)	
광고 단서 제시		215(32.4%)	
화면 오류로 인한 결측값		1(.1%)	
합계		662(100%)	

출처: 안순태, 2013

기사형 광고의 오인성은 성인에게도 큰 것으로 밝혀졌다(김병철 외, 2012; 이현숙·김병철·김정순, 2012). 미국 성인을 대상으로 한 네이티브 광고 연구(An, Kerr & Jin, 2019)는 실험에 참가한 대다수 성인이 기사처럼 보이는 네이티브 광고를 광고로 인지하지 못한다는 것을 보여주었다. 광고라는 단서도 없고, 오히려 기사로 가장하는 단서로 무장한 기사형 광고들이 어린이들에게 어떻게 인식되고, 어떠한 파급효과를 가져올 지에 대해서 체계적으로 검토하고 대책을 마련해야 한다.

실제로 기사형 광고에 대한 국내 어린이의 이해는 매우 낮은 것으로 나타났다(안순태, 2014). 초등학교 2-5학년을 대상으로 기사형 광고를 보여주고 질문했을 때, '광고가 아니다'라고 답한 어린이가 거의 60%였다. 같은 연구에서 배너 광고를 보여주었을 때는 거의 모든(92%) 어린이가 광고라고 답변한 것과 대조되는 결과이다. 기사형 광고를 광고로 인지하지 못한 어린이들 중 대부분은 해당 광고를 기사, 뉴스, 신문, 정보 등이라고 답변했다. 상업적 정보인 광고와 객관적 정보인 뉴스를 혼동하고 있다는 결과이다. 기사형 광고의 형식적, 내용적 문제가 어린이의 혼동을 가중시키고 있는 것으로 생각된다.

중요한 것은 학년 수준에 따라 광고에 대한 이해도에 차이가 나타났다는 점이다. 2학년의 경우 기사형 광고를 광고라고 답변한 어린이는 37%였으나, 5학년의 경우 52%가 기사형 광고를 광고라고 알아차렸다. 무엇보다 광고 표식의 효과가 통계적으로 유의미하게 나타났다. 광고 표식이 제시된 기사형 광고를 본 어린이들의 경우 48%가 광고라고 답변했음에 비해, 광고 표식이 없는 기사형 광고를 본 어린이들은 37%만이 광고라고 응답했다(안순태, 2014). 연구 결과는 기사형 광고에 대한 전반적으로 낮은 이해도, 특히 저학년 어린이들의 미흡한 이해도를 증진시킬 수 있는 기제가 필요함을 보여주며, 광고 표식의 중요성을 나타낸다.

인터넷 광고의 유해성을 규제하기 위한 관련 법령은 '신문 등의 진흥에 관한 법률, 표시 광고의 공정화에 관한 법률, 청소년보호법, 정보통신망 이용촉진 및 정보보호 등에 관한 법률, 방송통신위원회 설치 및 운영에 관한 법률' 등이다. 예를 들어 표시 광고의 공정화에 관한 법률에서는 거짓이나 과장 혹은 비방 광고 등 거래질서와 관계된 행위를 금지하고 있고, 신문 등의 진흥에 관한 법률에서는 각각 독자의 권리 보호와 인터넷 신문사업자의 의무를 열거하고 있다(한국인터넷광고재단, 2016).

이러한 법적 규제뿐만 아니라 유관 기관들을 통한 인터넷 광고 규제 및 모니터링이 이루어지고 있다. 인터넷신문위원회는 인터넷 신문 자율심의기구로 인터넷신문위원회 내 인터넷신문광고심의분과위원회가 인터넷 신문 광고에 대한 심의 업무를 담당한다. 한국인터넷자율정책기구는 음란성, 개인정보, 저작권 침해, 명예훼손 등에 대한 가이드라인을 제공하고 있다. 한국인터넷광고재단은 인터넷 광고 시장에서 소비자와 중소사업자를 보호하기 위한 활동을 진행하고 있다(한국인터넷광고재단, 2016). 그러나 어린이를 대상으로 하는 광고에 특성화된 자율규제기관은 아직 존재하지 않는다.

기사형 광고, 선정적인 인터넷 광고가 어린이에게 끼치는 문제점을 직시하고 법률에 근거한 공적 규제와 더불어 업계와 미디어의 주도로 자율규제가 이루어져야 한다. 기사형 광고의 경우 한국광고자율심의기구가 따로 심의하고 있지만 어린이를 대상으로 기준을 설정하고 문제점을 살펴보지는 않는다. 성인에게도 혼동을 주는 기사형 광고는 어린이 소비자를 대상으로는 좀 더 엄격한 기준을 설정하여 모니터링과 심의가 이루어져야 한다. 특히 대부분의 기사형 광고가 어린이의 신체적, 정신적 건강에 영향을 주는 품목들로 이루어져 있기 때문에 어린이의 건강과 복지를 위한 별도의 기준 마련과 논의가 절실하다.

10

디지털 미디어 리터러시와
어린이 교육

1. 국내 어린이 보호와 디지털 미디어 리터러시

1) 국내 어린이 소비자 보호와 교육

어린이가 정확하고 안전한 광고 정보를 제공받는 것은 기본적인 권리이다. 국내 소비자는 소비자기본법을 통해 그 권리가 보장되고 어린이 소비자의 취약성을 감안하여 특별한 기준이 제시되어 있다. 소비자기본법 제21조에는 어린이 위해방지를 위한 연령별 안전기준의 작성을, 제45조에는 어린이를 포함한 취약계층에 대한 우선적인 보호시책을 강구하도록 지시한다. 특히 사업자가 물품 등을 판매, 광고하는 경우에 취약계층에게 위해가 발생하지 않도록 예방조치를 취하여야 한다고 명시하고 있다.

즉 광고 정보는 어린이에게 어떻게 받아들여질지 감안하여 표현과 설명이 제시되어야 한다. 이는 방송 광고 심의에 관한 규정 23조 6항에 어린이 보호를 위해 금지되어 있는 '어린이를 위험한 장소에 있게 하거나 위험한 행동을 취하게 하는 표현' 등과 관련이 있다. 또한 위해(harm)라 함은 신체적 위험에만 한정되는 것이 아닌 정신적 위험이 될 수 있는 표현과 설명에도 해당될 수 있다. 특히 광고가 어린이의 구매행동뿐만 아니라 가치관, 생활습관 등에 미치는 영향에 비추어 위해가 발생하지 않도록 선제적인 예방조치를 취하는 것이 어린이 보호를 위한 기본 원칙이다.

한국소비자원에서는 어린이 위해정보 예방 및 제보를 위한 어린이안전넷

[그림 10-1] 한국소비자원에서는 어린이 위해정보 예방 및 제보를 위해 운영하는 어린이안전넷(isafe. go.kr) 웹사이트.

(isafe.go.kr)을 운영하고 있다([그림 10-1]). 인터넷을 통해 여러 가지 위해정보 유형 및 예방 요령에 대한 정보를 제공하고 위해정보 사례를 직접 접수받아 어린이 안전을 위협하는 위해, 위험 요소들을 심의하고 있다. 어린이 소비자교육을 위해서는 연구학교 운영을 통해 지원하고 있다. 1997년부터 총 55개의 소비자교육 연구학교(시범·선도)가 운영되었으며 각 학교의 총 운영기간은 2년이다. 연구학교는 시도교육청에서 지정하며 한국 소비자원에서 운영하는 형태이다.[1] 2020년 2월 기준으로 가수원중(대전), 대전도솔초(대전), 한결초(세종), 진천금구초(충북), 총 4개 학교에서 2021년 2월을 기한으로 연구학교를 운영 중

1   https://www.kca.go.kr/home/sub.do?menukey=4074

이다. 소비자교육 연구학교에서는 소비자교육 방법을 연구하고 교육자료를 개발 및 활용함으로써 학생들이 합리적인 소비생활을 습득하고 미래의 경제 주체로서 바람직한 역할수행을 할 수 있도록 한다.[2]

2) 국내 디지털 미디어 리터러시 교육

국내에서 디지털 미디어 리터러시는 교육과정에 구체적으로 들어가 있지 않고, 이를 의무화한 법률도 없다. 국가정보화 기본법, 방송통신발전 기본법, 문화예술교육 지원법이 미디어 교육에 대해 부분적으로 규정하고 있을 뿐이다(김여라, 2019). 디지털 미디어 리터러시는 디지털 시대 미디어를 사용하기 위해 필요한 지식, 기술, 그리고 능력을 통칭한다(안정임·김양은·전경란·최진호, 2019, p.55). 광고 리터러시를 포함하는 디지털 미디어 리터러시는 학교 교과과정에 포함되어야 한다. 호주, 캐나다, 유럽 등에서 이미 미디어 리터러시가 교과과정에 포함되어 있는 것에 비해 국내 미디어 리터러시 교육은 뒤처져 있는 상황이다.

2015년 개정된 교육과정의 핵심 역량 중 지식 정보 처리 역량은 미디어 리터러시와 관련이 있는 부분이다. 지식 정보 처리 역량은 어린이가 수동적 이용자에서 벗어나 정보의 능동적인 주체로서 자리잡기 위해 필수적인 자질이다. 미디어, 특히 인터넷에서 쉽게 찾을 수 있는 거짓되거나 편향된 정보, 출처를 알 수 없는 정보, 상업적 정보 가운데에서 원하는 정보를 찾고 이를 처리할 수 있는 능력을 배양해야 한다. 구체적으로 미디어 리터러시 역량이 핵심 역량의

---

2   소비자교육 연구학교 운영 현황: https://www.kca.go.kr/home/sub.do?menukey=4076

하나로서 따로 포함되어야 한다는 논의도 있었다(윤근혁, 2020). 2019년 교육부 정책연구보고서(강진숙 외, 2019)는 미디어 리터러시 역량의 구성요소로 지식, 비평, 의사소통, 접근/활용, 구성/제작, 참여 등 6가지를 제시한다. 이와 관련하여 디지털 미디어 리터러시를 위한 학교 교과과정과 교재 개발 등이 필요하다(김여라, 2019).

무엇보다 광고를 객관적 정보와 구분하여 이해하고 활용하는 것은 검색이 일상화된 미디어 환경에서 우리 어린이들에게 각별히 지도해야 할 역량이다. 인터넷 정보 검색을 통해 쉽게 마주치는 정보들은 대부분 상업적 정보이기 때문이다. 포털 사이트 검색 결과 첫 페이지에는 광고주 사이트가 바로 나온다. 이런 결과는 정보를 검색하는 어린이를 오인, 또는 혼동시킬 우려가 높다. 어린이들이 많은 시간을 보내는 유튜브 경우에는 영상 전후, 중간에 상업적 광고가 삽입되며, 영상 콘텐츠 또한 간접광고 형식의 브랜디드 콘텐츠로 가득 차 있다. 어린이들이 다양한 광고 콘텐츠를 어떻게 이해하고 반응하는지에 대한 점검을 통해 교육과정이 수립되어야 한다. 일반적인 미디어 리터러시에서 광고 리터러시를 분리하여 특화시켜야 하는 이유이다.

어린이의 상업적 정보에 대한 분별력은 온라인 환경뿐만 아니라 TV의 간접광고에서도 문제가 된다. 지상파와 종편에서 전달하는 다양한 정보가 협찬, 간접광고의 형태로 어린이에게 혼동을 줄 수 있기 때문이다. 최근 종편을 통해 전달되는 편향된 건강정보가 동시간대 홈쇼핑에서 판매하는 건강기능식품의 간접광고가 되는 현상에 소비자 불만이 증폭되어왔다.[3] 이는 어린이 보호 차원에서도 중요한 문제이다. 일반 성인에게도 건강기능식품의 홈쇼핑 연계방송은

---

3 "믿고 샀는데"… 종편·홈쇼핑 연계방송에 소비자 '분통' (매일경제, 2018. 8.1) https://www.mk.co.kr/news/economy/view/2018/08/482660/

건강정보의 이해와 활용에 혼란을 준다. 어린이들이 이런 간접광고를 어떻게 이해하고 영향을 받는지에 대한 체계적 검토가 필요하며, 분별력과 활용능력을 키우기 위한 광고 리터러시 교육이 필수적이다.

지금까지 상업적 정보가 객관적 정보와 혼합되어 어린이에게 주는 혼란과 위해는 미디어 리터러시 논의 속에서 간과되어 온 부분이다. 광고는 어린이의 행동뿐만 아니라 가치관, 생활습관, 편견과 고정관념 형성에 막대한 영향을 미친다. 범람하는 상업적 정보 속에서 분별력 있고 주체적으로 정보를 처리하고 활용할 수 있는 능력에 대한 교육이 필요하다. 지식 정보 처리 역량이라는 큰 틀에서 접근할 때 간과하기 쉬운 부분이기 때문에 광고 리터러시라는 명확하고 구체적인 교육 목표가 별도로 설정되어야 한다.

안정임 등(2017)은 일반인과 전문가를 대상으로 미디어 리터러시 관련 이슈들에 대한 쟁점을 조사하였다. 교육의 필요성은 미디어 관련 전문가들이 보는 미디어 리터러시와 관련된 가장 중요한 이슈 중 하나였다. 특히 학교에서 미디어 교육의 의무화, 생애주기별 미디어 교육 시행, 미디어 교육법 제정 등이 주요 쟁점으로 제기되었다. 즉, 전문가들은 학교에서 시작되는 미디어 교육 정책과 더불어 이를 뒷받침하기 위한 법적, 제도적 체계를 갖추어야 할 필요성을 제시하였다. 다시 말해, 어린이의 디지털 미디어 리터러시 증진을 위해서는 학교에서의 교육 의무화와 함께 이를 지원하기 위한 정책, 그리고 미디어 리터러시 교육법 및 법령적 차원에서의 적절한 규제가 상호연계적으로 이루어져야 한다(안정임 외, 2017).

무엇보다 교육 시스템을 활용한 리터러시 교육의 효율성과 효과를 감안하여 커리큘럼 개발이 이루어져야 한다. 특히 상업적 정보의 범람 속에서 어린이 보호를 위한 광고 리터러시 교육에 대한 구체적이고 실용적인 커리큘럼 개발이 필요하다. 광고활용교육의 효과를 통해 밝혀진 것처럼(이희복, 2012; 한규훈·김지은, 2016) 어린이에게 광고를 활용한 교육은 광고 리터러시 증진뿐만 아니라 다른 교과과정을 위해서도 관여도와 흥미를 높일 수 있는 유용한 접근 방법이다. 광고 리터러시 교육의 필요성에 대한 사회적 공론화가 필요하다.

한국언론진흥재단은 학교 미디어 교육 활성화를 위해 다양한 미디어 교육 프로그램을 지원하고 있다.[4] 미디어 교육 운영학교 프로그램은 미디어 교육 강사 지원을 통한 미디어 리터러시 수업 활성화를 위한 사업으로, 미디어 교육 강사를 각 학교에 파견하여 미디어 리터러시 수업을 실시하고 수업용 신문을 지원한다. 또한 교사들의 미디어 교육 교수능력 향상을 위해 온라인/오프라인 교사연수도 실시한다.[5] 청소년이나 어린이들을 위한 신문사 미디어 교육 프로그램을 지원하기도 한다. 그리고 어린이들이 자주 보는 유튜브 방송을 골라 장단점을 살펴보고 좋은 유튜브 방송의 기준을 어린이들이 스스로 세워보는 등 미디어에 대한 비판적인 시각을 갖추기 위한 활동도 하고 있다.[6]

이처럼 다양한 미디어 교육 프로그램을 제공하고 있지만 대부분 뉴스 미디어 중심의 미디어 리터러시 교육에 초점을 두고[7] 신문 기사에 대한 미디어 리터러시에 집중한다. 미디어 리터러시의 한 축을 차지하는 광고 리터러시의 경우에는 구체적이고 개별적인 프로그램을 따로 운영하거나 많은 지원을 하지는 않는다. 어린이들이 인터넷의 정보 검색을 통해 가장 빈번히 마주치는 상업적 정보를 어떻게 이해하고 활용하고 있는지에 대한 체계적 검토를 통해 광고 리터러시를 증진시킬 수 있는 구체적인 교육 프로그램의 개발이 필요하다.

4　https://www.forme.or.kr/sub.cs?m=19

5　https://www.forme.or.kr/board/B0006.cs?searchKeyword=&searchEndDt=&searchCondition=
　　&m=37&searchStartDt=&pageUnit=15&pageIndex=1

6　https://brunch.co.kr/@kpf10/579

7　https://www.forme.or.kr/sub.cs?m=15

[그림 10-2] 한국언론진흥재단에서 운영하는 학교 미디어 교육사업 웹사이트.

2017년 정부 차원에서도 100대 국정과제 중 하나로 미디어의 건강한 발전을 위한 미디어 교육 종합추진계획 수립 등 전 국민 맞춤형 미디어 교육의 실시를 제시하였다. 방송통신위원회에서는 2019년도 정책 추진 방향에서 어린이나 노인 등 정보취약계층의 비판적인 미디어 이해를 돕기 위해 미디어 활용능력 강화 및 미디어 창의인재 양성을 공약하기도 하였다(방송통신위원회, 2019).

그러나 선진국에는 이미 도입되어 있는 디지털 미디어 리터러시 교육이 아직 교과과정에 구체적으로 포함되어 있지 않은 점, 상업적 정보의 범람 속에서 광고 리터러시에 대한 구체적 논의가 활발하지 않은 점은 시급히 개선되어야 할 사안이다. 미디어 교육 관련 정책 영역과 정부 행정부처들이 복잡하게 편제되어 있는 점도 장기적인 목표를 가지고 일관된 미디어 리터러시 교육을 시행하기 어렵게 만드는 요소이다(강진숙 외, 2019). 미디어 교육 활성화를 위한 법제화 역시 촉구된다(김여라, 2019). 현재는 인터넷 중독 예방 및 해소를 위해 필요한 교육을 국가정보화 기본법에서 명시하고 있는 정도이다. 광고 리터러시의 부족으로 야기될 수 있는 위해와 역기능에 대한 사회적 논의와 관심이 시급하다.

2. 해외의 디지털 미디어 리터러시 교육

오늘날 미디어 리터러시는 비판적 사고와 기술 습득을 위한 핵심적 역량이다. 미디어 리터러시 교육을 통해 정보의 이해와 활용 그리고 비판적인 시각을 갖출 수 있다(Hobbs & Frost, 2003). 호브와 프로스트(Hobbs & Frost, 2003)는 미디어 리터러시 교육 모듈을 11학년의 언어 예술 교과과정에 포함시켜 학생들의 미디어 메시지 이해도, 쓰기, 비판적 사고 기술에 미치는 효과를 살펴보았다. 참여한 학생들은 참여하지 않은 학생에 비하여 학업 성취도가 높아졌고, 글의 주제를 찾거나 흥미를 높이기 위한 작가의 전략을 파악하는 데 있어 훨씬 나은 성과를 보였다. 특히 다양한 미디어에서 나타나는 정보 가치를 이해하고 그 관점을 구별해낼 수 있게 되었다. 캐나다, 영국, 프랑스는 이러한 미디어 리터러시의 중요성을 인지하고 미디어 리터러시 교육을 학교 교과과정에 포함시켜온 대표적인 나라들이다.

1) 캐나다

캐나다의 미디어 리터러시 교육은 '미디어는 메시지다(Medium is the message)'로 잘 알려진 캐나다 미디어 학자 마셜 맥루한(Marshall McLuhan)의 철학에서 큰 영향을 받았다. 맥루한은 메시지가 전달되는 방식이 그 내용만큼

[그림 10-3] 캐나다 미디어스마트 웹사이트. 비영리 기관인 미디어스마트(MediaSmarts)는 캐나다 유치원부터 12학년까지의 디지털 리터러시 교육을 담당한다.

중요하다고 지적하면서 각 매체는 저마다의 기술적 원칙을 통해 독특한 방식으로 메시지를 만들어낸다고 설명한다(Mcluhan & Fiore, 1967). 캐나다에서는 1978년 미디어리터러시협회의 설립과 함께 본격적인 미디어 교육이 시작되었다. 1987년에 온타리오 교육부가 처음으로 초, 중등 학교의 영어 교과목의 일부로 미디어 리터러시 교육을 의무화하였다.

비영리 기관인 미디어스마트(MediaSmarts)는 캐나다 유치원부터 12학년까지의 디지털 리터러시 교육을 담당한다. K–12 대상 디지털 미디어 리터러시 교육, 미디어 이용에 대한 공중 인식 제고, 어린이의 미디어 이용 관련 연구 및 정책 개발 등의 활동을 하고 있다.[8]

미디어스마트가 제시하는 디지털 리터러시 주요 개념은 다음과 같다. ① 미디어는 미디어를 만드는 사람의 관점이 반영되어 있고, ② 미디어의 청중들은 미디어를 통해 얻은 의미를 개인의 관점에 따라 다르게 이해한다. ③ 미

---

8 https://mediasmarts.ca/about-us

디어는 상업적인 의도를 가지고, ④ 미디어는 사회적, 정치적 의도를 가지며, ⑤ 각각의 미디어는 특수한 형태를 가진다. 이는 맥루한의 미디어에 대한 철학과 원칙에 부합하며 각 미디어의 특징, 정보 사용자의 주체적인 역할을 강조하고 있다.[9]

미디어스마트는 학교에서 교사들이 교육과정과 연계하여 활용할 수 있도록 수업 계획안을 온라인에 제공한다. 또한 캐나다 각 주의 학교 교육과정이 디지털 리터러시를 반영하고 있는 방법을 분석하여 자료로 공유한다. 학교 교육과정과 관련해 사용할 수 있는 실제 수업 계획안을 학년별, 주제별로 제공하는 것에서 나아가 학습을 통한 기대 결과를 구체적으로 제시하여 수업에서 활용할 수 있도록 지원한다. 각 교과별로 알맞은 방법으로 디지털 리터러시 및 미디어 리터러시를 다루는데, 영어 교과의 경우에는 비판적 시각을 통한 미디어 리터러시 향상을 위해 디지털 미디어의 의미와 이것이 학생들의 삶에 어떤 영향을 미치는지 살펴보도록 하며, 미디어 연구 교육과정도 이에 포함된다. 수학의 경우에는 확률 및 문제 해결의 개념, 과학에서는 정보 탐구 및 비판적 사고의 과정, 사회의 경우 미디어 활용에 대한 비판적 사고를 해보는 것과 같은 방법이 적용되고 있다(노은희 외, 2018).

구체적으로 광고 리터러시와 관련하여 'Marketing and Consumerism – Overview', 'Advertising: It's Everywhere', 'How Marketers Target Kids' 등 구체적이고 다양한 영역에 대한 교육 프로그램을 제공하고 있다. [그림 10-4]는 'Advertising: It's Everywhere' 페이지에 정리되어 있는 정보이다.

[그림 10-5]는 구체적으로 광고게임에 대한 교육 프로그램인 Co-Co's

---

[9] https://mediasmarts.ca/digital-media-literacy/general-information/digital-media-literacy-fundamentals/digital-literacy-fundamentals

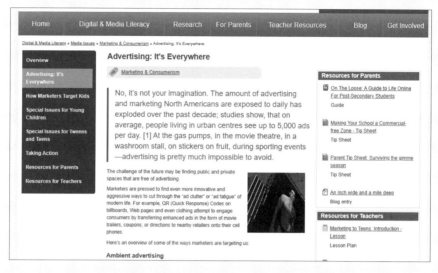

[그림 10-4] 캐나다 미디어스마트가 제공하는 다양한 광고 리터러시 교육 영역

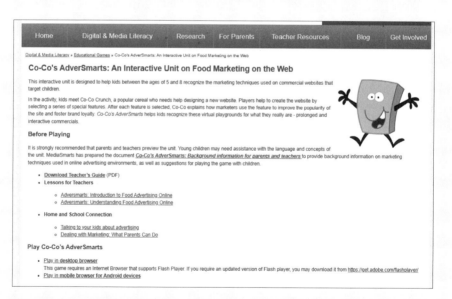

[그림 10-5] 캐나다 광고게임 교육 프로그램 "Co-Co's AdverSmarts"

AdverSmart 게임이다. 게임의 형식을 통해 광고게임의 목적, 설득방식, 대응 방식 등을 교육하는 내용을 담고 있다. 학부모와 교사를 위한 가이드를 제공하여 학교와 가정에서 광고 리터러시 교육이 실행될 수 있도록 지원하고 있다.

2) 영국

영국은 미디어 리터러시 교육 발전의 선두 주자로 인정받는 국가로, 1980년대 학교 교육에 미디어 리터러시가 의무화되었다. 모국어인 영어 교육과 연계하여 영어 과목에 포함되며 1년에 약 6주 정도 실시한다. 교육의 주체는 Ofcom, 디지털문화미디어스포츠부서(Department of Digital, Culture, Media & Sports), 교육부(Department of Education) 등이며 이외 다양한 산하 기관들이 협력하여 관련 프로그램을 진행한다(김여라, 2019). 영국은 2014년 초, 중등학교에서 코딩 교육을 의무화한 최초의 국가로, 2014년 국가교육과정 개정에 근거해 초, 중등학교의 의무교육과정 중 하나로 '컴퓨터 활용' 교과를 포함하였다. 이 교과에서 온라인 예절과 안전에 관한 내용을 교육하며 학년에 따라 단계별로 사이버윤리와 관련된 학습 내용이 주어진다.

구체적으로 영국의 미디어 리터러시 교육은 만 11-14세 때 모국어인 영어 과목에 포함하여 실시하며, 중학교 졸업시험(만 14-16세)과 대학 입학시험(만 16-18세) 때 선택 가능한 독립교과목으로 '미디어연구(Media Studies)'를 운영한다. 영어와 미디어센터(English & Media Center)는 독립적인 교육단체로, 중등 및 고등 교육기관의 교사와 학생들의 영어와 미디어 학습을 돕는 기관이다([그림 10-6]). 교사와 자원봉사자가 긴밀히 협조하여 교실 내 교육을 담당하며 분기별로 이매거진(emagazine)과 미디어매거진(MediaMagazine)을 통해 상급학교 시험을 치르는 영국 고등학생들에게 관련 정보를 제공한다. 그 외에도

[그림 10-6] 영국의 영어와 미디어센터 웹사이트. 영어와 미디어센터는 독립적인 교육단체로 중등 및 고등 교육기관의 교사와 학생들의 영어와 미디어 학습을 돕는 기관이다.

단체 사업과 관련된 컨설팅 및 영어와 미디어 교육에 대해 전문가가 기여할 수 있도록 돕고, 이를 통해 언어, 문학, 미디어에 대해 실용적이며 혁신적인 접근을 하는 것을 목표로 한다.

미디어 리터러시 교과목의 구체적인 명칭은 중등교육 자격검정시험 미디어연구(GCSE media studies)로 미디어를 분석적으로 바라보고 비판적 시각을 가지도록 하며, 주요 미디어 이슈에 대해 지식을 얻고, 역사적, 사회적 맥락에서 미디어를 이해할 수 있도록 한다. 또 이론적인 이해와 실용적인 이해를 동시에 추구하며, 창조적인 미디어 생산자로서의 역할을 할 수 있는 기술도 길러준다. 이 과목에서 가르치는 이론적 프레임워크는 미디어 언어, 미디어의 대표성, 미디어 산업, 청중으로 나뉜다. 미디어 언어에서는 미디어가 갖는 특정한 형식, 전통 등을 이해하고, 또 미디어가 공중을 어떻게 타깃으로 정하고 접근하는지, 공중은 미디어를 어떻게 해석하고 반응하는지에 대하여 배운다. 다양한 미디어의 형식에 대해서도 배우는데, 광고 역시 이 과목에서 배우는 주요한 미디어 형식이다(Department for Education, 2016).

영국에서 미디어 리터러시 교육은 법으로 의무화되어 있다. Ofcom은 커뮤니케이션법(Communication Act 2003) 제11조에 따라 미디어 리터러시를 촉진시킬 의무가 있고, 관련 연구를 수행해야 한다고 제14조에 명시되어 있다. Ofcom은 미디어 리터러시를 '미디어와 커뮤니케이션을 다양한 맥락에서 이용하고 이해하고 만들어내는 능력'이라고 정의내린다. 2009년에는 디지털 영국(Digital Britain) 보고서를 발표하면서 디지털 사회에서 디지털 미디어 리터러시의 중요성을 강조하였다(김여라, 2019).

3) 프랑스

프랑스에서 미디어 교육이 학교 교육과정에서 의무화된 것은 2005년 「학교의 미래를 위한 지향과 프로그램 법」 제정에 따른 것이다. 이에 따라 초등 및 중등 과정에서부터 미디어 교육을 실시하며 2011년부터는 중학교 학력검증시험에서 미디어 교육이 필수 과목으로 채택되었다. 교과과정의 공통 역량 7가지 중에 정보, 커뮤니케이션 일상 기술을 포함하였고, 초등 과정에서는 2008년부터, 중등 과정에서는 2009년부터 미디어 리터러시 교육이 시행되고 있다(김여라, 2019).

교육부 소속 기관이자 연계 센터인 CLEMI(Centre pour l'éducation aux médias et à l'information)는 교육부 지원의 미디어 교육을 총괄한다. 정부 정책에 맞는 미디어 교육 프로그램을 실시하고 학교 밖의 지역 네트워크나 공공 및 민간단체와 연계하여 미디어 교육의 구심점 역할을 하고 있다([그림 10-7]). CLEMI는 다양한 미디어 리터러시 교육을 실시하는데, 학생들의 미디어에 대한 비판적인 시각을 키워주고 학생들이 직접 미디어를 생산할 수 있도록 한다. 또한, 학교 차원에서 미디어 교육 교사 양성 및 교육 자료 제공, 학교 미디어 제

[그림 10-7] 프랑스 CLEMI 웹사이트. 교육부 소속 기관이자 연계 센터인 CLEMI는 교육부 지원의 미디어 교육을 총괄한다.

작 지원 및 미디어 교육 프로그램 제공을 담당한다. 학교에서의 미디어 실습을 지원하거나 학교 내 언론과 미디어주간 행사를 실시하고 미디어 교육 자료 개발 및 공급을 한다(강진숙, 2018).

1989년부터 개최되어온 미디어 리터러시 주간(Semaine de la presse et des médias dans l'école)은 교사, 학생, 온오프라인 매체, 저널리스트 등 미디어 교육 관련자들이 참여하는 프랑스에서 가장 대중화된 미디어 리터러시 프로젝트이다(김광재, 장은미, 강신규, 2017). 뉴스를 비판적인 시각으로 보고 개인정보를 보호하며, SNS 이용 시 필요한 규칙들을 숙지하고 디지털 능력을 점검할 수 있는 시민을 만드는 것이 목표이다. 특히 이러한 미디어 관련 교육은 다양한 교과의 교육과정 내에 자연스럽게 통합되어 있다는 특징이 있다. CLEMI는 이를 위해 미디어 관련 교육에 대한 교과별 프로그램을 제공하고 청소년들이 디지털 콘텐츠 제작을 할 수 있도록 지원한다.

CLEMI 외에도 민간 미디어 교육단체로서 MEDIAPTE, 디지털 교육과 시민역량 개발을 강조하는 CEMEA(Centres d'Entrainement aux Methodes d'Education Active), 디지털 리터러시 교육과 디지털 격차 해소를 강조하는 DUI(Deleation for Internet Uses) 등이 있다(강진숙, 2018). 2015년에 설치된 디지털 관련부처(Agence du numérique)는 공공, 민간 비즈니스, 개인 등이 개발한 디지털 프로젝트의 자율성을 촉진하며, 디지털 서비스 제공을 통한 복지 확대를 목표로 한다. 또한 정보통신 관련 분야에서 ICT 기술(Information and Communication Technology)을 안전하게 활용하는 것이 중요함을 지적하면서 동시에 디지털 문화 교육의 중요성을 강조하는 것이 특징이다(김여라, 2019).

11

어린이의 광고활용과
주체적 역할

1. 광고에 대한 성인과 어린이의 태도

어린이가 광고를 접할 때 취약성을 최소화하고 광고를 유용하게 활용하도록
돕기 위해서는, 성인과 같은 인지적 방어기제를 갖추게 하는 것이 필요하다. 광
고에 대한 성인의 태도를 어린이와 비교하면 광고 리터러시 교육의 주요 목표
를 찾을 수 있다. 광고에 대한 성인의 태도는 어린이와 비교해서 대체로 비판적
이고 회의적이다(Andrews, 1989; French. Barksdale & Perreault, 1982; Gaski &
Etzel, 1986; Heath & Heath, 2008; Kelley, 2007; Mittal, 1994; Sheth & Sisodia,
2005; Smith, 2005). 또한 이런 비판적 태도는 일시적이라기보다는 꽤 일정하게
지속되는 것으로 알려져 있다(Calfee & Ringold, 1994; Gaski & Etzel, 2005).
성인은 전반적으로 광고의 설득전략에 대해 부정적이며, 광고는 물질주의를 조
장하고 상업적 목적으로 우리 사회 가치를 이용한다고 여긴다(Boush, Fristad
& Wright, 2009; Pollay & Mittal, 1993).

성인이 광고에 대해 비판적인 자세를 갖는 것은 광고가 부정확한 정보나
편향된 정보를 전달해서라기보다는 광고에 영향을 덜 받고자 스스로를 보호
하기 위한 방어기제의 발동이라고 할 수 있다(Boush et al., 2009; Friestad &
Wright, 1994; Pollay & Mittal, 1993). 성인은 광고에 대한 부정적 태도를 통해
광고의 영향력에 대한 인지적 방어태세를 갖추는데, 이는 광고에 대한 어린이
의 태도와 큰 대조를 이룬다. 성인의 경우 광고가 유용한 정보를 제공한다고
생각하더라도 광고를 불신하거나 많은 경우 그 정보를 편향된 것으로 일축하

며 스스로를 방어하려는 경향이 있다(Calfee & Ringold, 1994; Heath & Heath, 2008; Pollay & Mittal, 1993). 반면 어린이가 가지는 광고에 대한 부정적 태도는 대체로 광고 정보 자체와 관련된 것으로 특정 광고의 정보가 정확한지 여부에 기반한다. 어린이의 광고에 대한 태도는 스스로의 경험에 한정되는 경향이 있다(Chu et al., 2014).

다시 말해 어린이와 어른의 광고에 대한 비판적 태도는 다르게 구성된다. 광고에 대한 어린이와 성인의 상이한 태도를 설명하기 위해, 광고에 대한 비판적 태도는 정확성에 근거한(accuracy based) 비판적 태도와 설득동기에 근거한(motive based) 비판적 태도로 구분될 수 있다(Koslow, 2000). 성인의 부정적 태도는 개별 광고의 정확성에 기반하기보다는 광고 자체의 설득동기에 근거한 비판적 태도이다. 즉 특정 광고에 대한 실망이나 불만족과 관련된 것이 아니라, 광고 자체의 상업적 목적, 설득동기 자체에 대한 전반적인 불신과 연계하여 나

Joyce Hesselberth

[그림 11-1] 제한된 경험만 가지고 있는 어린이들은 어린이를 설득하려는 수많은 TV 광고들 앞에서 무방비 상태이다.

타나는 것이다. 이는 개별 광고가 가지는 정보에 대한 정확성과는 거의 무관하다.

설득동기에 근거한 비판적 태도는 광고의 정확성에 근거한 비판적 태도에 비해 좀 더 고도의 설득지식이다. 광고 리터러시의 목적이 어린이들이 광고 내용을 액면 그대로 받아들이지 않고 객관적이고 비판적인 시각에서 평가하게 한다는 관점에서 보면 설득동기에 근거한 비판적 태도는 어린이들에게 꼭 필요한 기본 소양이다. 이를 통해 광고의 영향력에 대한 인지적 방어기제가 마련되고, 이를 바탕으로 광고 정보를 객관적이고 주체적으로 평가할 수 있게 된다.

무엇보다 광고의 정확성에 근거한 비판적 태도는 특정 광고에 한정되어 형성되는 것으로 경험해본 제품에 기반하여 만들어진 태도이다. 따라서 경험해 보지 못한 제품이나 새로운 브랜드에는 적용될 수 없기 때문에 인지적 방어기제로서 제한적인 영향력을 가진다. 특히 어린이의 광고에 대한 경험이 양적, 질적으로 적을 수밖에 없는 상황에서 자신의 경험을 넘어서서 광고 전반에 대한 설득동기와 내용의 편향성에 대한 이해는 필수이다. 즉 광고의 설득동기에 근거한 비판적 태도는 광고 전반에 적용할 수 있고 따라서 지속적인 인지적 방어기제로 작동할 수 있는 것이다.

어린이가 광고의 설득목적을 이해하고 이를 바탕으로 인지적 방어기제를 갖추도록 돕기 위해서는 어린이의 주체적인 판단이 중요하다. 제한된 경험을 바탕으로 광고는 모두 나쁘다거나, 정확하지 않다는 단편적인 생각에서 벗어나 광고주의 입장에서 전달되는 광고의 편향성을 받아들이고 이를 객관적으로 바라볼 수 있어야 한다. 불공정한 설득이 이루어지지 않기 위해서는 광고 정보를 주체적으로 평가하고 판단하는 어린이의 능동적인 역할이 중요하다. 그런 차원에서 광고 리터러시 교육은 디지털 시대 어린이가 함양해야할 기본 소양이다.

2. 광고의 판매의도와 설득의도에 대한 이해

대부분의 8-10세 어린이들이 광고에 대해 회의적인 이유는 사용해본 제품들이 기대치에 못미쳤기 때문이다(Oates, Blades, Gunter & Don, 2003). 특정 광고와 관련 없이 광고에 대해 전반적으로 비판적인 태도를 보여주는 어린이들은 주로 나이가 많은 어린이들이고, 나이가 어릴수록 특정 제품에 대한 실망, 기대치와 관련된 불평을 토로한다(Oates et al., 2003). 12세 어린이의 경우 전체의 3분의 1 정도가 광고에 대한 일반적인 불신을 표시함에 비해, 12세 미만의 어린이들은 10분의 1만이 광고에 대한 일반적 불신을 나타냈다(Ward at al, 1977). 즉 연구 결과, 나이가 어릴수록 광고의 정확성에 근거한 비판적 태도를 가지고 있다는 것을 보여준다.

광고에 대한 어린이의 부정적 태도는 나이에 따라 달라지고, 이는 광고에 대한 어린이의 취약성과 직결된다. 영국에서 6, 8, 10세 어린이를 대상으로 광고에 대한 이해를 측정하기 위해 '광고는 왜 하는가?', '광고는 왜 프로그램 중간에 나올까?', 'TV에는 왜 광고가 나올까?', '광고는 네가 무엇을 하길 원하나?'라는 질문을 하였다(Chu, Blades & Herbert, 2014). 이에 대해 10세 어린이들은 모두 '광고는 물건을 사도록 만들기 위한 것'이라는 의미의 정답을 제시하였다. 그러나 6세 어린이는 절반만이, 8세 어린이는 4분의 3만이 정답을 맞혔다.

또한 광고를 믿는지, 광고가 진실을 말하는지, 광고되는 물건을 가장 좋은 것이라고 생각하는지 등을 질문하여 광고에 대한 믿음을 측정했을 때, 6세 어린이의 3분의 1이 광고를 믿는다고 답했고, 3분의 1은 광고를 믿지 않는다고 하면서 구체적 이유는 제시하지 못했다. 6세 어린이의 3분의 1만이 광고를 믿지 않는다고 하면서 특정 광고의 문제점을 지적하며 정확성에 근거한 비판적 태도를 보여주었다. 좀 더 고도의 설득지식인 설득동기에 근거한 비판적 태도를 보여준 6세 어린이는 전체의 10분의 1에 불과했다.

반면, 8세의 경우 전체의 3분의 1이 광고를 믿는다고 했고, 3분의 1은 광고를 믿지 않는다고 하며 특정 제품이나 광고와 관련된 구체적 이유를 제시하였다. 8세 어린이의 약 5분의 1이 설득동기에 근거한 회의적 태도를 보여주었다. 6세보다는 더 성숙한 설득지식을 갖추고 있었지만 그 수치는 5분의 1에 머물렀다. 한편 10세의 경우 광고를 믿는다고 한 아이들은 거의 없었고, 전체의 3분의 1이 구체적 제품이나 광고를 이유로 광고를 믿지 않는다고 하였으며, 거의 절반 가량이 더 성숙한 설득지식인 설득동기에 근거한 비판적 태도를 보여주었다. 6세, 8세 어린이와 비교해 훨씬 성숙한 설득지식을 가지고 있었지만 절반만이 성인과 같은 설득지식을 가지고 있는 것으로 나타났다. 중요한 것은 어린이의 나이가 많아짐에 따라 성인과 유사하게 설득동기에 근거한 비판적 태도를 지닌다는 사실이다.

이는 9-10세가 되어야 성인과 비슷한 수준의 광고 분별 능력이 생기고, 설득의도에 대한 이해는 12세가 되어도 충분하지 않다는 연구 결과와 유사한 결과이다(Rozendaal, Buijzen & Valkenburg, 2010). [표 11-1]은 네덜란드 어린이 294명과 성인 198명에게 3편의 TV 광고를 보여주고 광고인 것을 알아차리는지 물어본 실험 결과이다. 대부분의 성인이 광고라고 답변했음에 비해(97%), 8-9세의 경우 광고임을 알아차린 비율이 90.1%에 머물렀고, 9-10세는 92.7%로 조금 높아졌으며, 10-11세가 되어야 95.8%로 성인과 유사한 광고 분별 능력을 보여주었다.

[표 11-1] 성인과 어린이의 광고 분별 능력

TABLE 1

Child and adult levels of advertising recognition.

	Grade 3 (8–9 years) (%)	Grade 4 (9–10 years) (%)	Grade 5 (10–11 years) (%)	Grade 6 (11–12 years) (%)	Adults (%)
Recognition of advertising	90.1[a]	92.7[a]	95.8[a,b]	95.9[a,b]	97.0[b]

Note: Cell values indicate the percentage of correct responses within each age group. Row values with different superscripts differ significantly at least at $p < .05$.

출처: Rozendaal et al, 2010

광고의 상업적 동기, 설득동기에 대한 이해는 광고에 대한 분별력보다 훨씬 더 후에 이루어진다. 구체적으로 어린이의 설득지식의 발달을 살펴보기 위해서는 상업적 정보로서 판매의도에 대한 이해와 설득 커뮤니케이션으로서 설득의도에 대한 이해를 구분하여 살펴보아야 한다. 광고의 판매의도(selling intent)는 광고가 물건 구매를 유도하는 행동변화에 목적이 있다는 것이고, 설득의도(persuasive intent)는 광고가 믿음이나 욕구 등 심리변화를 목표로 한다는 것이다. 일반적으로 어린이들은 광고의 판매의도는 쉽게 간파하지만, 설득의도는 훨씬 더 나중에 이해하게 된다. 나이가 어릴수록 설득의도에 대한 이해를 하지 못한다. [표 11-2]는 네덜란드에서 어린이와 성인을 대상으로 판매의도와 설득의도에 대한 이해를 비교한 실험 결과이다. 판매의도는 8-9세 어린이의 77%가 이해하고 있었음에 비해, 설득의도에 대한 이해는 59.6%로 훨씬 낮다. 11-12세의 경우에도 84.9%의 어린이가 판매의도를 간파하지만, 설득의도는 72.1%만이 이해하고 있다. 이에 반해 성인은 거의 모두 판매의도와 설득의도를 이해하고 있는 것으로 나타났다.

선행 연구들을 종합하면 어린이는 적어도 9-10세는 되어야 성인과 같이 설득동기에 근거한 비판적 태도를 갖추기 시작하고 이를 통해 인지적 방어기제가 작동할 수 있다. 주목할 점은 10세가 되어도 광고의 정확성에 근거해 회

[표 11-2] 어린이의 판매의도와 설득의도에 대한 이해

TABLE 2
Child and adult levels of understanding selling and persuasive intent of advertising.

	Grade 3 (8–9 years) (%)	Grade 4 (9–10 years) (%)	Grade 5 (10–11 years) (%)	Grade 6 (11–12 years) (%)	Adults (%)
Understanding of selling intent	77.0^a	83.3^a	82.9^a	84.9^a	99.3^b
Understanding of persuasive intent	59.6^a	56.4^a	62.5^a	72.1^b	96.0^c

Note: Cell values indicate the percentage of correct responses within each age group. Row values with different superscripts differ significantly at least at $p < .05$.

출처: Rozendaal et al, 2010

의적인 태도를 보여주는 아이들이 많으며, 성인과 같이 광고의 설득동기 전반에 근거한 회의적 태도는 매우 부족하다는 것이다. 특히 광고가 판매를 목적으로 행동변화를 유도한다는 점에서 더 나아가 믿음, 욕구 등 심리적 변화를 목적으로 하는 것에 대한 이해는 12세가 되어도 성인에 비해 많이 떨어진다.

다시 말해, 단순히 구매행동에 주는 영향력뿐만 아니라 선호도, 호감도 등을 바꾸려 한다는 설득의도를 알아차리는 것이 어린이에게는 쉽지 않기 때문에 이를 구분하여 가르쳐야 하고, 이를 통해 성인과 같은 설득동기에 기반한 비판적 태도가 형성될 수 있도록 해야 한다. 즉 광고 리터러시 교육 차원에서 광고의 판매의도와 설득의도를 구분하는 것이 중요하고, 구체적 커리큘럼 개발을 통해 광고의 영향력으로부터 성인과 같은 인지적 방어 기제를 갖출 수 있도록 도와야 한다.

3. 디지털 미디어 환경과 어린이의 주체적 역할

광고에 대한 어린이의 제한된 이해와 취약성은 디지털 미디어 환경에서 심화된다. 캘버트(Calvert, 2008)에 따르면, 스텔스 마케팅(stealth marketing) 기술을 비롯한 새로운 방식의 온라인 광고의 등장은 어린이 및 청소년의 광고에 대한 취약성을 높였다. 광고인 듯 광고가 아닌 듯한 방식의 스텔스 마케팅은 어린이의 제한된 이해력을 시험한다. 어린이의 온라인 콘텐츠 소비는 급증해왔지만, 이에 대한 이해와 적절한 대처는 또 다른 문제이다. 연령이 어릴수록 다양한 콘텐츠들의 설득의도에 대한 이해가 부족하다. 특히 광고와 게임, 광고와 뉴스 등 하이브리드 형식의 콘텐츠가 범람하는 환경 속에서 광고와 연관된 오락적, 정보적 콘텐츠를 구별해내는 어린이들의 능력은 미흡하다. 오츠와 동료들(Oates, Blades, Gunter, 2002)의 연구에 의하면 8–10세 어린이 중 광고의 설득적인 목적을 지각하는 경우는 40% 이하였다고 한다.

오늘날 디지털 미디어 환경에서는 광고를 프로그램과 구분하고 광고의 목적을 이해하는 개념적 광고 리터러시보다는 광고 자체에 대한 회의적 생각과 반응을 나타내는 태도적 광고 리터러시의 유용성이 증가하고 있다(An, Jin & Park, 2014; Rozendaal et al., 2011). 로젠달과 동료들(Rozendaal et al., 2011)은 태도적 광고 리터러시와 개념적 광고 리터러시를 구분하고, 디지털 미디어 환경에서 어린이의 정보처리 성향과 정보처리를 위한 환경을 감안하여 태도적 광고 리터러시가 효과적임을 강조하였다. 복잡하고 다양한 방식의 새로운 광

Wenting Li

[그림 11-2] 디지털 미디어 환경 속에는 어린이를 설득하려는 다양한 콘텐츠가 도사리고 있다. 어린이를 바라보는 날카로운 시선들 한가운데서 눈을 감고 놀이에 집중하는 어린이의 위태로워 보이는 모습은 미디어 리터러시 교육의 중요성을 보여준다.

고가 범람하는 디지털 미디어 환경에서 어린이가 인지적 방어기제를 갖추도록 하는 가장 실용적인 방법 중 하나는 광고 자체에 대한 회의적 태도이다. 태도적 광고 리터러시를 갖춘 어린이들은 특정 광고를 넘어서서 광고 전반에 걸친 설득목적과 편향된 시각을 지각하고 있기 때문에 광고의 영향에 덜 취약할 수 있고 좀 더 주체적으로 광고 정보를 평가하고 활용할 수 있다. 태도적 광고 리터러시는 성인이 광고의 설득동기에 기반해서 가지고 있는 비판적 태도와 유사한 개념이다.

특히 디지털 미디어 환경에서 어린이들은 주로 덜 정교화된 주변적 단서에 의존하는 정보처리 과정을 취하기 때문에, 깊은 이해와 생각 없이도 어린이들이 광고의 영향력으로부터 스스로를 보호할 수 있는 기제를 갖추게 하는 것이 효율적이다. 그러기 위해서는 광고의 정확성에 근거한 회의적 태도보다는 설득목적과 동기에 근거한 비판적 태도가 유용하고, 같은 맥락에서 개념적 광고 리터러시보다는 태도적 광고 리터러시의 활용이 현실적인 대안으로 제시된다. 광고의 목적이 단순히 구매라는 행동변화를 넘어서서 선호도와 호감도 등 생각과 마음의 변화를 유도하고자 한다는 설득의도를 파악하게 하는 것이 중요하다.

디지털 미디어 시대에 설득동기에 기반한 비판적 태도, 태도적 광고 리터러시가 중요한 또 다른 이유는 오늘날 대부분의 어린이 대상 광고는 감성적, 묵시적 설득에 기반을 두고 있기 때문이다(Buijzen, van Reijmersdal & Owen, 2010; Livingstone & Helsper, 2006; Nairn & Fine, 2008). 오늘날 광고는 정확성 등으로 평가될 수 없는 감성적인 내용들로 구성되어서 어린이들이 브랜드에 대해 호감을 가질 수 있도록 즐겁고 기분 좋게 만드는 광고가 대부분이다. 광고 정보의 정확성 등을 평가하는 것보다는 왜 기분 좋게 만드는 설득방식이 사용되는지, 궁극적인 목표가 무엇인지를 이해해야 불공정한 설득이 일어나지 않고 주체적으로 판단할 수 있다.

다시 말해, 특정 광고에 대한 경험을 바탕으로 형성된 정확성에 근거한 비판적 태도나, 인지적 노력이 많이 들어가는 개념적 광고 리터러시를 활용하는 것은 디지털 미디어 환경에서 현실성이 떨어지는 교육 전략으로 보인다. 원칙적으로는 개념적 광고 리터러시에 대한 교육을 통해 인지적 이해와 이를 통한 비판적 광고 태도 발현이 바람직하다. 그러나 동시에 즉각적이고 자동적으로 촉발될 수 있는 태도적 광고 리터러시를 갖추게 하고, 광고 전반에 대한 비판적 태도가 형성된다면 성인들의 인지적 방어기제와 같이 어린이 스스로 광고의 영향력으로부터 능동적인 방어를 할 수 있을 것이다. 이를 통해 주체적으로 광고 정보를 평가하고 판단하는 소비자교육의 기반을 마련할 수 있다.

[표 11-3]은 캐나다 미디어스마트가 제시하는 어린이와 광고에 대해 이야기하는 원칙이다. 광고에 대한 이야기를 일찍 시작하라는 항목이 가장 먼저 제시되어 있다. 이어서 광고가 어떻게 작동하는지 살펴보라고 한다. 어린이 주변

[표 11-3] 캐나다 미디어스마트가 제시하는 어린이와 광고에 대해 이야기하는 원칙.

Talking to kids about advertising
Tip Sheet

Marketing & Consumerism

Tip Sheet:
Talking to Kids about Advertising

Today's kids have become the most marketed-to generation in history, due to their spending power and their future influence as adult consumers. By talking to kids about advertising - how it works and how they're targeted - we can help them to become more savvy as consumers and more resistant to the pressures to be "cool."

Today's kids have become the most marketed-to generation in history, due to their spending power and their future influence as adult consumers. By talking to kids about advertising - how it works and how they're targeted - we can help them to become more savvy as consumers and more resistant to the pressures to be "cool."

Here are some tips on talking to kids about advertising.

- **Start young.** Until the age of six or seven, children have difficulty distinguishing advertising from reality and may not understand that ads are there to sell something. In fact, children watching TV often find the commercials more engaging than the programs! Talking to children about advertising from an early age encourages them to become active - not passive - consumers of commercial messages.
- **Explain how advertising works.** Talk about how the job of marketers is to play on human insecurities by creating ads that imply their products will improve our lives and bring us happiness. Have kids make a list of the good things in their lives (the things they value) and then make a list of the things they wish they could buy. Have them compare the 'real life' list with the "wish" list. Do they think the things on the wish list will bring them happiness? If so, why?
- **Help your kids spot ads around them.** Public spaces, stadiums, schools, even our clothes often have branding on them. Sensitive your kids to the ads they see that promote brand awareness, so they can spot them in more subtle contexts like product placements in TV shows and movies.
- **Point out the tricks of the trade.** Explain that advertisers use many methods to get us to buy their products. Some common "tricks of the trade" include pulling on our heartstrings by drawing us into a story and making us feel good; using misleading words, such as "the taste of real ... ," "studies have shown" and "for a limited time only"; making exaggerated claims about a product; and using cartoon characters or celebrities to sell products or brand names.
- **Explain how marketers target young people.** Look for examples of how marketers try to build brand loyalty in young children. Talk about cross-marketing - show how the release of a new kids' movie is usually preceded by a huge marketing campaign involving tie-in toys, fast food, clothing and books. Explain how marketers target image-conscious pre-teens and teens with messages about being "cool" and attractive.
- **Separate media and merchandising.** A lot of TV shows aimed at kids exist mostly to sell toys. Steer your kids towards programs with the fewest merchandising tie-ins, and be firm about not buying tie-in toys.
- **Discuss stereotyping, gender and body image issues in advertising.** Ads often have more racial or gender stereotyping than other media, and frequently promote unrealistic and unhealthy body image in both girls and boys. When you see stereotyping in ads, point it out to your kids and help them to understand how it might be hurtful to the people being portrayed and how it can limit how we see them – and how they see themselves. When it comes to body image, make sure you're your children understand that what they're seeing is a fantasy, something that was made to sell a product and that camera tricks and photo manipulation are often used to make models conform to the "ideal" body shape.
- **De-construct food advertising.** Most food advertising aimed at kids is for fast food, candy and pre-sweetened cereals. Point out misleading language in food commercials, such as a description of a sugary cereal that is "part of a nutritious breakfast" or "natural fruit roll-ups" that don't contain any fruit. Explain how food is prepared by special artists to look perfect in ads. Talk about how fast food restaurants use tie-ins with popular movies and TV shows in order to attract kids.
- **Talk about the value of money.** One of the most important lessons we can teach our children is how to be smart about money. Our consumer culture promotes spending over saving, so we have to counter that message on a regular basis by discussing purchasing decisions and money-management skills with kids.
- **Discuss how to be a wise and responsible consumer.** Show kids how to comparison shop, read reviews and investigate warranties. Talk about the effect of mass consumerism on the environment. Encourage them to think about ways they can cut down on buying non-essential consumer products.
- **Encourage your kids to speak out** when they see offensive, deceitful or inappropriate advertising. Our website section Taking Action tells you whom to contact for complaints about ads in different media.

출처: 캐나다 미디어스마트

에 있는 광고들을 지적하면서 어떤 설득전략들이 사용되는지 구체적으로 이야기하고, 광고를 통해 전파되는 편견, 성역할, 신체 이미지, 고정관념 등에 대해 논의하라고 한다. 식품 광고의 내용과 문제점을 분석하게 하고, 자원의 활용 차원에서 돈의 가치를 이야기하면서 현명하고 책임감 있는 소비자로서 광고 정보를 활용하도록 지도하라고 한다. 또한 부적절하거나 기만적인 광고들을 접하게 될 때 문제 제기를 하도록 지도하라고 한다. 개념적 광고 리터러시와 태도적 광고 리터러시 모두를 포괄적으로 다루면서 학교와 가정에서 다루어야 할 광고에 대한 내용을 간략하게 잘 제시한다.

즉 광고 리터러시 교육은 무조건 광고가 나쁘고 사회의 악이라고 가르치는 것이 아니다. 광고가 뉴스와 같은 객관적 정보와는 달리 제품에 대한 광고주의 편향된 시각이라는 것을 인지시키고, 제품 구매뿐만 아니라 브랜드 기억과 호감도 등을 목표로 하는 설득 커뮤니케이션이라는 것을 가르치는 것이 핵심이다. 광고 리터러시 교육이 일반적인 미디어 리터러시 교육에서 특화되어 그 중요성과 필요성이 강조되어야 한다. 상업적 정보에서 오는 혼동과 불공정한 설득이 줄 수 있는 위해를 지도해야 한다. 이를 통해 어린이가 주체적인 소비자로 광고 정보를 받아들이고 평가하며 활용할 수 있는 능력을 배양해야 한다. 어린이가 광고를 피하고 싫어하도록 가르치는 것이 아니라, 유용하게 사용하도록 지도하여 광고가 넘쳐나는 온라인, 오프라인 환경에서 신체적, 정신적 안녕을 도모할 수 있도록 하는 것이 광고 리터러시 교육의 핵심이 되어야 한다.

12

디지털 미디어 환경과
어린이 광고 리터러시

1. 디지털 시대 어린이 광고 리터러시

디지털 미디어 환경에서 태어나고 성장하는 오늘날 어린이들에게 온라인의 다양한 콘텐츠는 일상화되어 있다. 어린이의 일상 속에 깊이 침투해 있는 광고를 액면 그대로 받아들이지 않고 객관적이고 주체적으로 평가하고 활용하는 능력은 어린이 복지와 건강 증진을 위해 필수가 되었다. 디지털 미디어 환경의 복잡성과 어린이의 광고 정보 처리 성향을 감안하면 태도적 광고 리터러시, 설득 동기에 근거한 비판적 태도를 갖추도록 하는 것이 필요하다. 전통 미디어 환경에서 강조되어온 개념적 광고 리터러시는 광고에 대한 지식, 이해를 기반으로 하는 것으로 체계적인 정보처리가 일어나기 힘든 디지털 미디어 환경에서 그 유용성이 제한적일 수밖에 없다. 반면 태도적 광고 리터러시는 인지적 노력이 없는 상황에서도 비판적 태도로 광고를 대하게 만들고, 이는 성인이 가진 설득 동기에 기반한 광고에 대한 태도와 같이 어린이를 상업적 영향력으로부터 방어할 수 있게 한다.

이러한 관점에서 로젠달과 동료들(Rozendaal et al., 2016)은 광고 리터러시를 개념적 광고 리터러시와 태도적 광고 리터러시로 구분하고 이를 측정하기 위한 구체적 항목들을 제시하였다. 개념적 광고 리터러시는 광고에 대한 인지, 판매의도에 대한 이해, 광고의 소스에 대한 인지, 광고가 의도하는 목표공중에 대한 인식, 설득의도에 대한 이해, 설득전략에 대한 이해로 구성되어 총 16개 항목으로 측정된다. 태도적 광고 리터러시는 광고의 편향성에 대한 이해, 광고

Minh Uong

[그림 12-1] 디지털 미디어 환경에서 태어나고 성장하는 오늘날 어린이들에게 온라인의 다양한 콘텐츠는 일상화되어 있다. 아이들은 트위터, 페이스북, 인스타그램 등 다양한 미디어를 통해 세상을 배우고 성장한다.

에 대한 회의적 태도, 광고에 대한 부정적 태도로 구성되어 총 9개 항목으로 측정된다.

　인지적 이해와 지식에 중점을 둔 개념적 광고 리터러시에 비해, 태도적 광고 리터러시는 광고에 대한 감정적 반응을 측정한다. 태도적 광고 리터러시는 디지털 미디어 환경에서 그 유용성이 더 클 것으로 논의되며, 태도적 광고 리터러시가 높다는 것은 광고가 광고주 입장에서 전달되는 편향된 정보이며, 액면 그대로 믿어서는 안 된다고 생각하는, 광고에 대해 더 부정적인 태도를 가지고 있다는 것을 의미한다. 즉 어린이의 태도적 광고 리터러시를 증진시킨다는 것은 객관적이고 주체적으로 광고 정보를 평가하게 하고 광고 전반에 대해 회의적인 태도를 습득하게 하는 것이다.

이상적으로는 어린이의 개념적 광고 리터러시를 향상시켜 광고의 판매의도, 설득의도에 대한 이해를 바탕으로 설득 대상이 누구인지, 누가 광고 정보를 내보내는 것이고 어떠한 설득전략을 사용하는지에 대한 지식을 습득하게 하는 것이 최선이다. 그러나 디지털 미디어 환경의 복잡성과 어린이의 광고 정보 처리 성향이 개념적 광고 리터러시의 촉발을 용이하게 하지 않는다는 상황을 감안하여 태도적 광고 리터러시를 최대한 활용할 수 있도록 지도해야 할 것이다.

문제는 국내 어린이의 개념적 광고 리터러시, 태도적 광고 리터러시에 대한 수준이 알려져 있지 않고 이에 대한 논의도 거의 없다는 점이다. 국내 어린이의 광고 리터러시 증진을 위해서는 먼저 정확한 현주소 파악이 선행되어야 한다. 중간광고, 가상광고, 간접광고 등이 어린이의 인지적 정보처리에 끼치는 문제에도 불구하고 이에 대한 연구는 거의 부재하다. 비록 어린이 대상 프로그램에서 금지되어 있다 할지라도 일반 프로그램을 통해 빈번히 접할 수 있기 때문에 이에 대한 어린이의 이해 수준을 인지적, 감정적 차원에서 파악해야 가정이나 학교에서 이에 대한 지도와 교육이 가능해질 것이다.

2. 교육 프로그램을 통한 어린이 광고 리터러시 증진

어린이들의 광고 리터러시는 학교에서 대면 교육을 통해 증진될 수 있다. 넬슨(Nelson, 2016)은 8–9세 아이들을 대상으로 3주간 광고 리터러시 수업을 하고 그 효과를 측정하였다. 결과에 따르면 교육을 받은 후 어린이들은 메시지 제작자에 대한 이해도, 구매의도, 설득전략, 타깃 청중에 대한 이해도가 증진되었다. 이 연구에서는 '더 건강한 당신을 위한 미디어 만들기(Making Media for a Healthier U)'라는 주제로 영양학적 지식을 향상시키면서 미디어 리터러시 기술을 얻을 수 있도록 광고 리터러시 수업을 진행했다. 6차시의 수업 중 2회는 영양학적 정보에 초점을 맞추었으며, 4회는 광고 리터러시와 설득지식에 대한 수업을 진행하였다.

광고 리터러시 수업은 실제 광고를 예시로 사용하여 어떤 식으로 광고가 설득전략을 사용하는지 보여주고 이에 대해 토론하는 방식으로 이루어졌다. 교육 전, 어린이들은 매우 낮은 수준의 광고 리터러시를 보여주었으며 판매의도나 타깃 청중에 대한 인지 같은 기본적인 주요 요소 역시 잘 구분하지 못하는 것으로 나타났다. 그러나 수업 진행 후 판매의도나 타깃 청중에 대한 인지는 물론이고 메시지 제작자나 설득전략을 이해하는 등 광고 리터러시의 많은 부분에 있어서 향상된 결과를 보여주었다. 또한 광고에 대한 비판적 시각을 가지고 광고를 해석하는 결과를 보여주기도 하였다. 이는 국내 광고 리터러시 교육의 효과를 보여주는 김지은과 한규훈(2016)의 결과와도 일치한다.

간단한 게임 형식의 광고 리터러시 프로그램도 어린이들의 광고에 대한 이해를 높이는 데 효과적인 것으로 나타났다(An, Jin & Park, 2014). 국내 초등학교 2–3학년을 대상으로, 실험집단은 광고게임의 목적과 예를 게임 형식으로 설명하는 광고 리터러시 교육 프로그램을 진행하고, 통제집단은 과학 교육 게임을 하였다. 이후 두 집단 모두 본 게임인 광고게임을 하기 전에 주의를 환기시키기 위해(distractor) 다른 간단한 게임을 짧게 했다. 마지막으로 아이스크림 브랜드가 나오는 광고게임을 하고 난 후, '조금 전에 한 아이스크림 게임이 광고의 일종이라고 생각하느냐?'라고 질문하였다. 실험 결과, 과학 게임을 한 통제집단 어린이의 4분의 3은 광고게임을 광고로 인지하지 않았다. 광고게임에 아이스크림 브랜드가 반복적으로 등장했음에도 통제집단 어린이들의 27%만이 광고게임을 광고의 일종이라고 답하였다(An, Jin & Park, 2014).

이와 대조적으로 광고 리터러시 게임을 한 실험집단 어린이의 79%는 광고게임을 광고라고 답변하였다. 아이스크림 브랜드에 대한 광고게임을 하기 전에 잠시 노출되었던 광고 리터러시 교육 프로그램이 어린이들로 하여금 광고게임을 광고로 인지하는 데 도움을 준 것이다. 과학 교육 프로그램을 한 통제집단의 어린이들과 통계적으로 유의미한 차이를 보여주었고 그 차이는 매우 크게 나타났다. 실험을 통한 단기적 효과지만 광고 리터러시 교육 게임의 효과를 잘 보여주는 결과로, 대다수의 통제집단 어린이들이 광고 인지를 하지 못했다는 것은 초등학교 2–3학년 어린이들에게 광고 리터러시 교육이 절실함을 지적한다(An, Jin & Park, 2014).

또한 광고게임을 광고라고 생각하는 광고 인지(advertising recognition)는 광고 리터러시 교육과 광고에 대한 비판적 태도의 매개변인으로 작용한다. [그림 12-2]에서 보이듯이 광고 리터러시 교육(advertising literacy, X)을 받은 어린이는 광고게임을 광고라고 인지(advertising recognition, M)하게 되고 이러한 자각을 거쳐서 광고에 대한 비판적 태도(advertising skepticism, Y)로 연결되었

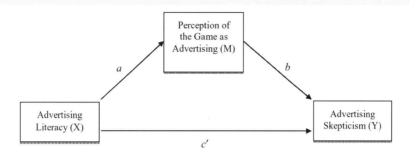

FIG. 5. Recognition of advertising as a mediator to advertising skepticism.

[그림 12-2] 광고 인지를 통한 광고에 대한 비판적 태도 형성 모델. 광고 리터러시는 광고에 대한 비판적인 태도에 직접효과가 나타나지 않고, 광고 인지를 통한 매개효과만 나타난다. 즉 광고 리터러시 프로그램에서 중요한 것은 광고를 인지하는 것이다.

다. 광고 리터러시 교육이 광고 인지를 향상시키는 효과는 a, 광고 인지가 광고에 대한 비판적 태도로 연결되는 것은 b, 그리고 광고 리터러시가 광고에 대한 비판적 태도에 미치는 직접효과는 c′로 도식화 되어 있다. 중요한 것은 광고 리터러시가 광고에 대한 비판적 태도에 미치는 직접효과는 없고 광고 인지를 통한 매개효과가 있다는 점이다. 즉 광고 리터러시 프로그램에서 중요한 것은 광고게임을 광고라고 인식하는 것이다. 간단하면서도 기본적인 설득지식의 촉발로 광고에 대한 비판적 태도가 유도되었다는 것이 의미가 있다.

광고 인지는 광고에 대한 비판적 태도를 촉발할 뿐만 아니라, 어린이들의 식품 선택에도 영향을 주는 것으로 나타났다(안순태, 2011). 수도권 초등학생 129명을 대상으로 '부라보콘 잡기'라는 광고게임을 하게 한 후 간식 선택에 어떠한 영향이 있는지 살펴보았다. '부라보콘 잡기' 광고게임은 해태제과가 운영하는 웹사이트(ibravo.co.kr)에서 제공되는 여러 가지 게임 중 하나로, 어린이들

[그림 12-3] '부라보콘 잡기' 광고게임 화면. 브랜드 로고가 계속 노출되고, 해당 제품을 집을 때마다 점수를 얻는 방식 등은 전형적인 광고게임의 형태를 띠고 있다.

이 얼음이나 기타 물건이 아닌 부라보콘을 집게로 잡을 때마다 점수가 올라가는 방식으로 설정되어 있다. 게임 경험이나 학습 능력과 관계없이 누구나 쉽게 할 수 있고, 게임을 하는 동안 브랜드 로고가 계속 보이고, 부라보콘을 집어낼 때마다 점수를 얻는 등 전형적인 광고게임의 형태이다.

광고게임 후에 먼저 어린이들의 식품 구매의사를 다음과 같이 질문하였다. '만약 지금 무언가 먹어야 한다면, 아래 있는 것들 중 어느 것을 선택하고 싶나요? ① 아이스크림, ② 팥빙수, ③ 탄산음료, ④ 주스'. 다음으로 세 가지의 개방형 질문이 주어졌다. 먼저 광고주에 대한 인지를 측정하기 위해, '조금 전에 한 아이스크림 게임은 원래 인터넷에 있는 게임입니다. 누가 이 게임을 인터넷에 올려놓았을까요?'라고 물었다. 또한 설득의도에 대한 인식을 측정하기 위해, '그러면 조금 전에 한 아이스크림 게임이 왜 인터넷에 있을까요?'라고 질문하였다. 광고게임을 광고라고 인식하는지 살펴보기 위해서는 '조금 전에 한 아이스크림 게임이 광고라고 생각하나요?'라고 질문하였다.

실험 결과 어린이들의 광고주에 대한 인식은 저조한 것으로 나타났다. '누가 이 게임을 인터넷에 올려놓았을까요?'라는 질문에 전체 129명의 어린이 중 7명(5.4%)만이 부라보콘 회사 또는 아이스크림 회사라고 답했다 나머지 어린이들은 선생님, 컴퓨터 선생님, 게임을 만드는 사람 등의 답변으로 광고보다는 게임에 초점을 두고 있음이 드러났다. 또한 설득의도에 대한 탐지도 매우 낮은 것으로 나타났다. 이러한 게임들이 왜 인터넷에 있을까라는 질문에 12명(9.3%)만이 '광고하기 위해서, 아이스크림을 먹고 싶게 하려고, 부라보콘을 팔려고, 부라보콘을 기억하게 하려고' 등의 설득의도를 탐지한 답변을 했다.

중요한 것은 학년에 따라 광고게임을 광고라고 인식하는 정도의 차이가 나타난 점이다. 6명의 3학년 어린이(10%)가 '부라보콘 잡기' 게임을 광고라고 답변했고, 2학년 어린이는 오직 1명만이 광고주에 대한 지각을 나타내었다. '누가 이 게임을 인터넷에 올려놓았을까요?'라는 질문에도 3학년 어린이들이 더 높은 설득지식을 보여주었다. [표 12-1]은 광고주 인식에 대한 2학년과 3학년 어린이의 차이가 통계적으로 유의함을 보여준다.

[표 12-1] 2학년과 3학년의 광고주 인식

	2학년	3학년	전체
광고주 인식	1% (1)	10% (6)	5% (7)
광고주 미인식	99% (65)	91% (57)	95% (122)
합계	66	63	129

$\chi^2 = 3.7$, $df = 1$, $p = .04$ 출처: 안순태, 2011

[표 12-2] 2학년과 3학년의 설득의도 탐지

	2학년	3학년	전체
설득의도 탐지	1% (1)	18% (11)	9% (12)
설득의도 미탐지	99% (65)	82% (52)	91% (117)
합계	66	63	129

χ^2 = 9.0, df = 1, p = .003

출처: 안순태, 2011

또한 설득의도 탐지에 있어서도 학년에 따른 차이가 나타났다. 18%의 3학년 어린이들이 '아이스크림을 먹게 하려고, 브라보콘을 팔려고' 등의 설득의도에 대한 지각이 있었음에 반해, 2학년 학생 중에는 오직 1명만이 설득의도를 지각하고 있었다. 한 명을 제외한 2학년 어린이들은 '재미있으라고, 게임을 하라고, 여름에 더울 때 시원하라고' 등의 답변을 제시하였다. [표 12-2]는 2학년과 3학년의 설득의도 탐지 능력을 보여주고 그 차이가 통계적으로 유의함을 나타낸다. 2학년 학생들의 거의 모두가 설득의도를 탐지하지 못했으나, 3학년의 경우 설득의도를 탐지하지 못하는 수치가 훨씬 낮았다.

무엇보다 광고주 인식을 한 어린이 중에는 1명만 아이스크림을 먹고 싶다고 선택한 반면, 광고주에 대한 인식이 없었던 어린이 중에는 68명이 게임 후 먹고 싶은 음식으로 아이스크림을 선택하여 두 집단 간의 차이가 유의미하게 나타났다. [표 12-3]은 광고주 인식에 따른 음식 선택의 차이를 보여준다. 광고주에 대한 인식이 있었던 어린이들은 아이스크림을 덜 선택한 것이다. 광고주를 인식했음에도 불구하고 아이스크림을 선택한 1명은 2학년 어린이였다.

[표 12-3] 광고주 인식에 따른 음식 선택 비교

	광고주 인식	광고주 미인식	전체
아이스크림 선택	14% (1)	56% (68)	69
다른 음식 선택	86% (6)	44% (54)	60
합계	7	122	129

$\chi^2 = 4.6$, $df = 1$, $p = .032$ 출처: 안순태, 2011

연구 결과는 광고주 인식의 중요성, 즉 광고게임을 광고라고 지각함으로써 인지적 방어기제가 촉발됨을 보여주고 있다. 이는 텔레비전 광고를 기반으로 한 기존의 연구 결과(박명숙, 1988; Robertson & Rossiter, 1974; Rossiter & Robertson, 1974)와 일치하는 것이다. 인지적 방어기제의 형성으로 인한 의미의 전환(change-of-meaning)으로 해석될 수 있다. 넬슨(Nelson, 2016)이 3주간 진행한 광고 리터러시 교육의 효과는 5분 정도의 광고 리터러시 교육 게임(An, Jin & Park, 2014)을 통해서도 어느 정도 얻을 수 있었다. 이러한 광고 리터러시 교육에서 강조하는 것이 광고주에 대한 인식, 즉 광고 인지이다. 광고게임을 광고라고 인식하는 순간 광고된 제품이 최고가 아니고, 광고에서 주장하는 모든 것을 믿어서는 안 되며, 광고가 설득을 통해 구매를 유도한다는 사실 등에 기반한 비판적 태도가 형성 및 촉발된다. 성인과 같은 설득동기에 근거한 비판적 태도의 형성이 어린이들에게 필요한 이유이다.

3. 부모 중재와 어린이 광고 리터러시

학교 대면 교육이나 온라인 게임 외에 부모의 중재도 광고 리터러시를 증진시킬 수 있다. 부모가 할 수 있는 광고중재(advertising mediation)는 크게 적극적인 광고중재와 제한적인 광고중재로 구분된다(Buijzen & Valkenburg, 2005). 적극적인 중재(active mediation)는 어린이들에게 TV 광고에 대한 지속적인 의견 개진을 통해 광고의 설득목적과 판매의도에 대해 적극적으로 설명해주는 것을 의미하며, 제한적인 중재(restrictive mediation)는 어린이들이 유해한 광고에 노출되지 않도록 막는 것이다. 후자는 어린이들은 광고에 대한 인지적 방어능력이 부족하기 때문에 광고에 대한 노출을 줄이는 것이 부정적 효과를 줄이는 유일한 방법이라고 보는 관점이다(Robinson et al., 2001). 이제는 가정교육에 디지털 정보, 특히 범람하고 있는 상업적 정보에 대한 교육을 포함하여야 한다. 광고 리터러시 교육이 가정에서 시작되어야 하며 어린이의 미디어 이용 행태가 변화함에 따라 그 내용과 방식도 수정되어야 한다.

부모의 광고중재안을 좀 더 구체적으로 분류하면 네 가지로 구분할 수 있다(Buijzen & Valkenburg, 2005; Buijzen, 2009). 첫 번째는 광고 통제 중심의 소통방식으로, 광고에 대한 접근성을 제한하기 위해 TV나 컴퓨터 사용에 대한 규칙을 세우고 이용을 제한하는 것이다. 이는 아주 어린 어린이들에게만 효과적인 것으로 알려져 있다. 두 번째는 광고 대화 중심의 소통방식으로 광고의 특성과 목적을 설명하고 가르치는 것이다. 부모가 TV를 함께 보면서 광고가

Miguel Mendes

[그림 12-4] 어린이 성장에서 부모와 양육자의 역할은 중요하다. 특히 디지털 정보와 상업적 정보가 범람하는 오늘날에는 이에 대한 교육이 가정에서부터 이루어져야 한다.

나오면 광고의 설득목적과 편향된 정보에 대해 설명해주며 소통하는 방식이다. 세 번째는 소비자 통제 중심의 소통방식으로 어린이가 소비자로서 갖추어야 할 태도와 행동에 대한 규칙을 세우고 하지 말아야 할 일을 제한하는 것이다. 건강에 좋지 않은 음식을 자제시키는 것 등이 그 예이다. 소비자로서 어린이의 역할을 강조하지만 피해야 할 것들, 하지 말아야 할 것들을 강조하는 것이 특징이다. 네 번째는 소비자 대화 중심의 소통방식으로 어린이가 소비자로서 어떤 기술과 전략을 취득하고 실천해야 하는지를 이야기 하는 것이다. 함께 쇼핑하면서 제품을 비교하고 평가하며 현명한 선택을 하는 방법을 가르쳐주는 것이 그 예이다(Buijzen & Valkenburg, 2005; Buijzen, 2009).

위의 네 가지 부모 소통방식 중 광고를 같이 보면서 설명해주는 광고 대화 중심의 소통방식이 가장 효과적인 것으로 나타났다(Buijzen & Mens, 2007). 5-9세 어린이를 대상으로 부모가 어떤 소통을 하냐에 따라 4개의 실험집단으로 나누어 비교하였다. 첫 번째 집단은 광고의 설득의도와 판매의도에 대한 사실적 소통을 하였고, 두 번째 집단은 광고에 대한 부정적 의견을 주는 평가적 소통을 하였고, 세 번째 집단은 사실적, 평가적 소통을 함께 하였고, 네 번째는 광고에 대해 아무런 이야기도 하지 않았다. 결과는 사실적, 평가적 소통을 함께 했을 때 가장 효과적이었다. 사실적, 평가적 소통을 함께 했을 때 광고된 장난감에 대해 덜 호의적이고 부모를 졸라서 구매하고자 하는 의사가 가장 낮게 나타났다. 주목할 점은 5-6세 어린이들에게는 어떤 방식도 효과가 나타나지 않았다는 것이다. 이 결과는 너무 어린 어린이들에게 광고의 영향력을 줄이는 가장 효과적인 방법은 광고 자체에 대한 노출을 줄이는 것(Robinson, Saphir, Kraemer, Varady & Haydel, 2001)이라는 주장과 일치하며, 제한적 중재의 효용이 나이가 어린 어린이에게서는 나타난다는 의미이기도 하다.

광고 리터러시 영역은 아니지만 부모의 소통방식의 중요성은 국내 관련 연구에서도 비슷하게 나타난다. 인터넷의 장단점에 대해 설명해주는 적극적인 중재태도를 가진 부모의 자녀가 인터넷 사용 시간을 단순 제한하고 금지하는 부모의 자녀보다 인터넷 중독 정도가 낮게 나타났다(이숙정·전소현, 2010). 부모와 자녀의 소통이 많을수록 인터넷과 컴퓨터에 대한 몰입 정도가 낮고, 미디어 이용을 스스로 조절하는 자기통제성이 높았다(나은영·송종현, 2006). 안정임과 동료들(2013)의 연구는 자녀의 미디어 이용 시간을 제한하거나 차단하는 중재행위보다 소통을 격려하는 대화형의 중재행위가 자녀들의 미디어 리터러시 향상을 증진시키는 것을 보여주었다. 즉 부모의 적극 중재가 제한과 통제보다는 소통을 통해 설명하고 논의를 나누는 데 초점을 맞출 때 좀 더 긍정적인 결과로 연결되는 것을 알 수 있다.

광고가 어린이에게 미치는 영향력 중 가장 논란이 되는 부분은 식품 광고와 어린이 건강에 대한 것이다. 식품 광고의 부정적인 영향력을 감소시키기 위해서 가장 효과적인 소통방식은 무엇일까? 부이젠(Buijzen, 2009)의 연구에 의하면, 부모가 적극적으로 식품 광고의 부정적 영향에 대해 이야기 하는 접근 방법이라고 한다. 광고 대화 중심의 소통방식으로 건강에 해로운 식품 광고가 나오면 광고의 설득목적을 구체적으로 설명해주는 것이다. 단 8세 이하의 나이가 어린 어린이들에게는 광고 통제 중심의 소통방식이 광고효과를 줄이는 데 가장 효과적인 것으로 밝혀졌다. 나이가 어린 아이들의 경우 부모가 미디어 접근을 통제하기 쉽기 때문에 광고 통제 중심의 소통방식이 효과적으로 실행될 수 있다. 그러나 어린이의 나이가 많아지면 통제는 더 이상 효과적이지 않다. 대신 어린이와의 대화를 통해 식품 광고가 건강에 미치는 영향을 인지하게 하고 좋은 음식을 선택하게 만들어야 한다(Buijzen, 2009, 2014).

부모의 양육관에 따라 아이들의 광고 이용행태는 달라진다. 실제로 에반스와 동료들(Evans et al.,2013)은 부모의 양육관에 따라 아이들의 광고게임 이용이 달라질 수 있음을 보여주었다. 국내 연구(안순태, 2016)에서도 부모의 소통방식, 양육관에 따라 광고에 대한 상이한 태도가 발견되었다. 부모의 양육관

Mino Watanbe

[그림 12-5] TV에 나오는 건강에 해로운 식품 광고가 어린이 건강에 미치는 영향력은 논란이 되어왔다.

에 따라 네 집단으로 분류해보면 민주적인 양육관, 권위주의적 양육관, 허용적 양육관, 방임형 양육관으로 나눌 수 있다. 이에 따른 광고게임에 대한 인식과 태도, 인터넷 중재 태도와의 관계를 살펴보았다.

민주적(authoritative) 양육관은 적절한 규제를 하면서도 자녀에게 따뜻한 온정을 보여주는 태도이다. 자녀가 지켜야 할 규칙을 설정하지만 자녀의 생각과 의견을 인정하고, 소통을 격려하는 양육관으로 정의된다. 권위주의적(authoritarian) 양육관은 부모 중심으로 규칙과 규율을 설정하고 자녀의 복종을 강조하는 태도이다. 따뜻한 온정 없이 자녀와 대립적 관계로 표현되는 경향이 있다. 세 번째는 허용적(indulgent) 양육관으로 자녀에게 규칙과 제한을 거의 두지 않고, 통제하지 않는다. 온정도 없고 규제도 없다는 특성을 보여준다. 마지막은 방임형(neglecting) 양육관으로 자녀의 요구에 반응이 없고, 자녀와의 대화나 접촉을 회피한다. 자녀에 대한 온정 없이 자녀를 방치하는 특성을 보인다. 안순태(2016) 연구에서는 7-11세의 자녀를 둔 부모 259명을 대상으로 온라인 조사를 하였다. 조사 결과 전체의 36.8%가 민주적 양육관으로 분류되었고, 방임형 양육관 37.3%, 권위주의적 양육관 17.2%, 허용적 양육관 8.6%로 나타났다. 전체의 3분의 2 이상이 민주적 양육관과 방임형 양육관으로 분류되었고, 나머지 두 개의 양육관은 상대적으로 적게 나타났다.

안순태(2016) 연구 결과는 자녀와 소통이 부족하고 규칙의 일관성이 적은 방임형 양육관의 부모 집단이 상당히 많고, 다른 집단과 비교해 광고게임에 대한 부정적 인식이 부족하고, 광고게임에 대한 비판적 태도도 매우 낮았으며, 자녀의 인터넷 중재 태도에도 매우 소극적임을 보여주었다. 방임형 양육관의 문제점은 광고게임에 대한 비판적 태도가 미흡하며, 궁극적으로 자녀의 인터넷 이용, 광고게임 이용에 대한 문제에 소극적이라는 점이다. 부모 대상 광고 리터러시 교육의 필요성을 잘 보여주는 연구 결과이다.

부모의 소통방식은 부모의 특성을 나타내고, 이에 따라 광고 리터러시의 효과가 달라짐을 알 수 있다. 부모의 교육 정도, 특히 엄마의 학력에 따라 그 영향력이 조절되는 것으로 밝혀졌는데, 교육을 많이 받은 엄마의 경우 광고의 역기능을 줄이는 데 더 효과적이다. 또한 TV의 부정적 효과에 걱정을 많이 하는 부모일수록 어린이와 소통을 많이 하고 따라서 광고의 역기능을 줄일 수 있는 것으로 나타났다(Carlson & Grossbart, 1988).

특히 부모와 어린이가 소통 활동에 관해 인지하고 의견을 같이할 때 가장 효과적이다(Buijzen et al., 2008). 어린이가 부모의 소통방식과 활동에 대해 인지하고 있다는 것은 개방적인 소통방식을 취하고 있다는 것이고, 개방적이고 명시적으로 소통하는 가족의 경우 부모가 아이에게 광고와 소비자의 역할에 대해 이야기할 가능성이 높아진다고 한다(Buijzen & Valkenburg, 2005; Fujioka & Austin, 2002; Grusec & Goodnow, 1994; Warren, Gerke & Kelly, 2002). 무엇보다 개방적 소통을 하게 되면 어린이는 부모가 무엇을 말하고, 말하고자 하는지에 대한 원칙을 지각하게 되고, 이에 걸맞는 행동을 하게 될 가능성이 높아진다.

어린이의 나이와 성별도 소통효과를 조절하는 것으로 나타났다. 어린이의 나이가 많아짐에 따라 부모의 소통방식을 인지하고 그 효과가 더 좋게 나타났다(Buijzen, 2014). 또한 여자아이들이 남자아이들보다 소통에 더 귀를 기울이는 경향이 있고, 남자아이들은 반대로 통제전략에 더 반응을 잘 한다고 한다. 여자아이들은 부모가 주는 정보 자체에 더 많이 영향을 받는 반면, 남자아이들은 누가 통제를 하느냐는 힘의 유무에 더 영향을 받는 경향이 있기 때문이다(Ely, Gleason & McCabe, 1996; Gunter & McAleer, 1997).

부모 중재의 중요성은 부모에 대한 교육의 중요성과 연결된다(Buijzen, 2014). 안순태(2016) 연구에서 방임형 양육관을 지닌 부모의 경우 자녀의 인터넷 중재 태도에 있어 소극적이며 광고게임에 대한 비판적 시각이 부족하다는 점이 드러났다. 특히 국내에서 방임형 양육관을 가진 부모가 거의 40%로 분류되었다는 점을 감안하면, 이들을 대상으로 한 부모 교육이 시급해 보인다. 온라인 이용 시 지켜야 할 원칙과 주의할 점 등에 대한 적극적 소통이 이루어지기 위해서는 광고게임에 대한 이해를 포함한 부모의 광고 리터러시가 충분히 갖추어져야 하기 때문이다. 부모가 어린이의 광고 리터러시를 돕기 위해 어떤 교육을 받아야 하는지, 상황에 따라 어떤 소통전략이 효과적인지, 부모의 광고 리터러시 함양을 위한 구체적인 고민이 필요하다.

4. 디지털 미디어 환경에서 어린이 광고 리터러시 증진을 위한 과제

오늘날 어린이들의 미디어 이용행태는 과거 거실에 온 가족이 앉아 함께 TV를 보던 상황과는 판이하게 다르다. Ofcom의 보고서에 따르면 5–15세 사이의 영국 어린이들은 평균 매주 41시간을 미디어를 사용하며 보내는데 이들이 학교에서 보내는 시간은 고작 30시간에 불과하다(Ofcom, 2011). 국내의 경우 휴대폰 사용량만 보더라도 어린이들의 미디어 이용시간은 매우 길다. 중학생이 하루 평균 2시간 24분, 고등학생이 2시간 15분, 초등학교 1–3학년이 45분, 초등학교 4–6학년이 1시간 45분으로 초등학생의 경우 저학년에 비해 고학년의 이용시간이 약 2.5배가량 높다(김윤화, 2018). 더 빨라진 인터넷 속도나 태블릿 PC, 스마트폰의 등장과 같은 다양한 기술적 발전은 어린이들의 디지털 미디어 접근성과 이용을 증폭시키고 있다. 오늘날 어린이들을 넷세대(Net generation, Grail Research, 2011) 혹은 디지털 네이티브(Prensky, 2001)라고 부르는 이유이기도 하다.

어린이들이 다양한 형태의 미디어를 사용한다는 것은 어린이들이 빈번히 광고의 목표공중이 된다는 것을 의미하기도 한다. 뉴본(Neuborne, 2001)은 어린이 웹사이트의 3분의 2가 그들의 초기 수익을 광고에서 벌어들인다는 점을 보여준다. 유튜브 채널의 광고는 점점 증가하는 추세이며 2019년에 유튜브에서 광고된 정크푸드 브랜드 중 490개의 광고가 고지방 고열량 음식을 어린이들에게 직접 광고하는 부적절한 광고인 것으로 드러났다(Vizard, 2019). 문제는 대부분의 어린이들이 다양한 광고 형태에 익숙하지 않고 스스로를 어떻게 광고로부터 보호해야 할지 잘 모르는 경우가 많다는 점이다. Ofcom(2011)은 12-15세 어린이의 절반 이하가 인터넷의 팝업 광고를 차단하는 방법을 모른다고 지적했다. 어린이들이 다양한 미디어를 많이 이용한다는 것과 잘 알고 적절히 이용한다는 것은 다른 문제이다.

디지털 미디어에서 제시되는 내재된(embedded), 몰입형(immersed), 하이브리드(hybrid) 광고는 그 목적도 혼합적이라 어린이가 설득적 동기를 파악하기는 더 힘들다. 웹페이지 안에 있는 광고에 대한 어린이의 이해는 매우 제한적인 것으로 나타난다(Ali et al., 2009). [그림 12-7]은 실험에 사용된 광고물의 예시로 오른쪽 상단과 하단에 각각 가격 표시가 된 광고물이 포함되어 있다. 이와 유사하게 제작된 27개 웹페이지를 성인 20명에게 보여주었을 때 모든 성인이 정확히 광고를 분별하였다.

그러나 총 27개의 광고물 중에서, 6세 어린이는 7.65개, 8세 어린이는 15.23개, 10세 어린이는 19.73개를 분별하였다. 즉 6세 어린이는 4분의 1, 8세 어린이는 절반 정도, 10세 어린이는 4분의 3 정도만이 광고를 정확히 알아차렸다. 이러한 연구 결과(Ali et al., 2009)는 어린이들이 웹페이지에서 광고와 광고가 아닌 것을 잘 구분하지 못한다는 것을 보여준다. 주목할 점은 나이가 증가함에 따라 광고에 대한 이해가 증가했지만, 12세의 경우에도 성인과 비교하면 매우 부정확한 수준이라는 것이다. 어린이 대상으로 만들어진 광고게임의 경우에는 오락적, 설득적, 교육적 목적이 혼재되어 있고 이에 대한 어린이의 이해는 저조하다(Lee, Choi, Quilliam, Cole, 2009).

어린이 광고 리터러시 제고를 위해서는 학교, 학부모, 사회, 그리고 기업의 적극적이고 책임감 있는 노력이 필요하다. 제3장의 [그림 3-7], 제6장의 [표 6-1], [표 6-2]는 해외 식품회사들이 광고게임에 다양한 광고 안내문을 부착하고 있음을 보여준다. 치리오스(Cheerios) 시리얼이 등장하는 광고게임 내에는

[그림 12-6] 오늘날 어린이들은 다양한 형태의 미디어를 멀티태스킹하는 환경에서 자라난다.

[그림 12-7] 웹페이지 안에 포함된 광고들. 많은 어린이들이 웹페이지 안에서 접하는 광고들을 상업적 목적을 가진 광고라고 잘 인지하지 못한다.

Ad Spot이라는 눈에 띄는 아이콘을 부착하여 제너럴밀스(General Mills) 회사의 제품이 광고되고 있음을 자발적으로 고지한다. 맥도날드와 버거킹도 비슷한 광고 안내문을 사용하고 있다. 어린이 대상 광고를 기획하고 집행하는 광고주가 어린이 소비자 보호를 위해 할 수 있는 일들을 자율적이고 적극적으로 찾아야 한다.

기업의 자율규제와 더불어, 정부는 규제 사각지대에 있는 인터넷 광고의 문제점을 직시하고 더 나은 환경 마련을 위해 노력해야 한다. 방송 광고에서 규제되고 있는 중간광고, 가상광고는 인터넷 환경에서 더 복잡하고 정교하게 어린이의 이해력과 분별력을 시험하고 있다. 인터넷 광고의 유해성이 그 형식과 내용 모두에서 지적되어왔고 이는 자율규제 또는 타율규제의 형식으로 해결되어야 한다. 광고 리터러시를 포함한 미디어 리터러시 교육을 정규 교육과정에 포함하는 일도 시급하다. 영국, 캐나다, 프랑스, 핀란드 등 주요 선진국에서 이미 오래전에 교육과정에 포함된 미디어 리터러시 교육이 국내에서는 아직도 실현되지 않고 있는 것은 매우 안타까운 현실이다.

또한 일반적인 미디어 리터러시 교육에 머물지 말고 상업적 정보의 이해와 활용에 초점을 둔 광고 리터러시 커리큘럼이 별도로 개발되어야 한다. 오늘날 우리 어린이들이 대부분의 시간을 보내는 공간이 상업적 정보로 가득 차 있다는 현실을 주시하고 이를 구분하고 평가하여 활용할 수 있는 능력을 함양하는 데 더 많은 고민과 노력이 필요하다. 어린이들이 객관적 정보와 상업적 정보를 분별하지 못하고 단순노출효과로 인한 광고의 부정적 효과가 어린이의 건강, 생활습관, 가치관에 나타나는 것을 막아야 한다.

학교 교육과 부모 중재도 필수적이지만, 부모 교육도 필요하다. 오늘날 미디어 환경에서 어린이들의 다양한 미디어 이용을 부모가 모두 통제하고 관리한다는 것은 쉬운 일이 아니며 가능하지도 않다. 어린이가 부모와 같이 거실에서 TV를 보고 있더라도 태블릿 PC나 휴대폰으로 개별 미디어를 독자적으로 이용하고 있을 확률이 훨씬 높다. 어린이들이 노출되고 있는 다양한 방식의 광고 유형에 부모가 먼저 익숙해져야 한다. 광고와 게임이 접목되어 있는 광고게임, 광고와 뉴스가 혼합된 형태의 네이티브 광고 등 다양한 디지털 미디어 광고는 때로는 성인도 광고라고 알아차리기 힘들 정도이다. 실제로 어린이 영화에 광고주들이 간접광고를 통해 제품을 광고하고 있다는 것을 3분의 1에 해당하는 부모는 모르고 있었다고 한다(Hudson et al., 2008). 부모도 광고의 존재를 인지하지 못하는 상황에서 어린이에게 광고를 보면서 설명해주고 비판적인 태도를 갖도록 지도하는 것은 불가능하다. 어린이 대상의 교육뿐만 아니라 부모를 대상으로 한 광고 리터러시 교육이 병행되어야 하는 이유이다.

변화하는 미디어 환경에서 광고 리터러시 교육의 중요성을 주시하면서 좀 더 많은 고민과 생각이 필요하다. 무엇보다 개념적 광고 리터러시에서 나아가 태도적 광고 리터러시를 어린이에게 어떻게 가르칠 것인가에 대한 고민이 요구된다. 성인이 갖는 광고 전반에 대한 회의적인 태도와 비판적 시각을 어린이들이 자연적으로 습득할 수 있도록 가정과 학교에서 가르치고 이야기해야 한다. 또한 어린이 연령과 광고 리터러시의 깊은 관계를 감안하여 획일적인 광고 리터러시 교육 프로그램에서 벗어나 연령별 광고 리터러시 교육을 구체화시켜야 한다. 광고 리터러시 향상 전략에 대한 깊이 있는 연구도 병행되어야 한다. 일방적인 전달방식의 광고 리터러시 교육보다는 어린이를 동기화시키기에 최적화된 전략개발 연구가 시급하다. 건강정보를 전달할 때 그 내용만큼이나 중요한 것은 어떻게 전달하느냐이다. 어린이를 동기화시킬 수 있는 전달방식에 대한 연구는 어린이 건강과 복지를 담보하고 건강한 사회를 위한 기반을 제공할 것이다.

어린이 광고가 어린이를 위한 유용하고 건강한 정보로 작용하기 위해서는 정보이용자인 어린이가 주체가 되어 이를 이해하고 활용할 수 있어야 한다. 어린이 광고 리터러시가 어린이의 건강과 안녕을 위한 핵심적인 역량이며 소양이

되어야 하는 이유이다. 광고가 나쁘고 피해야 할 것이라고 가르치는 것과는 다르다. 누가 만들고, 왜 만들며, 어떠한 목적으로 전달되는지에 대한 기본적인 이해로 시작해서 편향성을 가진 상업적 정보로서 객관적 정보와는 다르게 평가하고 활용해야 한다는 것을 깨닫게 해야 한다. 무엇보다 어린이를 보호해야 할 의무가 있는 사회조직과 사회구성원 모두가 우리 어린이가 일상적으로 마주치는 무수한 상업적 정보의 내용과 문제점에 좀 더 귀를 기울이고 고민해야 한다. 우리 어린이들이 온라인과 오프라인에서 소비하는 다양한 상업적 정보가 어린이 복지를 위한 필요조건이 될 수 있어야 하며, 효과적이고 효율적으로 광고 정보를 이해하고 활용할 수 있는 어린이 역량을 배양시켜야만 건강한 사회, 안전한 사회가 되기 위한 충분조건이 마련될 수 있을 것이다.

p. 17 [그림 1-1]
Bernhardt, A. M., Wilking, C., Adachi-Mejia, A. M., Bergamini, E., Marijnissen, J. & Sargent, J. D. (2013). How television fast food marketing aimed at children compared with adult advertisements. *PLOS ONE* (by Robert Wood Johnson Foundation). (https://www.rwjf.org/en/library/research/2013/08/how-television-fast-food-marketing-aimed-at-children-compares-wi.html)

p. 23 [그림 1-2]
안순태 (2015). "소득수준에 따른 어린이 광고 리터러시". 〈한국방송학보〉, 29(2), 116-148.

p. 33 [그림 2-1]
이태무 (2011. 6. 15). "20만원짜리 티셔츠… 내 아이는 특별하니까", 〈한국일보〉. (https://www.hankookilbo.com/News/Read/201106151714110626)

p. 34 [그림 2-2]
Pakistan Advertising Society (2019). UAE government announces plan to restrict 'unhealthy' food advertising. (https://pas.org.pk/uae-government-announces-plan-to-restrict-unhealthy-food-advertising/)

p. 35 [그림 2-3]
안지예 (2016. 4. 22). "어린이 앞세운 '설탕 덩어리' 주스 마케팅 논란". 〈시사오늘 (시사ON)〉. (http://www.sisaon.co.kr/news/articleView.html?idxno=43773)

p. 38 [그림 2-4]
맥도날드 해피밀 광고 (https://www.mcdonalds.com/us/en-us/full-menu/happy-meal.html)

p. 38 [그림 2-5]
Flowers, A. A., Lustyik, K. & Gulyás, E. (2010). Virtual junk food playgrounds in Europe: advergames in the UK and Hungary. *Journal For Virtual Worlds Research, 3(2)*, 3-25.

p. 43 [그림 2-6]
럭키참스 유니콘마시멜로우 시리얼 TV 광고 (https://www.ispot.tv/ad/whGJ/lucky-charms-magical-unicorn-marshmallow-lucky-the-leprechaun)

p. 55 [그림 3-1]
맥도날드 해피밀 홈페이지 광고 (https://www.mcdonalds.com/us/en-us/full-menu/happy-meal.html)

p. 59 [그림 3-3]
Gesenhues. A. (2019). Are brands behind the times when it comes to gender stereotypes in ads? *Marketing Land*. (https://marketingland.com/are-brands-behind-the-times-when-it-comes-to-gender-stereotypes-in-ads-255997)

p. 62 [그림 3-4]
"Then-And-Now Photos Of The Girl From That Iconic LEGO Ad Show Just How Much Has Changed". (2017. 12. 6). *Huffpost*. (https://www.huffpost.com/entry/then-and-now-lego-ad_n_4768560)

p. 62 [그림 3-5]
"남양유업 '루카스나인' 광고 성차별 도마". (2017. 11. 29). 〈투데이신문〉. (http://www.ntoday.co.kr/news/articleView.html?idxno=55855)

p. 68 [그림 3-6]
Duke University Exhibits (2020). Look boys and girls! advertising to children in the 20th century. (https://exhibits.library.duke.edu/exhibits/show/childrenads/intro)

p. 72 [그림 3-7]
An, S. & Kang, H. (2013). Do online ad breaks clearly tell kids that advergames are advertisements that intend to sell things?. *International Journal of Advertising, 32(4)*, 655-678.

p. 81 [그림 4-1]
Macklin, M. C. (1987). Preschoolers' understanding of the informational function of television advertising. *Journal of Consumer Research, 14(2)*, 229-239.

p. 95 [그림 5-1]
식품의약품안전처 포스터 (https://www.mfds.go.kr)

p. 101　[그림 5-2]

양병채 (2012. 11. 4). "[포커스] 전국 자치단체 첫 프로야구 TV 가상광고 추진한 진안군 이색 홍보 '눈길'". 〈새전북신문〉.

p. 109　[그림 5-4]

Gregoire, J. (2013). Native advertising examples and publishers. *Tinuiti*. (https://tinuiti.com/blog/ecommerce/native-advertising-examples/)

p. 115　[그림 6-1]

PWC (2017). *Kids Digital Advertising Report 2017*.

p. 117　[그림 6-2]

한국방송광고진흥공사 (2019). "2019 MCR: 소비자행태조사 보고서".

p. 117　[그림 6-3]

Van Eeden, E. & Chow, W. (2019). Perspectives from the Global Entertainment & media Outlook 2019–2023. (https://www.pwc.com/outlook)

p. 120　[그림 6-4]

Cheng, L. (2017). Introducing messenger kids, a new app for families to connect. (https://about.fb.com/news/2017/12/introducing-messenger-kids-a-new-app-for-families-to-connect/)

p. 124　[그림 6-5]

"아이에게 해로운 장면 연출한 유튜버, 아동학대 결정". (2018. 7. 29). 〈SBS 뉴스〉. (https://www.youtube.com/watch?v=VsA-zkqiwOo)

p. 129　[그림 6-6]

An, S. & Stern, S. (2011). Mitigating the effects of advergames on children: do advertising breaks work? *Journal of Advertising, 40(1)*, 41-54.

p. 137　[그림 7-1]

Bruell, A. (2010. 7. 14). Nestlé and FTC settle deceptive ad claims. PR Week. (https://www.prweek.com/article/1267084/nestle-ftc-settle-deceptive-ad-claims)

p. 138　[그림 7-2]

Giphy.com (2020). Season 6 house fancy GIF by spongebob squarepants. (https://giphy.com/gifs/spongebob-spongebob-squarepants-season-6-xUPJPIYlawiQlOfVte)

p. 167, 169, 171　[그림 9-1], [그림 9-2], [그림 9-3], [그림 9-4]
　　시청자미디어재단 (2016). "알기쉬운 방송광고 모니터링". 〈시청자미디어재단〉.
　　(https://kcmf.or.kr/data/board//1482381173_upfile.pdf)

p. 171　[그림 9-5]
　　플레이도 유튜브 광고 (https://www.youtube.com/watch?v=ciPR1EI0DMQ)

p. 175　[그림 9-6]
　　유튜브 인스트림 광고와 '광고 건너뛰기' 버튼 (Youtubemarketing.co.kr)

p. 178　[그림 9-7]
　　한국광고자율심의기구 (https://www.karb.or.kr/)

p. 181　[그림 9-8]
　　서영길 (2012. 10. 5). "저질 광고와 맞바꾼 언론의 자존심". 〈The PR News〉.
　　(http://www.the-pr.co.kr/news/articleView.html?idxno=6644)

p. 189　[그림 10-1]
　　한국소비자원 어린이안전넷 (https://www.isafe.go.kr/children/index.do)

p. 194　[그림 10-2]
　　한국언론진흥재단 학교미디어교육사업 (https://www.kpf.or.kr/front/intropage/
　　intropageShow.do?page_id=49b3872af2b5409787e38e8084f093e1)

p. 197, 199　[그림 10-3], [그림 10-4]
　　캐나다 미디어스마트 웹사이트 (https://mediasmarts.ca/)

p. 199　[그림 10-5]
　　캐나다 미디어스마트 광고게임 교육 프로그램 "Co-Co's AdverSmarts" (https://
　　mediasmarts.ca/sites/default/files/games/coco/flash/start.html)

p. 201　[그림 10-6]
　　영국 영어와 미디어 센터 웹사이트 (http://www.englishandmedia.co.uk)

p. 203　[그림 10-7]
　　프랑스 CLEMI 웹사이트 (https://www.clemi.fr/)

p. 207　[그림 11-1]
　　Klass, P. (2013. 2. 11). How advertising targets our children. *The New York
　　Times*. (https://well.blogs.nytimes.com/2013/02/11/how-advertising-targets-
　　our-children/?searchResultPosition=16)

p. 214 [그림 11–2]

"Don't weaken privacy protections for children". (2019. 10. 10). *The New York Times*. (https://www.nytimes.com/2019/10/10/opinion/coppa–children–online–privacy.html)

p. 221 [그림 12–1]

Wood, M. (2014. 5. 15). "How young is too young for a digital presence? ". *The New York Times*. (https://www.nytimes.com/2014/05/15/technology/personaltech/how–young–is–too–young–for–a–digital–presence.html)

p. 225 [그림 12–2]

An, S., Jin, H. S. & Park, E. H. (2014). Children's advertising literacy for advergames: perception of the game as advertising. *Journal of Advertising, 43(1)*, 63–72.

p. 226 [그림 12–3]

안순태 (2011). "광고게임(Advergame)의 설득의도에 대한 어린이의 이해와 광고게임에 관한 교육 프로그램의 효과". 〈광고학연구〉, 22(3), 29–50.

p. 231 [그림 12–4]

World Health Organization (2020). Training parents to transform chlidren's lives. (https://www.who.int/mental_health/maternal–child/PST/en/)

p. 233 [그림 12–5]

Winconek, S. (2013. 3. 25). Companies increase marketing of alcohol, junk food to kids. *Metro Parent*. (https://www.metroparent.com/daily/health–fitness/childrens–health/companies–increase–marketing–of–alcohol–junk–food–to–kids/)

p. 239 [그림 12–6]

Vogt, M. (2005). Kids and media: More multitasking. *Reading Today, 22(5)*, 7. (http://miranda81610.blogspot.com/2011/04/media–multitasking.html)

p. 239 [그림 12–7]

Ali, M., Blades, M., Oates, C. & Blumberg, F. (2009). Young children's ability to recognize advertisements in web page designs. *British Journal of Developmental Psychology, 27(1)*, 71–83.

강진숙 (2018). "유럽의 미디어교육법과 미디어 리터러시 교육 사례: 독일, 프랑스, 핀란드를 중심으로". 원용진·허경 외 (편) 《4차 산업혁명 시대의 미디어 리터러시 교육》, 408–439, 도서출판지금.

강진숙, 배현숙, 김지연, 박유신 (2019). "미디어 리터러시 교육과정 운영을 통한 시민역량 제고 방안 연구". 〈교육부 정책연구보고서〉.

공지유 (2019. 8. 1). "[유튜브 이대로 좋은가] ① 조회수가 곧 돈". 〈스냅타임〉. (http://snaptime.edaily.co.kr/2019/08/유튜브-이대로-좋은가①조회수가-곧-돈/)

과학기술정보통신부 (2019). 2019 방송통신광고비 조사보고서.

권경성 (2009. 8. 9). "방송·광고계 정부 식품광고 규제안 반대". 〈미디어오늘〉. (http://www.mediatoday.co.kr/news/articleView.html?idxno=82041)

김경화 (2004). "광고와 어린이의 상호관계에 관한 연구". 〈한국전통상학연구〉, 18(1), 139–151.

김경희, 강금지 (1997). "어린이 시간대 식품광고에 대한 어린이들의 수용태도". 〈한국조리과학회지〉, 13(5), 648–660.

김광재, 장은미, 강신규 (2017). 《사회 미디어교육 현황 및 운영 전략 연구》. 한국언론진흥재단.

김광협 (2010). "케이블 TV 어린이광고 규제 연구". 〈사회과학연구〉, 21(4), 69–90.

김미정, 김종배 (2009). "TV 드라마에서의 제품배치가 브랜드 회상 및 태도에 미치는 영향". 〈경영관리연구〉, 2(1), 43–66.

김병철, 김정순, 이현숙 (2012). 《언론보도 및 광고 자율심의제도의 효과적 운영 방안 연구 (연구보고서 2012-02)》. 한국언론진흥재단.

김봉철, 이용성, 이귀옥 (2004). 《우리나라 방송광고 개선방안에 관한 연구》. 한국방송광고공사 연구보고서.

김성기, 곽동성 (2005). "아동들의 나이와 구매제품유형에 따른 유명인 광고모델의 효과", 〈광고학연구〉, 16(2), 311–336.

김수경 (2019. 12. 31). "2020년 국내 광고비 14조5천억원 전망…올해 대비 4.3%↑". 〈브랜드브리프〉. (http://www.brandbrief.co.kr/news/articleView.html?idxno=2892)

김여라 (2019). 《디지털 시대의 미디어 리터러시 해외 사례 및 시사점》. 국회입법조사처.

김연지 (2018. 8. 12). "살아있는 동화·생생한 스포츠 '미디어 플랫폼' 거듭나는 통신사, 왜?". 〈노컷뉴스〉. (https://www.nocutnews.co.kr/news/5013823)

김영신 (2020. 2. 13). "작년 모바일 광고비 3조원 첫 돌파…방송·인쇄 매체는 하락세". 〈연합뉴스〉. (https://www.yna.co.kr/view/AKR20200213051500003?input=1195m)

김예나 (2016. 9. 7). "인터넷 광고 선정성 '심각'…청소년 95%가 접해". 〈연합뉴스〉. (https://www.yna.co.kr/view/AKR20160907147900017)

김윤종 (2018. 10. 11). "한국도 아동–청소년 비만 환자 급증… 설탕세 도입 필요". 〈동아일보〉. (http://www.donga.com/news/article/all/20181011/92343762/1)

김윤화 (2018). "어린이와 청소년의 휴대폰 보유 및 이용행태 분석". 〈KISDI STAT Report〉, 18(20), 1–7.

김은미 (2011). "부모와 자녀의 인터넷 리터러시의 관계". 〈한국언론학보〉, 55(2), 155–177.

김은미, 정화음 (2007). "청소년의 미디어 이용 격차에 관한 탐색". 〈언론정보연구〉, 43(2), 125–161.

김은영 (2019. 11. 10). "술 마시는 '공유' 광고 이제 못본다…주류업계 잇단 규제에 '난감'". 〈조선일보〉. (http://news.chosun.com/site/data/html_dir/2019/11/08/2019110803987.html?utm_source=naver&utm_medium=original&utm_campaign=news)

김재영 (2015). "EU 소비자법제 연구". 〈정책연구보고서〉, 1–172.

김정우 (2019. 9. 24). "미래 고객·인재 잡아라…제약회사에 부는 '영 마케팅' 바람". 〈한경비즈니스〉. (https://news.naver.com/main/read.nhn?mode=LSD&mid=sec&sid1=101&oid=050&aid=0000051397)

김지은 (2014. 10. 10). "우리나라 아동·청소년 10%가 비만…OECD 평균치보다 높아". 〈뉴시스〉. (http://www.newsis.com/ar_detail/view.html/?ar_id=NISX20141008_0013218808&cID=10201&pID=10200)

김지은, 한규훈 (2016). "초등학생의 비판적 사고력 향상을 위한 광고활용교육의 적용과 효과검증". 〈광고연구〉, (108), 5–30.

김지혜, 정익중 (2010). "빈곤은 인터넷 활용에도 영향을 미치는가?: 빈곤이 부모의 지도 감독과 청소년의 인터넷 활용유형을 매개로 학교부적응과 학업성취에 미치는 영향". 〈사회복지연구〉, 41(3), 29-56.

김지훈, 최현선, 김도승 (2016). 《인터넷신문 기사·광고의 자율규제에 관한 법제분석》. 한국법제연구원.

김창남 (2013. 3. 5). "GS25, 햄버거 불법광고로 어린이 충동구매 부추겨". 〈조선비즈〉. (https://biz.chosun.com/site/data/html_dir/2013/03/05/2013030500919.html)

김태훈 (2019. 8. 12). "유튜브 육아, 영상 중독 부른다". 〈주간경향〉. (http://weekly.khan.co.kr/khnm.html?mode=view&code=115&artid=201908051703571&pt=nv)

김형원 (2017. 8. 10). "디즈니, 어린이앱 개인정보 무단 사용?…美서 집단 소송 휘말려". 〈IT조선〉. (http://it.chosun.com/site/data/html_dir/2017/08/10/2017081085052.html)

김희정 (2003). "어린이 TV 광고에 나타나는 소비자 정보에 관한 연구". 〈한국방송학보〉, 17(1), 39-74.

나은영 (2006). "광고 커뮤니케이션 수용자로서의 어린이와 청소년". 〈한국심리학회지: 소비자·광고〉, 7(1), 131-163.

나은영, 송종현 (2006). "어린이의 인터넷·컴퓨터게임 몰입에 미치는 자기통제성의 매개역할과 어머니의 개방적 커뮤니케이션의 영향". 〈한국언론학보〉, 50(2), 116-147.

나은영, 박소라, 김은미 (2009). "가족평등대화와 청소년의 인터넷 의존". 〈사이버커뮤니케이션 학보〉, 26(4), 5-49.

남명자 (1995). 《어린이와 텔레비전 환경》. 나남.

노은희, 신호재, 이재진, 정현선 (2018). "교과 교육에서의 디지털 리터러시 교육 실태 분석 및 개선 방안 연구". 〈한국교육과정평가원〉.

류은주 (2019. 10. 9). "중간광고 요구 지상파, 월화드라마 전면 폐지". 〈IT조선〉. (http://it.chosun.com/site/data/html_dir/2019/10/08/2019100802157.html)

문영숙, 이미라 (2012). "광고게임의 현황과 특성에 관한 탐색적 연구". 〈광고학연구〉, 23(6), 83-106.

문철수 (2002). "버추얼광고 시행에 대비한 방송광고 법제 개선 방안 연구". 〈방송통신연구〉, 2002(2), 205-243.

문철수 (2006). "광고의 인식 개선을 위한 광고 수용자 교육의 과제". 〈OOH광고학연구〉, 3(2), 21-34.

문현숙 (2007. 11. 6). "'시민사회 배제…시청자 주권 훼손' 철회 목소리". 〈한겨레〉. (http://www.hani.co.kr/arti/society/media/248405. html#csidx5bf7268f26c2f5 bbe5ce19e2ef7c26f)

미디어스마트 (2014). (http://mediasmarts.ca/digital-media-literacy/educational-games)

박광택 (2010. 1. 19). "고열량·저영양 어린이 식품 TV 광고 제한된다". 〈보건복지부〉. (http://www.mohw.go.kr/react/al/sal0301vw.jsp?PAR_MENU_ID=04&MENU_ID=0403&CONT_SEQ=225667)

박노성 (2004).《중간광고의 경제 효과에 관한 연구》. 한국방송광고공사.

박명숙 (1988). "아동소비자의 TV광고에 대한 이해도 신뢰도가 상품선택행위에 미치는 영향". 〈대한가정학회지〉, 26(1), 151-162.

박미선 (2019. 5. 14). "백화점들이 '키즈 마케팅'에 공들이는 까닭은?". 〈이투데이〉. (http://www.etoday.co.kr/news/view/1755565)

박상준 (2017. 9. 11). "소아 청소년 6명 중 1명 과체중 혹은 비만". 〈메디칼업저버〉. (http://www.monews.co.kr/news/articleView.html?idxno=105399)

박석철 (2017. 8. 18). "EU 방송 광고 규제 완화 너무도 먼 나라 이야기". 〈한국광고총연합회 광고정보센터매거진〉. (https://www.adic.or.kr/journal/column/show.do?ukey=489636)

박성진 (2018. 11. 30). "EU 개정 시청각미디어서비스지침이 발표되다". 한국저작권위원회, 〈저작권동향〉, 2018(23).

박소라 (2005). "어린이의 인터넷 이용 특성과 이에 영향을 미치는 개인적, 환경적 요인에 대한 연구". 〈한국언론학보〉, 49(4), 166-190.

박소정 (2019. 3. 21). "패스트푸드 광고 노출, 온라인·모바일서 심각… WHO, 디지털 광고 규제촉구 나서". 〈뉴데일리경제〉. (http://biz.newdaily.co.kr/site/data/html/2019/03/2 0/2019032000150.html)

박수호 (2019. 3. 15). "저출산에 달라지는 산업 트렌드–하나 낳아 잘 키우자…골드키즈 '큰 손' 유모차 전용 청정기·플레이하우스 잇템". 〈매일경제〉. (https://www.mk.co.kr/news/economy/view/2019/03/156121/)

박정현 (2017. 5. 4). "불황 모르는 아동제품…'골드키즈' 덕분에 백화점 웃는다". 〈조선비즈〉. (https://biz.chosun.com/site/data/html_dir/2017/05/04/2017050401029.html)

박종호 (2013). "인터넷상 선정성 광고의 문제점 및 개선방안: 인터넷신문을 중심으로". 〈조사보고서〉, 1-60.

박지현 (2019. 7. 26). "6살짜리 아이가 월 40억 번다는 '보람튜브'가 뭐기에?". 〈월간조선〉. (http://m.monthly.chosun.com/client/mdaily/daily_view.asp?idx=7532&Newsnumb=2019077532)

방송통신위원회 (2019). "2019년도 방송통신위원회 성과관리시행계획 보고서".

배진아, 조연하 (2010). "디지털 미디어와 가족 커뮤니케이션". 〈사이버커뮤니케이션 학보〉, 27(1), 53-91.

산업연구원 (2019). "국내 키즈콘텐츠시장의 현황과 시사점". (http://www.kiet.re.kr/kiet_web/?sub_num=992)

상유, 안순태 (2016). "간접광고 유형에 따른 브랜드 태도와 구매 의도". 〈한국광고홍보학보〉, 18(4), 323-353.

서영길 (2012. 10. 5). "저질 광고와 맞바꾼 언론의 자존심". 〈The PR News〉. (http://www.the-pr.co.kr/news/articleView.html?idxno=6644)

선미정 (1990). 《취학 전 아동에게 미치는 TV상품광고의 영향》. 연세대학교 대학원.

송요섭, 오상화, 김은미, 나은영, 정하소, 박소라 (2009). "다매체 환경에서 청소년의 미디어 활용방식에 대한 FGI 연구: 성별과 환경적 요인에 따른 차이를 중심으로". 〈언론정보연구〉, 46(2), 33-65.

송윤세 (2012. 7. 10). "시민단체 '박카스광고, 청소년에 카페인음료 복용 부추겨'". 〈중앙일보〉. (https://news.joins.com/article/8717998)

시청자미디어재단 (2016). "알기쉬운 방송광고 모니터링". 〈시청자미디어재단〉. (https://kcmf.or.kr/data/board//1482381173_upfile.pdf)

신준호 (2002). "버추얼광고의 이해". 〈광고정보〉, 2002(3), 106-109.

신태섭 (2006). "방송광고 판매제도 개선방안 연구: 경쟁도입의 효과분석과 보완장치 모색을 중심으로". 〈한국언론정보학보〉, (33), 169-192.

안순태 (2011). "광고게임(Advergame)의 설득의도에 대한 어린이의 이해와 광고게임에 관한 교육 프로그램의 효과". 〈광고학연구〉, 22(3), 29-50.

안순태 (2012a). "어린이의 광고 리터러시: 광고에 대한 이해와 태도". 〈한국언론학보〉, 56(2), 72-91.

안순태 (2012b). "어린이 대상 식품 광고 게임의 특성에 관한 연구: 인터넷 광고게임의 문제점과 개선방안을 중심으로". 〈한국방송학보〉, 26(3), 333–370.

안순태 (2013). "인터넷 신문 텍스트 광고의 기사 혼동성에 대한 연구". 〈한국방송학보〉, 27(5), 124–161.

안순태 (2014). "인터넷 신문 기사형 광고에 대한 어린이의 이해: 광고 리터러시와 광고 표식 효과". 〈한국언론학보〉, 58(2), 246–268.

안순태 (2015). "소득수준에 따른 어린이 광고 리터러시", 〈한국방송학보〉, 29(2), 116–148.

안순태 (2016). "부모의 양육관에 따른 광고게임 인식 및 인터넷 중재 태도". 〈미디어, 젠더 & 문화〉, 31(1), 115–152.

안순태, 윤소영 (2019). "온라인 네이티브 광고의 광고 표식에 대한 분석: 광고 표식의 위치, 현저성, 명료성을 중심으로". 〈한국광고홍보학보〉, 21(1), 5–31.

안승진 (2019. 6. 9). "19금 ASMR·자막영상…기준 모호한 유튜브 속 신종 음란물의 등장". 〈세계일보〉. (http://www.segye.com/newsView/20190607509026?OutUrl=naver)

안정임, 서윤경, 김성미 (2013). "미디어 리터러시 구성요인과 부모의 중재 행위, 아동의 이용조절 인식간의 상관관계". 〈언론과학연구〉, 13(2), 161–192.

안정임, 김양은, 전경란, 최진호 (2017). 《지능정보사회에서의 미디어 리터러시 이슈 및 정책 방안 연구》. 방송통신위원회.

안정임, 김양은, 전경란, 최진호 (2019). "미디어 리터러시 역량 인식의 전문가 집단 간 동질성과 차별성". 〈사이버커뮤니케이션학보〉, 36(1), 49–87.

안지예 (2016. 4. 22). "어린이 앞세운 '설탕 덩어리' 주스 마케팅 논란". 〈시사오늘(시사ON)〉. (http://www.sisaon.co.kr/news/articleView.html?idxno=43773)

양병채 (2012. 11. 4). "[포커스] 전국 자치단체 첫 프로야구 TV 가상광고 추진한 진안군 이색 홍보 '눈길'". 〈새전북신문〉. (http://www.sjbnews.com/news/articleView.html?idxno=416728)

양세정 (2019. 5. 7). "키즈 시장을 잡아라…어린이 전용 라인 늘리는 식품업계". 〈스마트경제〉. (http://www.dailysmart.co.kr/news/articleView.html?idxno=10226)

양지연 (2009). "온라인 맞춤형 광고: 개인정보보호와 정보이용의 균형점을 찾아서, 미국 FTC와 EU의". 〈Law & Technology〉, 5(2), 3–26.

여성가족부 (2013). "2013년 인터넷신문 유해성광고 실태점검 결과". (http://www.mogef.go.kr/nw/enw/nw_enw_s001d.do?mid=mda700&bbtSn=699391)

여성가족부 (2019). "2019년 인터넷·스마트폰 이용습관 진단조사 결과 발표". (http://www.mogef.go.kr/nw/enw/nw_enw_s001d.do?mid=mda700&bbtSn=707144)

염성원 (2006). "유럽 주요국의 광고규제 동향과 함의에 관한 연구". 〈광고학연구〉, 17(1), 25-52.

유승엽, 김진희 (2011). "제품관여와 배치형태 및 노출유형이 광고 속 PPL 효과에 미치는 영향". 〈한국심리학회지: 소비자·광고〉, 12(4), 713-735.

유승철 (2011). "[글로벌 리포트] 싱글 키드 시대의 키드 마케팅, 마케팅 효과와 사회적 책임". 〈제일기획〉. (https://www.adic.or.kr/journal/column/show.do?ukey=130766)

유안타리서치 (2016). "Premium & China 두 가지 키워드로 풀어본 유아동 산업". 〈유안타증권〉.

유용하 (2019. 11. 7). "아동비만 해결책은 '밥상머리 교육'". 〈서울신문〉. (https://www.seoul.co.kr/news/newsView.php?id=20191107023002)

유진상 (2018. 2. 21). "韓 LTE 속도, 글로벌 2위서 4위로…접근성은 1위". 〈IT조선〉. (http://it.chosun.com/site/data/html_dir/2018/02/21/2018022185002.html)

유현재 (2010). "애니메이션 캐릭터를 활용하는 TV 패스트푸드 광고에 대한 어머니들의 태도에 관한 연구". 〈한국광고홍보학보〉, 12(3), 102-127.

윤각, 최호정 (1997). "TV 호스트셀링 광고에 대한 초등학교 4학년과 6학년 학생들의 인지 및 태도에 관한 실험 연구", 〈커뮤니케이션학 연구〉, 10(1), 107-126.

윤근혁 (2020. 1. 7). "교육부 보고서 '교육과정에 미디어 리터러시 포함해야'", 〈오마이뉴스〉. (http://www.ohmynews.com/NWS_Web/View/at_pg.aspx?CNTN_CD=A0002602359)

윤석년 (2008). "방송광고 규제정책의 변화와 영향에 관한 연구". 〈방송과 커뮤니케이션〉, 9(2), 37-66.

윤혜경 (2017. 11. 29). "남양유업 '루카스나인' 광고 성차별 도마". 〈투데이 신문〉. (http://www.ntoday.co.kr/news/articleView.html?idxno=55855)

윤희중 (1991). "TV광고가 어린이 및 청소년에게 미치는 영향에 관한 연구". 〈광고학연구〉, 2, 21-25.

이경렬 (2005). "가상광고의 도입에 따른 공론화와 쟁점에 대한 논의". 〈방송통신연구〉, 61호, 85–109.

이귀옥 (2010). "어린이 대상 텔레비전 식품 광고의 특성". 〈방송통신연구〉, 72, 41–69.

이기종 (2011). "기만적 표시·광고의 규제 – 미국법에 대한 비교법적 고찰을 중심으로". 〈경제법연구〉, 10(2), 157–175

이도원 (2019. 8. 29). "구글, 유튜브 키즈 개편…연령층 세분화 아이 표적 광고 중단". 〈ZD Net Korea〉. (http://www.zdnet.co.kr/view/?no=20190829070443)

이상민, 유승엽 (2004). "호스트셀링 광고효과에 관한 연구: 맥락효과와 프로그램 전후 및 중간 광고 비교". 〈광고학연구〉, 15(5), 29–55.

이숙정, 전소현 (2010). "인터넷 중독에 대한 부모 중재 효과 연구". 〈한국방송학보〉, 24(6), 289–322.

이영석 (1986). "TV 아동용 광고가 아동에게 미치는 영향–광고내용분석 및 광고 반응분석을 중심으로". 〈인문과학〉, 15, 161–200.

이의자 (1992). "TV 광고가 물질주의 성향에 미치는 영향에 관한 연구: 어린이와 청소년을 대상으로". 〈광고연구〉, 14, 257–283.

이재록 (2005). "텔레비전 프로그램 중간광고효과에 관한 탐색적 연구". 〈광고학연구〉, 16(5), 265–277.

이재진 (2012). "기사와 광고의 구분에 대한 탐색적 연구", 〈인터넷신문심의위원회 세미나〉.

이태무 (2011. 6. 15). "20만원짜리 티셔츠… 내 아이는 특별하니까", 〈한국일보〉. (https://www.hankookilbo.com/News/Read/201106151714110626)

이현숙, 김병철, 김정순 (2012). "인터넷 신문 기사형 광고에 대한 소비자 인식에 관한 일 연구: 메시지 관여도, 오해율, 태도를 중심으로". 〈정치정보연구〉, 15(2), 201–231.

이희복 (2006). 《광고 활용 교육과 미디어 교육, 미디어 교육과 교과과정》. 커뮤니케이션북스.

이희복 (2012). "광고활용교육(AIE)이란 무엇인가?: 탐색적인 접근을 중심으로". 〈한국광고홍보학보〉, 14(1), 160–181.

이희복 (2017). "중간광고를 둘러싼 쟁점과 현황". 〈방송트렌드 & 인사이트〉, 2(11), 49–54. (http://www.kocca.kr/insight/2017vol11/201708_vol11_4_1.pdf)

이희복, 신명희 (2011). "인터넷광고의 선정성에 관한 연구: 인터넷뉴스 사이트 광고의 성적 소구를 중심으로". 〈광고연구〉, 89, 38–65.

이희욱, 백병호 (1998). "중간광고의 효과에 관한 연구". 〈Marketing Communication Review〉, 4(2), 69-80.

전혁수 (2017. 11. 24). "청소년보호법 개정…인터넷신문만 '유해 매체물' 심사 받는다". 〈미디어스〉. (http://www.mediaus.co.kr/news/articleView.html?idxno=108871)

정만수 (2000). "어린이와 청소년 광고의 규제에 관한 고찰: 청소년 보호법과 통합방송법의 조항을 중심으로", 〈광고연구〉, 49, 187-210.

정연우 (2011). "광고활용교육의 영역과 내용에 대한 연구". 〈OOH광고학연구〉, 8(1), 79-105.

정은진 (2016). "유럽의 시청각 상업적 커뮤니케이션 규제 쟁점: 2016년 EU 시청각미디어 서비스지침(AVMSD) 개정안을 중심으로". 〈정보방송통신정책〉, 28(10), 36-53.

정재기 (2007). "부모의 사회경제적 지위와 청소년의 컴퓨터 이용실태: 생활시간 자료를 바탕으로". 〈사이버커뮤니케이션학보〉, 24, 51-78.

정재기 (2011). "부모의 사회경제적 지위와 청소년의 인터넷 이용형태: 생활시간조사의 활용". 〈한국사회학〉, 45(5), 197-225.

조병량 (1983). 《우리나라 어린이들의 텔레비전 광고에 대한 태도 연구》. 한양대학교대학원 석사학위논문.

조연하, 배진아 (2012). "인터넷신문 광고의 유해성과 청소년 보호". 〈여성커뮤니케이션학회 주관 청소년 보호를 위한 인터넷신문 광고의 문제점과 개선방안 세미나〉.

진창현 (2011). "가상광고의 흥미도, 집중도에 따른 광고 태도, 브랜드 태도, 구매의도 계층 효과". 〈산업경제연구〉, 24(2), 969-990.

차유철, 이희복, 신명희 (2008). "광고활용교육(AIE)이 청소년의 광고회의주의에 미치는 영향". 〈광고학연구〉, 19(5), 213-233.

채은미 (2020. 1. 6). "어린이 보행 중 교통사고 줄여야". 〈중앙시사매거진〉. (http://jmagazine.joins.com/economist/view/328694)

최은섭 (2006). 아동층 인쇄매체 광고 내용분석: 소비자 정보 및 성유형화를 중심으로. 〈언론과학연구〉, 6(2), 380-414.

최은섭, 리대룡 (2004). "TV광고에 묘사된 아동층 성유형화 연구". 〈광고학 연구〉, 15(2), 95-130.

하주용, 김영 (2011).《인터넷신문 광고의 품질 제고를 위한 공동마케팅 방안 연구(연구보고서 2011-13)》. 한국언론진흥재단.

한국방송광고진흥공사 (2019). "2019 MCR: 소비자행태조사 보고서".

한국인터넷광고재단 (2016). "어린이·청소년 보호를 위한 선정성 인터넷광고 실태조사 및 개선방안".

한국인터넷진흥원 (2019). "해외 개인정보보호 동향 보고서(최신동향 보고서) 4월 4주차". p. 5 (https://www.i-privacy.kr/servlet/command.user4.board.BoardViewCommand?select_option=1&select_condition=&bidx=7305&fidx=&select_cat1=4&select_cat2=8&select_cat3=&cat1=&cat2=&cat3=)

한규훈, 김지은 (2013). "국내 광고활용교육의 실태 진단 및 활성화를 위한 제언: 초, 중, 고교 교사들의 인식 조사를 토대로". 〈광고연구〉, 98, 256-279.

한규훈, 김지은 (2016). "어린이 대상 광고 리터러시 교육의 탐색적 접근: 광고를 활용한 비판적 사고력 교육의 효과 분석을 토대로". 〈광고 PR 실학연구〉, 9(4), 97-113.

한상필, 지원배 (2010). "어린이 대상 식품광고의 현황과 내용분석 연구", 〈광고학연구〉, 21(4), 95-114.

허지형 (2019. 10. 2). "유튜브, 키즈유튜브 광고 중단 선언…월 37억 '보람튜브' 폐쇄?". 〈톱스타뉴스〉. (https://www.msn.com/ko-kr/entertainment/news/리부트-유튜브-키즈유튜브-광고-중단-선언…월-37억-보람튜브-폐쇄/ar-AAI9pOR)

홍유진, 김양은 (2013). "미디어 리터러시 국내외 동향 및 정책방향". 한국콘텐츠진흥원, 〈코카포커스〉, 67(1). (https://www.kocca.kr/knowledge/publication/focus/__icsFiles/afieldfile/2013/03/18/lm9UltEUPBgU.pdf)

홍종필, 이영아 (2010). "TV 프로그램 전후/중간광고 포맷과 프로그램 관여도에 따른 광고효과에 관한 연구". 〈한국심리학회지: 소비자·광고〉, 11(3), 553-577.

황서영 (2019. 1. 16). "[기획] 엄마들이 선호하는 식품 트렌드는?(2)". 〈식품음료신문〉. (https://www.thinkfood.co.kr/news/articleView.html?idxno=83139)

황인선 (2019. 7. 17). "고열량·저영양 식품 광고규제, 유튜브로 확대한다". 〈푸드투데이〉. (http://www.foodtoday.or.kr/news/article.html?no=158893)

"아이에게 해로운 장면 연출한 유튜버, 아동학대 결정". (2018. 7. 29). 〈SBS 뉴스〉. (https://www.youtube.com/watch?v=VsA-zkqiwOo)

"[K스타] 방송사별 헛웃음 나는 PPL 4". (2017. 1. 16). 〈KBS 뉴스〉. (http://d.kbs.co.kr/news/view.do?ncd=3412260)

Achenreiner, G. B. & John, D. R. (2003). The meaning of brand names to children: Adevelopmental investigation. *Journal of Consumer Psychology, 13(3)*, 205–219.

Advertising Standards Canada (2004). Children's Food & Beverage Advertising Initiative. (https://adstandards.ca/about/childrens-advertising-initiative/)

Ali, M., Blades, M., Oates, C. & Blumberg, F. (2009). Young children's ability to recognize advertisements in web page designs. *British Journal of Developmental Psychology, 27(1)*, 71–83.

An, S., Jin, H. S. & Park, E. H. (2014). Children's advertising literacy for advergames: perception of the game as advertising. *Journal of Advertising, 43(1)*, 63–72.

An, S. & Kang, H. (2013). Do online ad breaks clearly tell kids that advergames are advertisements that intend to sell things?. *International Journal of Advertising, 32(4)*, 655–678.

An, S. & Kang, H. (2019). Korean children's understanding of social media advergames: An exploratory study of ad recognition and skeptical attitudes toward advertising. *Journal of Consumer Behaviour, 18(5)*, 387–398.

An, S., Kang, H. & Koo, S. (2019). Sponsorship disclosures of native advertising: clarity and prominence. *Journal of Consumer Affairs, 53(3)*, 998–1024.

An, S., Kerr, G. & Jin, H. S. (2019). Recognizing native ads as advertising: Attitudinal and behavioral consequences. *Journal of Consumer Affairs, 53(4)*, 1421–1442.

An, S. & Stern, S. (2011). Mitigating the effects of advergames on children: do advertising breaks work? *Journal of Advertising, 40(1)*, 41–54.

An, S. (2003). From a business pursuit to a means of expression: Supreme court's dispute over commercial speech from 1942 to 1976, *Communication Law and Policy, 8*, 201–225.

Andersen, R. E., Crespo, C. J., Bartlett, S. J., Cheskin, L. J. & Pratt, M. (1998). Relationship of physical activity and television watching with body weight and level of fatness among children: results from the Third National Health and Nutrition Examination Survey. *JAMA, 279(12)*, 938–942.

Andrews, J. C. (1989). The dimensionality of beliefs towards advertising in general. *Journal of Advertising, 18*, 26–35.

ASA (2019). Children and the vulnerable. (https://www.asa.org.uk/topic/Children_and_the_vulnerable.html)

Aschaffenburg, K. & Maas, I. (1997). Cultural and educational careers: The dynamics of social reproduction. *American Sociological Review*, 573–587.

ASRC (2018). Digital marketing digest. (https://www.asrcreviews.org/wp-content/uploads/2018/08/Digital–Marketing–Digest–FINAL.pdf)

Atkin, C. K. (1975a). Survey of pre–adolescent's responses to television commercials: *The Effects of Television Advertising on Children* (Report No. 6). East Lansing, MI: Michigan State University. ERIC document reproduction service No. ED116820.

Atkin, C. K. (1975b). Survey of children's and mothers' responses to television commercials. *The Effects of Television Advertising on Children* (Report No. 8). East Lansing, MI: Michigan State University. ERIC document reproduction service No. ED123675.

Atkin, C. K. (1976). Children's social learning from television advertising: research evidence on observational modeling of product consumption. *Advances in Consumer Research, 3(1)*.

Atkin, C. K. (1978). Observation of parent–child interaction in supermarket decision–making. *Journal of Marketing, 42(4)*, 41–45.

Atkin, C. K. (1980). Effects of television advertising on children. In E.L. Palmer & A. Dorr (Eds.), *Children and the Faces of Television: Teaching, Violence, Selling*, 287–305. New York: Academic Press.

Atkin, C., Reeves, B. & Gibson, W. (1979). Effects of television food advertising on children. In *Annual Meeting of the Association for Education in Journalism*. Houston, TX.

Auty, S. & Lewis, C. (2004). Exploring children's choice: The reminder effect of product placement. *Psychology & Marketing, 21(9)*, 697–713.

Babin, L. A. & Carder, S. T. (1996). Viewers' recognition of brands placed within a film. *International Journal of Advertising, 15(2)*, 140–151.

Bandyopadhyay, S., Kindra, G. & Sharp, L. (2001). Is television advertising good for children? Areas of concern and policy implications. *International Journal of Advertising, 20(1)*, 89–116.

Barcus, F. E. (1975). Weekend commercial children's television. In *Study of Programming and Advertising to Children on Five Boston Stations* (pp. 1-104). Newtonville, MA: Action for Children's Television.

Barcus, F. E. (1980). The nature of television advertising to children. In E.L. Palmer & A. Dorr (Eds.) *Children and the Faces of Television: Teaching, Violence, Selling*, 273–285. New York: Academic Press.

Barling, J. & Fullagar, C. (1983). Children's attitudes to television advertisements: A factorial perspective. *The Journal of Psychology, 113(1)*, 25–30.

Baxter, S.M., A. Kulczynski & J. Illicic. (2015). Ads aimed at dads: Exploring consumers' reactions towards advertising that conforms and challenges traditional gender role ideologies. *International Journal of Advertising, 35(6)*, 970-982. (http://dx.doi.org/10.1080/02650487.2015.1077605)

Beaudoin, C. E., Fernandez, C., Wall, J. L. & Farley, T. A. (2007). Promoting healthy eating and physical activity: short-term effects of a mass media campaign. *American Journal of Preventive Medicine, 32(3)*, 217–223.

Belk, R. W. (1985). Materialism: Trait aspects of living in the material world. *Journal of Consumer Research, 12*, 265–280.

Bennett, G., Ferreira, M., Siders, R., Tsuji, Y. & Cianfrone, B. (2006). Analysing the effects of advertising type and antecedents on attitude towards advertising in sport. *International Journal of Sports Marketing & Sponsorship, 8(1)*.

Bergler, R. (1999). The effects of commercial advertising on children. *International Journal of Advertising, 18(4)*, 411–425.

Bernhardt, A. M., Wilking, C., Adachi-Mejia, A. M., Bergamini, E., Marijnissen, J. & Sargent, J. D. (2013). How television fast food marketing aimed at children compared with adult advertisements. *PLOS ONE* (by Robert Wood Johnson Foundation). (https://www.rwjf.org/en/library/research/2013/08/how-television-fast-food-marketing-aimed-at-children-compares-wi.html)

Better Business Bureau(BBB) National Programs, Inc. (2016). Children's Confection Advertising Initiative (CCAI) Core principles. (https://bbbprograms.org/programs/ccai/ccai-core-principles)

Bijmolt, T. H., Claassen, W. & Brus, B. (1998). Children's understanding of TV advertising: Effects of age, gender, and parental influence. *Journal of Consumer Policy, 21(2)*, 171–194.

Blatt, J., Spencer, L. & Ward, S. (1972). A cognitive developmental study of children's reactions to television advertising. In E. A. Rubinstein, G. A. Comstock & J. P. Murray (Eds.), *Television and Social Behavior: Vol. 4. Television in Day-to-day Life: Patterns of Use* (pp. 452–467). Washington, DC: U.S. Government Printing Office.

Blosser, B. J. & Roberts, D. F. (1985). Age differences in children's perceptions of message intent: Responses to tv news, commercials, educational spots, and public service announcements. *Communication Research, 12(4)*, 455–484.

Bonfadelli, H. (2002). The internet and knowledge gaps: A theoretical and empirical investigation. *European Journal of Communication, 17(1)*, 65–84.

Borzekowski, D. L. & Robinson, T. N. (2001). The 30-second effect: an experiment revealing the impact of television commercials on food preferences of preschoolers. *Journal of the American Dietetic Association, 101(1)*, 42–46.

Bourdieu, P. (1984). *Distinction: A Social Critique of the Judgement of Taste*. Boston, MA: Harvard University Press.

Boush, D. M., Friestad, M. & Rose, G. M. (1994). Adolescent skepticism toward TV advertising and knowledge of advertiser tactics. *Journal of Consumer Research, 21(1)*, 165–175.

Boush, D.M., Fristad, M & Wright, P. (2009). Deception in the marketplace. *The Psychology of Deceptive Persuasion and Consumer Self-protection*. London: Routledge.

Boyland, E. J., Harrold, J. A., Kirkham, T. C. & Halford, J. C. (2014). Commercial food promotion to children. In *Advertising to Children* (pp. 50–69). London: Palgrave Macmillan.

Boynton-Jarrett, R., Thomas, T. N., Peterson, K. E., Wiecha, J., Sobol, A. M. & Gortmaker, S. L. (2003). Impact of television viewing patterns on fruit and vegetable consumption among adolescents. *Pediatrics, 112(6)*, 1321–1326.

Broadcast Committee of Advertising Practice. (2010). *The BCAP Code: The UK Code of Broadcast Advertising.* Stationery Office.

Brown, C. L. & Krishna, A. (2004). The skeptical shopper: A metacognitive account for the effects of default options on choice. *Journal of Consumer Research, 31(3)*, 529–539.

Browne, B. A. (1998). Gender stereotypes in advertising on children's television in the 1990s: A cross-national analysis. *Journal of Advertising, 27(1)*, 83–96.

Brucks, M., Armstrong, G. M. & Goldberg, M. E. (1988). Children's use of cognitive defenses against television advertising: A cognitive response approach. *Journal of Consumer Research, 14(4)*, 471–482.

Bruell, A. (2010. 7. 14). Nestlé and FTC settle deceptive ad claims. *PR Week.* (https://www.prweek.com/article/1267084/nestle-ftc-settle-deceptive-ad-claims)

Buijzen, M. (2007). Reducing children's susceptibility to commercials: Mechanisms of factual and evaluative advertising interventions. *Media Psychology, 9(2)*, 411–430.

Buijzen, M. (2009). The effectiveness of parental communication in modifying the relation between food advertising and children's consumption behaviour. *British Journal of Developmental Psychology, 27(1)*, 105–121.

Buijzen, M. (2014). The family's role in children's interpretation of advertising. In *Advertising to Children* (pp. 137-157). London: Palgrave Macmillan.

Buijzen, M. & Mens, C. (2007). Adult mediation of television advertising effects: A comparison of factual, evaluative, and combined strategies. *Journal of Children and Media, 1(2)*, 177–191.

Buijzen, M., Rozendaal, E., Moorman, M. & Tanis, M. (2008). Parent versus child reports of parental advertising mediation: Exploring the meaning of agreement. *Journal of Broadcasting & Electronic Media, 52(4)*, 509–525.

Buijzen, M. & Valkenburg, P. M. (2000). The impact of television advertising on children's Christmas wishes. *Journal of Broadcasting & Electronic Media, 44(3)*, 456–470.

Buijzen, M. & Valkenburg, P. M. (2003a). The effects of television advertising on materialism, parent–child conflict, and unhappiness: A review of research. *Journal of Applied Developmental Psychology, 24(4)*, 437–456.

Buijzen, M. & Valkenburg, P. M. (2003b). The unintended effects of television advertising: A parent–child survey. *Communication Research, 30(5)*, 483–503.

Buijzen, M. & Valkenburg, P. M. (2005). Parental mediation of undesired advertising effects. *Journal of Broadcasting & Electronic Media, 49(2)*, 153–165.

Buijzen, M., van Reijmersdal, E. A. & Owen, L. H. (2010). Introducing the PCMC model: An investigative framework for young people's processing of commercialized media content. *Communication Theory, 20(4)*, 427–450.

Burgi, M. (1997). TV exec sees virtual signs. *Mediaweek, 7(6)*, 13.

Butter, E. J., Popovich, P. M., Stackhouse, R. H. & Garner, R. K. (1981). Discrimination of television programs and commercials by preschool children. *Journal of Advertising Research. 21(2)*, 53–56.

Campbell, M. C. & Kirmani, A. (2000). Consumers' use of persuasion knowledge: The effects of accessibility and cognitive capacity on perceptions of an influence agent. *Journal of Consumer Research, 27*(June), 69–83.

Calfee, J. E. & Ringold, D. J. (1994). The 70% majority: Enduring consumer beliefs about advertising. *Journal of Public Policy & Marketing, 13(2)*, 228–238.

Calvert, S. L. & Gersh, T. L. (1987). The selective use of sound effects and visual inserts for children's television story comprehension. *Journal of Applied Developmental Psychology, 8(4)*, 363–375.

Calvert, S. L. (2008). Children as consumers: Advertising and marketing. *The Future of Children*, 205–234.

CAP (2014). *The CAP Code: the UK Code of Non-broadcast Advertising and Direct & Promotional Marketing.* London. (https://www.asa.org.uk/codes-and-rulings/advertising-codes/non-broadcast-code.html)

Carlson, L. & Grossbart, S. (1988). Parental style and consumer socialization of children. *Journal of Consumer Research, 15(1)*, 77–94.

Centers for Disease Control and Prevention(CDC) (2019). Childhood Obesity Facts: Prevalence of Childhood Obesity in the United States. (https://www.cdc.gov/obesity/data/childhood.html)

Chan, K. & McNeal, J. U. (2006). Chinese children's understanding of commercial communications: A comparison of cognitive development and social learning models. *Journal of Economic Psychology, 27(1)*, 36–56.

Chapman, K., Havill, M., Watson, W. L., Wellard, L., Hughes, C., Bauman, A. & Allman-Farinelli, M. (2016). Time to address continued poor vegetable intake in Australia for prevention of chronic disease. *Appetite, 107*, 295–302.

Chartrand, T. L. (2005). The role of conscious awareness in consumer behavior. *Journal of Consumer Psychology, 15(3)*, 203–210.

Cheng, L. (2017). Introducing messenger kids, a new app for families to connect. (https://about.fb.com/news/2017/12/introducing-messenger-kids-a-new-app-for-families-to-connect/)

Children's Advertising Review Unit (2009). Self-regulatory program for children's advertising. New York, NY. (https://fkks.com/uploads/news/6.30.11_CARU_Ad_Guidelines.pdf)

Children's Food & Beverage Advertising Initiative (2015). The children's food & beverage advertising initiative in action. *A Report on Compliance and Progress During 2014.*

Choi, Y., Han, S. P. & Yu, S. (2016). The effects of engagement factors of virtual advertising on purchase intention: The mediating role of advertising attitude. *Indian Journal of Science and Technology, 9(39)*.

Chu, M. T., Blades, M. & Herbert, J. (2014). The development of children's scepticism about advertising. In *Advertising to Children* (pp. 38–49). London: Palgrave Macmillan.

Cianfrone, B., Bennett, G., Siders, R. & Tsuji, Y. (2006). Virtual advertising and brand awareness. *International Journal of Sport Management and Marketing, 1(4)*, 289–310.

Clarke, B. & Gardner, C. (2005). Concerned children's advertisers leads the way. *Young Consumers: Insight and Ideas for Responsible Marketers, 6(4)*, 24–28.

Comstock, G., Chaffee, S., Katzman, N., McCombs, M. & Roberts, D. (1978). Television and human behavior. *Television Quarterly, 15(2)*, 5–12.

Comstock, G. & Paik, H. (1991). *Television and the American Child*. Academic Press.

Conway, L. (2019). Advertising to Children. Briefing Paper Number CBP08198. *House of Commons Library*.

Coulter, K. S. (1998). The effects of affective responses to media context on advertising evaluations. *Journal of Advertising, 27(4)*, 41–51.

Cowan, G. & Avants, S. K. (1988). Children's influence strategies: Structure, sex differences, and bilateral mother–child influence. *Child Development*, 1303–1313.

Crespo, C. J., Smit, E., Troiano, R. P., Bartlett, S. J., Macera, C. A. & Andersen, R. E. (2001). Television watching, energy intake, and obesity in US children: Results from the third National Health and Nutrition Examination Survey, 1988–1994. *Archives of Pediatrics & Adolescent Medicine, 155(3)*, 360–365.

d'Astous, A. & Chartier, F. (2000). A study of factors affecting consumer evaluations and memory of product placements in movies. *Journal of Current Issues & Research in Advertising, 22(2)*, 31–40.

De Pelsmacker, P., Geuens, M. & Anckaert, P. (2002). Media context and advertising effectiveness: The role of context appreciation and context/ad similarity. *Journal of Advertising, 31(2)*, 49–61.

Dennison, B. A., Erb, T. A. & Jenkins, P. L. (2002). Television viewing and television in bedroom associated with overweight risk among low–income preschool children. *Pediatrics, 109(6)*, 1028–1035.

Dens, N., De Pelsmacker, P. & Eagle, L. (2007). Parental attitudes towards advertising to children and restrictive mediation of children's television viewing in Belgium. *Young Consumers, 8(1)*, 7–18.

Department for Education (2016). Media studies: GCSE subject content. (https://assets.publishing.service.gov.uk/government/uploads/system/uploads/attachment_data/file/496451/Media_studies_GCSE_subject_content.pdf)

Department of Children, Schools and Families/Department of Media, Culture and Sport. (2009). The Impact of the Commercial World on Children's Well-Being: Report of an Independent Assessment.

Desmond, R. & Carveth, R. (2007). Advertising on children and adolescents: A meta-analysis. *Mass Media Effects Research: Advances Through Meta-Analysis*, 169-19.

Dias, M. & Agante, L. (2011). Can advergame boost children's healthier eating habits? a comparison between healthy and non-healthy food. *Journal of Consumer Behaviour, 10(3)*, 152-160.

DiMaggio, P. & Hargittai, E. (2001). From the 'digital divide' to 'digital inequality': Studying internet use as penetration increases. *Princeton: Center for Arts and Cultural Policy Studies, Woodrow Wilson School, Princeton University, 4(1)*, 4-2.

DiMaggio, P. & Useem, M. (1978). Social class and arts consumption: The origins and consequences of class differences in exposure to the arts in America. *Theory and Society, 5(2)*, 141-161. (http://download.springer.com/static/pdf/273/art%253A10.1007%252FBF01702159.pdf?auth66=1417155310_5887 82ae097785b92bbe71f77950df55&ext=.pdf)

Dixon, H. G., Scully, M. L., Wakefield, M. A., White, V. M. & Crawford, D. A. (2007). The effects of television advertisements for junk food versus nutritious food on children's food attitudes and preferences. *Social Science & Medicine, 65(7)*, 1311-1323.

DLA Piper & UNICEF (2016). Advertising & Marketing to children: Global Report. (https://www.dlapiper.com/en/uk/insights/publications/2016/12/advertising-and-marketing-to-children/)

Donkin, A. J. M., Neale, R. J. & Tilston, C. (1993). Children's food purchase requests. *Appetite, 21(3)*, 291.

Donohue, T. R., Henke, L. L. & Donohue, W. A. (1980). Do kids know what TV commercials intend. *Journal of Advertising Research, 20(5)*, 51-57.

Dorr, A. (1986). *Television and Children: A Special Medium for a Special Audience.* Beverly Hills, CA: Sage.

Duke University Exhibits (2020). Look boys and girls! advertising to children in the 20th century. (https://exhibits.library.duke.edu/exhibits/show/childrenads/intro)

Durkin, K. (1984). Children's accounts of sex-role stereotypes in television. *Communication Research, 11(3)*, 341–362.

Eagle, L., Bulmer, S., De Bruin, A. & Kitchen, P. J. (2004). Exploring the link between obesity & advertising in New Zealand. *Journal of Marketing Communications, 10(1)*, 49–67.

EASA (2016). EASA Best practice recommendation on online behavioural advertising. (https://www.easa-alliance.org/sites/default/files/EASA%20Best%20Practice%20Recommendation%20on%20Online%20Behavioural%20Advertising_0.pdf)

Ely, R., Gleason, J. B. & McCabe, A. (1996). "Why didn't you talk to your mommy, honey?": Parents' and children's talk about talk. *Research on Language and Social Interaction, 29(1)*, 7–25.

Enright, M. & Eskenazi, L. (2019). The Children's Food & Beverage Advertising Initiative and The Children's Confection Advertising Initiative in action: *A Report on Compliance and Progress during* 2018. (https://bbbnp-bbbp-stf-use1-01.s3.amazonaws.com/docs/default-source/cfbai/2018-cfbai-ccai-progress-report.pdf?sfvrsn=79b41162_19)

EUKids (2010). Risk and safety on the internet. (www.eukidsonline.net)

European Commission (2015. 5. 6). "Communication from the commission: A digitalsingle market strategy for Europe". (http://ec.europa.eu/priorities/digital-single-market/docs/dsm-communication_en.pdf)

European Council (1989). "Directive 89/552/EEC on the coordination of certainprovisions laid down by law, regulation or administrative action in member states concerning the pursuit of television broadcasting activities". Brussels: European Council.

European Council (2010). "Directive 2010/13/EU of the European Parliament and of the Council of 10 March 2010 on the coordination of certain provisions laid down by law, regulation or administrative action in member states concerning the provision of audiovisual media services(Audiovisual Media Services Directive)". Brussel: European Council.

Evans, N. J., Carlson, L. & Grubbs Hoy, M. (2013). Coddling our kids: Can parenting style affect attitudes toward advergames?. *Journal of Advertising, 42(2-3)*, 228–240.

Federal Communications Commission (2019). Children's educational television. (https://www.fcc.gov/consumers/guides/childrens-educational-television)

Federal Trade Commission (1978. 2). *FTC Staff Report on Television Advertising to Children*. Washington DC.

Federal Trade Commission (1991). Lewis Galoob Toys Inc. *Federal Trade Commission Decisions, 114,* 187–217.

Federal Trade Commission (2017). Children's online privacy protection rule: A six-step compliance plan for your business. (https://www.ftc.gov/tips-advice/business-center/guidance/childrens-online-privacy-protection-rule-six-step-compliance)

Feldman, S. & Wolf, A. (1974). What's wrong with children's commercials?. *Journal of Advertising Research, 14*, 39–43.

Feldman, S., Wolf, A. & Warmouth, D. (1977). Parental concern about child-directed commercials. *Journal of Communication, 27*, 125–137.

Feshbach, N. D., Dillman, A. S. & Jordan, T. S. (1979). Children and television advertising: Some research and some perspectives. *Journal of Clinical Child & Adolescent Psychology, 8(1)*, 26–30.

Fletcher-Flinn, C. M. & Suddendorf, T. (1996). Computer attitudes, gender and exploratory behavior: a developmental study. *Journal of Educational Computing Research, 15(4)*, 369–392.

Flowers, A. A., Lustyik, K. & Gulyás, E. (2010). Virtual junk food playgrounds in Europe: advergames in the UK and Hungary. *Journal for Virtual Worlds Research, 3(2)*, 3–25.

Foerster, S. B., Kizer, K. W., DiSogra, L. K., Bal, D. G., Krieg, B. F. & Bunch, K. L. (1995). California's "5 a day—for better health!" campaign: an innovative population-based effort to effect large-scale dietary change. *American Journal of Preventive Medicine, 11(2)*, 124–131.

FORSA (1998). TV today – Das Fernsehbarometer: Die trends im deutschen Fernsehen. Schwerpunkt: Werbung im Fernsehen. Studie im Auftrag von TV today (TV today – The TV Barometer: Trends in German TV with focus on TV Commercials. Study Commissioned by TV Today).

Fournier, S. & Richins, M. (1991). Popular and theoretical notions of materialism. *Journal of Social Behavior and Personality, 6(6)*, 403–414.

Franken, M. W. (1983). Sex role expectations in children's vocational aspirations and perceptions of occupation. *Psychology of Women Quarterly, 8*, 59.

French, W. A., Barksdale, H. C. & Perreault, W. D. (1982). Consumer attitudes towards marketing in England and the United States. *European Journal of Marketing, 16*, 20–30.

Friedman, W. (2008. 3. 31). Midwest TV station fined by FCC for Pokemon 'Program–Length Commercials'. *MediaDailyNews*. (https://www.mediapost. com/publications/article/79513/midwest-tv-station-fined-by-fcc-for-pokemon-progr.html)

Friestad, M. & Wright, P. (1994). The Persuasion–knowledge model: How people cope with persuasion attempts. *Journal of Consumer Research, 21(1)*, 13.

Fujioka, Y. & Austin, E. W. (2002). The relationship of family communication patterns to parental mediation styles. *Communication Research, 29(6)*, 642–665.

Gaines, L. & Esserman, J. (1981). A quantitative study of young children's comprehension of television programs and commercials, in Esserman, J.F. (ed.) *Television Advertising and Children: Issues, Research, and Findings.* (pp. 96–105). New York: Child Research Service.

Galst, J. & White, M. (1976). The unhealthy persuader: The reinforcing value of television and children's purchase. influencing attempts at the supermarket. *Child Development, 47*, 1089–1096.

Gamble, M. & Cotugna, N. (1999). A quarter century of TV food advertising targeted at children. *American Journal of Health Behavior, 23(4)*, 261–267.

Garde, A., Davies, S. & Landon, J. (2017). The UK rules on unhealthy food marketing to children. *European Journal of Risk Regulation, 8(2)*, 270–282

Gaski, J. F. & Etzel, M. J. (1986). The index of consumer sentiment toward marketing. *Journal of Marketing, 50(3)*, 71–81.

Gaski, J. F. & Etzel, M. J. (2005). National aggregate consumer sentiment toward marketing: A thirty-year retrospective and analysis. *Journal of Consumer Research, 31*, 859–867.

Gesenhues. A. (2019). Are brands behind the times when it comes to gender stereotypes in ads?. *Marketing Land.* (https://marketingland.com/are-brands-behind-the-times-when-it-comes-to-gender-stereotypes-in-ads-255997)

Gentner, D. (1975). Evidence for the psychological reality of semantic components: The verbs of possession. In D. Norman & D. Rumelhart (Eds.), *Explorations in Cognition*, 211–246. San Francisco: Freeman

Gentry, J. & Harrison, R. (2010). Is advertising a barrier to male movement toward gender change?. *Marketing Theory, 10(1)*, 74–96.

Giphy.com (2020). Season 6 house fancy GIF by spongebob squarepants. (https://giphy.com/gifs/spongebob-spongebob-squarepants-season-6-xUPJPIYlawiQlOfVte)

Goldberg, M. E. & Gorn, G. J. (1978). Some unintended consequences of TV advertising to children. *Journal of Consumer Research, 5(1)*, 22–29.

Gorn, G. J. & Goldberg, M. E. (1982). Behavioral evidence of the effects of televised food messages on children. *Journal of Consumer Research, 9(2)*, 200–205.

Gower, K.K. (2005). Looking northward: Canada's approach to commercial expression. *Communciation Law and Policy, 10(1)*, 29–62.

Grail Research (2011). Consumers of tomorrow: Insights and observations about Generation Z. (http://thsmarketing.weebly.com/uploads/1/3/4/2/13427817/excellent_generation_explanation.pdf)

Greenberg, B. S. & Brand, J. E. (1993). Television news and advertising in schools: The "Channel One" controversy. *Journal of Communication. 43(1)*, 143–151

Gregoire, J. (2013). Native advertising examples and publishers. *Tinuiti.* (https://tinuiti.com/blog/ecommerce/native-advertising-examples/)

Grusec, J. E. & Goodnow, J. J. (1994). Impact of parental discipline methods on the child's internalization of values: A reconceptualization of current points of view. *Developmental Psychology, 30(1)*, 4.

Gunter, B. & McAleer, J. (1997). *Children and Television (2nd ed.)*. New York: Routledge.

Gunter, B., Oates, C. & Blades, M. (2005). *Advertising to Children on TV: Content, Impact and Regulation*. Mahwah, NJ: Lawrence Erlbaum Associates.

Gupta, P. B. & Lord, K. R. (1998). Product placement in movies: The effect of prominence and mode on audience recall. *Journal of Current Issues & Research in Advertising, 20(1)*, 47–59.

Guttman, A. (2019. 8. 7). Kids advertising spending worldwide 2012–2021, by format. (https://www.statista.com/statistics/750865/kids-advertising-spending-worldwide/)

Halford, J. C., Boyland, E. J., Hughes, G., Oliveira, L. P. & Dovey, T. M. (2007). Beyond brand effect of television (TV) food advertisements/commercials on caloric Intake and food choice of 5–7–year–old children. *Appetite, 49(1)*, 263–267.

Halford, J. C., Boyland, E. J., Hughes, G. M., Stacey, L., McKean, S. & Dovey, T. M. (2008). Beyond brand effect of television (TV) food advertisements on food chioce in children: The effects of weight status. *Public Health Nutrition, 11(9)*, 897–904.

Halford, J. C., Gillespie, J., Brown, V., Pontin, E. E. & Dovey, T. M. (2004). Effect of television advertisements for foods on food consumption in children. *Appetite, 42(2)*, 221–225.

Haroon, M., Qureshi, T. M., Zia–ur–Rehman, M. & Nisar, M. (2011). Does the food advertisement on television have the impact on children's food purchasing behavior? A study based on Pakistan Food Advertisement. *International Journal of Business and Management, 6(1)*, 283.

Harris, J. L., Brownell, K. D. & Bargh, J. A. (2009). The food marketing defense model: integrating psychological research to protect youth and inform public policy. *Social Issues and Policy Review, 3(1)*, 211–271.

Harris, L., Speers, E., Schwartz, B. & Brownell, D. (2012). US food company branded advergames on the internet: children's exposure and effects on snack consumption. *Journal of Children and Media, 6(1)*, 51–68.

Harvey, H. & Blades, M. (2002). *Do four, five, and six year old children understand the selling intent of television advertising.* (Unpublished Manuscript, Department of Psychology). University of Sheffield, UK.

Hasbro, Inc., 116 F.T.C. 657, 1993. (https://www.ftc.gov/news-events/press-releases/1996/08/hasbro-pay-280000-settle-ftc-charges-deceptive-toy-advertising)

Hastings, G., Stead, M., McDermott, L., Forsyth, A., MacKintosh, A. M., Rayner, M., Godfrey, C., Caraher, M. & Angus, K. (2003). Review of research on the effects of food promotion to children. Final report, prepared for the *Food Standards Agency, (22)9*.

Hayes, D. A. (1993). The children's hour revisited: The children's television act of 1990. *Fed. Comm. LJ, 46*, 293.

Heath, R. (2000). Low involvement processing a new model of brands and advertising. *International Journal of Advertising, 19(3)*, 287–298.

Heath, R. (2009). Emotional engagement: How television builds big brands at low attention. *Journal of Advertising Research, 49(1)*, 62–73.

Heath, T. P. M. & Heath, M. (2008). (Mis) Trust in marketing: a reflection on consumers' attitudes and perceptions. *Journal of Marketing Management, 24(9-10)*, 1025–1039.

Hitchings, E. & Moynihan, P. J. (1998). The relationship between television food advertisements recalled and actual foods consumed by children. *Journal of Human Nutrition and Dietetics, 11(6)*, 511–517.

Hobbs, R. & Frost, R. (2003). Measuring the acquisition of media–literacy skills. *Reading Research Quarterly, 38(3)*, 330–355.

Homer, P. M. (2009). Product placements. *Journal of Advertising, 38(3)*, 21–32.

Hoy, M. G. & Andrews, J. C. (2004). Adherence of prime–time televised advertising disclosures to the "clear and conspicuous" standard: 1990 versus 2002. *Journal of Public Policy & Marketing, 23(2)*, 170–182.

Hoy, M. G., Young, C. E. & Mowen, J. C. (1986). Animated host-selling advertisements: Their impact on young children's recognition, attitudes, and behavior. *Journal of Public Policy & Marketing, 5(1)*, 171–184.

Hudders, L., De Pauw, P., Cauberghe, V., Panic, K., Zarouali, B. & Rozendaal, E. (2017). Shedding new light on how advertising literacy can affect children's processing of embedded advertising formats: a future research agenda. *Journal of Advertising, 46(2)*, 333–349.

Hudson, S. & Elliott, C. (2013). Measuring the impact of product placement on children using digital brand integration. *Journal of Food Products Marketing, 19(3)*, 176–200.

Hudson, S., Hudson, D. & Peloza, J. (2008). Meet the parents: A parents' perspective on product placement in children's films. *Journal of Business Ethics, 80(2)*, 289–304.

Interstate Bakeries Corps. (2002). F.T.C. LEXIS 20 (2002) (consent order). (https://www.ftc.gov/enforcement/cases-proceedings/012-3182/interstate-bakeries-corporation-matter)

Isler, L., Popper, E. T. & Ward, S. (1987). Children's purchase requests and parental responses: Results from a diary study. *Journal of Advertising Research, 27(5)*, 29–39.

Janiszewski, C. (1990). The influence of print advertisement organization on affect toward a brand name. *Journal of Consumer Research, 17(1)*, 53–65.

John, D. R. (1999). Consumer socialization of children: A retrospective look at twenty-five years of research. *Journal of Consumer Research, 26(3)*, 183–213.

Kaiser Family Foundation (2006). It's child's play: Advergaming and the online marketing of food to children. (http://www.kff.org/entmedia/7536.cfm)

KANTAR (2019). Getting Media Right. (https://www.millwardbrown.com/GettingMediaRight/2019/index.html)

Kantar (2019). HFSS Advertising Exposure Research. (https://consulting.kantar.com/growth-hub/hfss-advertising-exposure-research/)

Kelly, B., Halford, J. C., Boyland, E. J., Chapman, K., Bautista-Castaño, I., Berg, C., & Grammatikaki, E. (2010). Television food advertising to children: a global perspective. *American Journal of Public Health, 100(9)*, 1730-1736.

Kelley, D. (2007). I bet you look good on the sales floor. *Journal of Strategic Marketing, 15(1)*, 53-63.

Kelly, J., Turner, J. T. & McKenna, K. (2006). What parents tihnk: Children and healthy eating. *British Food Journal, 108(5)*, 413-423.

Khouaja, F. B. & Bouslama, N. (2014). The impact of the program liking and the commercial's position in relation to the program on the evaluation of television commercials by children. *European Journal of Business and Social Sciences, 3(1)*, 33-46.

Kirschenbaum, K. (2016. 1. 21). YouTube faces complaints over junk food ads. The Regulatory Review. (https://www.theregreview.org/2016/01/21/youtube-faces-complaints-over-junk-food-ads/)

Klass, P. (2013. 2. 11). How advertising targets our children. *The New York Times.* (https://well.blogs.nytimes.com/2013/02/11/how-advertising-targets-our-ch ildren/?searchResultPosition=16)

Kline, S. (1993). *Out of the Garden: Toys, TV, and Children's Culture in the Age of Marketing.* Verso.

Knoll, S., Eisend, M. & Steinhagen, J. (2011). Gender roles in advertising: Measuring and comparing gender stereotyping on public and private TV channels in Germany. *International Journal of Advertising, 30(5)*, 867-888.

Krugman, H. E. (1983). Television program interest and commercial interruption. *Journal of Advertising Research. 23(1)*, 21-23.

Koslow, S. (2000). Can the truth hurt? How honest and persuasive advertising can unintentionally lead to increased consumer skepticism. *Journal of Consumer Affairs, 34(2)*, 245-267.

Kuczynski, L., Kochanska, G., Radke-Yarrow, M. & Girnius-Brown, O. (1987). A developmental interpretation of young children's noncompliance. *Developmental Psychology, 23*, 799-806.

Kunkel, D. (2001). Children and Television. *Handbook of Children and the Media*, 375–395.

Kunkel, D. & Gantz, W. (1992). Children's television advertising in the multichannel environment. *Journal of Communication, 42(3)*, 134–152.

Kunkel, D. & Roberts, D. (1991). Young minds and marketplace values: Issues in Children's television advertising. *Journal of Social Issues, 47(1)*, 57–72.

Kunkel, D., Wilcox, B., Cantor, J., Palmer, E., Linn, S. & Dowrick, P. (2004). Psychological issues in the increasing commercialization of childhood: Report of the APA Task Force on Advertising and Children. *American Psychological Association, 20.*

Lawlor, M. A. & Prothero, A. (2003). Children's understanding of television advertising intent. *Journal of Marketing Management, 19(3-4)*, 411–431.

Lee, M., Choi, Y., Quilliam, E. T. & Cole, R. T. (2009). Playing with food: Content analysis of food advergames. *Journal of Consumer Affairs, 43(1)*, 129–154.

Lehu, J. M. & Bressoud, É. (2009). Recall of brand placement in movies: Interactions between prominence and plot connection in real conditions of exposure. *Recherche et Applications en Marketing (English Edition), 24(1)*, 7–26.

Lewis, M. K. & Hill, A. J. (1998). Food advertising on British children's television: a content analysis and experimental study with nine–year olds. *International Journal of Obesity, 22(3)*, 206–214.

Levin, S. R. & Anderson, D. R. (1976). The development of attention. *Journal of Communication*, *26(2)*, 126–135.

Levin, S. R., Petros, T. V. & Petrella, F. W. (1982). Preschooler's awareness of television advertising. *Child Development*, 933–937.

Levy, G.D., Taylor, M.G. & Gelman, S.A. (1995). Traditional and evaluative aspects of flexibility in gender roles, social conventions, moral rules, and physical laws. *Child Development, 66*, 515–531.

Lexology (2019. 5. 2). Prohibited and controlled advertising in Sweden. (https://www.lexology.com/library/detail.aspx?g=d636d717-92d7-48c1-8575-573bb5d6f414)

Li, S., Pickering, M., Ali, M., Blades, M. & Oates, C. (2014). Young children's ability to identify advertisements on television, web pages and search engine web pages. In Blades, M., Oates, C., Blumberg, F. & Gunter, B. (Eds.), *Advertising to Children*, 199–217. Springer.

Liebert, R. M. (1986). Effects of television on children and adolescents. *Journal of Developmental and Behavioral Pediatrics. 7(1)*, 43–48.

Liebert, D., Sprafkin, J., Liebert, R. & Rubinstein, E. (1977). Effects of television commercial disclaimers on the product expectations of children. *Journal of Communication, 27(1)*, 118–124.

Lingsweiler, R. & Wilson, B. (2002). *Children's Comprehension of Modified Disclaimers in Television Advertising.* Seoul: Paper presented at the annual conference of the International Communication Association.

Livingstone, S. & Helsper, E. (2004). Advertising foods to children: understanding promotion in the context of children's daily lives. *London, UK: Department of Media and Communications, London School of Economics and Political Science.* the Office of Communications(OFCOM). (http://core.kmi.open. ac.uk/download/pdf/94835.pdf)

Livingstone, S. & Helsper, E. J. (2006). Does advertising literacy mediate the effects of advertising on children? A critical examination of two linked research literatures in relation to obesity and food choice. *Journal of Communication, 56(3)*, 560–584.

Livingstone, S. & Helsper, E. J. (2008). Parental mediation of children's internet use. *Journal of Broadcasting & Electronic Media, 52(4)*, 581–599.

MacKenzie, S. B., Lutz, R. J. & Belch, G. E. (1986). The role of attitude toward the ad as a mediator of advertising effectiveness: A test of competing explanations. *Journal of Marketing Research, 23(2)*, 130–143.

Macklin, M. C. (1987). Preschooler's understanding of the informational function of television advertising. *Journal of Consumer Research, 14(2)*, 229–239.

Madden, M. & Rainie, L. (2003). *America's Online Pursuits: The Changing Picture of Who's Online and What They Do.* Washington, D.C.: Pew Internet & American Life Project.

Maher, J. K., Hu, M. Y. & Kolbe, R. H. (2006). Children's recall of television ad elements: an examination of audiovisual effects. *Journal of Advertising, 35(1)*, 23–33.

Main, K., Dahl, D. W. & Darke, P. R. (2007). Deliberative and automatic bases of suspicion: Empirical evidence of the sinister attribution error. *Journal of Consumer Psychology, 17(1)*, 59–69.

Mallinckrodt, V. & Mizerski, D. (2007). The effects of playing an advergame on young children's perceptions, preferences, and requests. *Journal of Advertising, 36(2)*, 87–100.

Mangleburg, T. F. (1990). Children's influence in purchase decisions: A review and critique. *Advances In Consumer Research, 17(1)*, 813–825.

Martensen, A. & Hansen, F. (2001). Children's knowledge and interpretation of commercial advertising: Intentions, truthfulness and viewing habits (Research Paper No. 15). Denmark: Copenhagen Business School.

Martin, M. C. (1997). Children's understanding of the intent of advertising: A meta-analysis. *Journal of Pubic Policy and Marketing, 16(2)*, 205–216.

McAlister, A. R. & Cornwell, T. B. (2009). Preschool children's persuasion knowledge: The contribution of theory of mind. *Journal of Public Policy & Marketing, 28(2)*, 175–185.

McLuhan, M. & Fiore, Q. (1967). *The Medium is the Massage.* Bantam Books.

Media Awareness Network (2005). Young Canadians in a wired world phase II Key findings. (http://www.media-awareness.ca/english/research/YCWW/phaseII/)

Metcalfe, J. & Mischel, W. (1999). A hot/cool-system analysis of delay of gratification: dynamics of willpower. *Psychological Review, 106(1)*, 3.

Meyers-Levy, J. & Malaviya, P. (1999). Consumers' processing of persuasive advertisements: An integrative framework of persuasion theories. *Journal of Marketing, 63*, 45–60.

Mittal, B. (1994). Public assessment of TV advertising: Faint praise and harsh criticism. *Journal of Advertising Research, 34(1)*, 35–54.

Moore, E. S. (2004). Children and the changing world of advertising. *Journal of Business Ethics, 52(2)*, 161–167.

Moore, E. S. (2006). Advergaming and the Online marketing of food to children. *Fundación Kaiser Family.*

Moore, E. S. & Lutz, R. J. (2000). Children, advertising, and product experiences: A multimethod inquiry. *Journal of Consumer Research, 27(1)*, 31–48.

Moore, E. S. & Rideout, V. J. (2007). The online marketing of food to children: is it just fun and games?. *Journal of Public Policy & Marketing, 26(2)*, 202–220.

Morales, A. C. (2005). Giving firms an 'E' for effort: Consumer responses to high-effort firms. *Journal of Consumer Research, 31(3)*, 806–812.

Moschis, G. P. & Churchill Jr, G. A. (1978). Consumer socialization: A theoretical and empirical analysis. *Journal of Marketing Research, 15(4)*, 599–609.

Moschis, G. P. & Moore, R. L. (1982). A longitudinal study of television advertising effects. *Journal of Consumer Research, 9(3)*, 279–286.

Moschis, G. P. (1985). The role of family communication in consumer socialization of children and adolescents. *Journal of Consumer Research, 11(4)*, 898–913.

Moses, L. J. & Baldwin, D. A. (2005). What can the study of cognitive development reveal about children's ability to appreciate and cope with advertising?. *Journal of Public Policy & Marketing, 24(2)*, 186–201.

Murry Jr, J. P., Lastovicka, J. L. & Singh, S. N. (1992). Feeling and liking responses to television programs: An examination of two explanations for media-context effects. *Journal of Consumer Research, 18(4)*, 441–451.

Nairn, A. & Fine, C. (2008). Who's messing with my mind? The implications of dual-process models for the ethics of advertising to children. *International Journal of Advertising, 27(3)*, 447–470.

National Association of Broadcasters (NAB) (1979). Separator device guides enacted by TV code board to aid subscribers. *Code News, 12*, 1–2.

Nebenzahl, I. D. & Secunda, E. (1993). Consumers' attitudes toward product placement in movies. *International Journal of Advertising, 12(1)*, 1–11.

Nelson, M. R. (2016). Developing persuasion knowledge by teaching advertising literacy in primary school. *Journal of Advertising, 45(2)*, 169–182.

Neuborne, E. (2001). For kids on the web, it's an ad, ad, ad, ad world. *Business Week, (3745)*, 108.

New York Times (2019. 10. 10). Don't weaken privacy protections for children. (https://www.nytimes.com/2019/10/10/opinion/coppa-children-online-privacy.html)

NTIA (U.S. Department of Commerce) (1999). Falling through the Net III: Defining the digital divide. (http://www.ntia.doc.gov/ntiahome/fttn99/part1.html)

Oates, C., Blades, M. & Gunter, B. (2002). Children and television advertising: When do they understand persuasive intent?. *Journal of Consumer Behaviour: An International Research Review, 1(3)*, 238-245.

Oates, C., Blades, M., Gunter, B. & Don, J. (2003). Children's understanding of television advertising: a qualitative approach. *Journal of Marketing Communications, 9(2)*, 59-71.

Obesity Health Alliance (2019). Restricting children's exposure to junk food advertising-obesity health alliance policy position. (http://obesityhealthalliance.org.uk/wp-content/uploads/2019/02/OHA-9pm-watershed-position-Feb-2019.pdf)

Ofcom (2007). Television Advertising of Food and Drink Products to Children. (https://www.ofcom.org.uk/__data/assets/pdf_file/0028/47746/Television-Advertising-of-Food-and-Drink-Products-to-Children-Final-statement-.pdf)

Ofcom (2010). HFSS advertising restrictions final review. (https://www.ofcom.org.uk/__data/assets/pdf_file/0024/31857/hfss-review-final.pdf)

Ofcom (2011). UK children's media literacy. (https://www.ofcom.org.uk/__data/assets/pdf_file/0024/46707/childrens.pdf)

Opree, S. J., Buijzen, M., & Valkenburg, P. M. (2012). Lower life satisfaction related to materialism in children frequently exposed to advertising. *Pediatrics, 130 (3)*, e486-e491.

Owen, L., Auty, S., Lewis, C. & Berridge, D. (2007). Children's understanding of advertising: An investigation using verbal and pictorially cued methods. *Infant and Child Development: An International Journal of Research and Practice, 16(6)*, 617-628.

Owen, L., Lewis, C., Auty, S. & Buijzen, M. (2013). Is children's understanding of nontraditional advertising comparable to their understanding of television advertising?. *Journal of Public Policy & Marketing, 32(2)*, 195–206. doi:10.1509/jppm.09 .003.

Page, R. M. & Brewster, A. (2007). Emotional and rational product appeals in televised food advertisements for children: analysis of commercials shown on US broadcast networks. *Journal of Child Health Care, 11(4)*, 323–340.

Page, R. M. & Brewster, A. (2009). Depiction of food as having drug–like properties in televised food advertisements directed at children: portrayals as pleasure enhancing and addictive. *Journal of Pediatric Health Care, 23(3)*, 150–157.

Pakistan Advertising Society (2019). UAE government announces plan to restrict 'unhealthy' food advertising. (https://pas.org.pk/uae–government–announces–plan–to–restrict–unhealthy–food–advertising/)

Parliament of Canada. (2020). (https://www.parl.ca/legisinfo/BillDetails.aspx?Language=E&billId=8439397&View=0)

Palmer, E.L. & McDowell, C.N. (1979). Program–commercial separators in children's television programming. *Journal of Communication, 29(3)*, 197–201.

Pawlowski, D. R., Badzinski, D. M. & Mitchell, N. (1998). Effects of metaphors on children's comprehension and perception of print advertisements. *Journal of Advertising, 27(2)*, 83–98.

Pecheux, C., Derbaix, C. & Poncin, I. (2006). The control of commercials targeting children: An experimental approach to investigate context effects. *European Advances in Consumer Research, 7*, 444–452

Pechmann, C., Levine, L., Loughlin, S. & Leslie, F. (2005). Impulsive and self–conscious: Adolescent's vulnerability to advertising and promotion. *Journal of Public Policy & Marketing, 24(2)*, 202–221.

Pempek, T. A. & Calvert, S. L. (2009). Tipping the balance: Use of advergames to promote consumption of nutritious foods and beverages by low income African American Children. *Archives of Pediatrics and Adolescent Medicine, 163(7)*, 633–637.

Peter, J. & Valkenburg, P. M. (2006). Adolescents' exposure to sexually explicit material on the Internet. *Communication Research, 33(2)*, 178–204.

Pettigrew, S. & Roberts, M. (2006). Mother's attitudes towards toys as fast food premiums. *Young Consumers, 7(4)*, 60–67.

Petty, R. E., Cacioppo, J. T., Strathman, A. J. & Priester, J. R. (2005). To think or not to think. *Persuasion: Psychological Insights and Perspectives, 81*, 116.

Phelps, J. E. & Hoy, M. G. (1996). The Aad–Ab–PI relationship in children: The impact of brand familiarity and measurement timing. *Psychology & Marketing, 13(1)*, 77–105.

Pollay, R. W. (1986). The distorted mirror: Reflections on the unintended consequences of advertising. *Journal of Marketing, 50(2)*, 18–36.

Pollay, R. W. & Mittal, B. (1993). Here's the beef: factors, determinants, and segments in consumer criticism of advertising. *Journal of Marketing, 57(3)*, 99–114.

Prensky, M. (2001). Digital natives, digital immigrants. *On the Horizon, 9(5)*.

Preston, C. (2000). Are children seeing through ITC advertising regulations?. *International Journal of Advertising, 19(1)*, 117–136.

PWC (2017). Kids Digital Advertising Report 2017. (https://www.pwc.com/us/en/library.html)

Quilliam, E. T., Lee, M., Cole, R. T. & Kim, M. (2011). The impetus for (and limited power of) business self–regulation: The example of advergames. *Journal of Consumer Affairs, 45(2)*, 224–247.

Reece, B. B., Rifon, N. J. & Rodriguez, K. (1999). Selling food to children. Is fun part of a balanced breakfast. *Advertising to Children: Concepts and Controversies*, 189–208.

Robertson, T. S. & Rossiter, J. R. (1974). Children and commercial persuasion: An attribution theory analysis. *Journal of Consumer Research, 1(6)*, 13–20.

Robertson, T. S., Ward, S., Gatignon, H. & Klees, D. M. (1989). Advertising and children: A cross–cultural study. *Communication Research, 16(4)*, 459–485.

Robinson, T. N., Saphir, M. N., Kraemer, H. C., Varady, A. & Haydel, K. F. (2001). Effects of reducing television viewing on children's requests for toys: A randomized controlled trial. *Journal of Developmental & Behavioral Pediatrics, 22(3)*, 179–184.

Roedder, D. L. (1981). Age differences in children's responses to television advetising: An information-processing approach. *Journal of Consumer Research, 8(2)*, 144–153.

Rose, G. M., Merchant, A. & Bakir, A. (2012). Fantasy in food advertising targeted at children. *Journal of Advertising, 41(3)*, 75–90.

Rossiter, J. R. & Robertson, T. S. (1974). Children's TV commercials: testing the defenses. *Journal of Communication, 24(4)*, 137–144.

Rossiter, J. R. (1977). Reliability of a short test measuring children's attitudes toward TV commercials. *Journal of Consumer Research, 3(4)*, 179–184.

Rossiter, J. R. (1980). The effects of volume and repetition of television commercials. In Adler, R.P., Lesser, G.S., Meringoff, L.K., Robertson, T.S., Rossiter, J.R. & Ward, F. (Eds.), *The Effects of Television Advertising on Children: Review and Recommendation* (pp. 153–184). Lexington, MA: Lexington Books.

Rozendaal, E , Buijzen, M. & Valkenburg, P. (2009). Do children's cognitive advertising defenses reduce their desire for advertised products?. *Communications, 34(3)*, 287–304

Rozendaal, E., Buijzen, M. & Valkenburg, P. (2010). Comparing children's and adults' cognitive advertising competences in the Netherlands. *Journal of Children and Media, 4(1)*, 77–89.

Rozendaal, E., Lapierre, M. A., van Reijmersdal, E. A. & Buijzen, M. (2011). Reconsidering advertising literacy as a defense against advertising effects. *Media Psychology, 14(4)*, 333–354.

Rozendaal, E., Opree, S. J. & Buijzen, M. (2016). Development and validation of a survey instrument to measure children's advertising literacy. *Media Psychology, 19(1)*, 72–100.

Ruble, D. N., Balaban, T. & Cooper, J. (1981). Gender constancy and the effects of sex-typed televised toy commercials. *Child Development*, 667–673.

Russell, C. A. (1998). Toward a framework of product placement: theoretical propositions. *ACR North American Advances.*

Sander, M. & Altobelli, C. F. (2011). Virtual advertising in sports events: does it really work?. *International Journal of Sports Marketing & Sponsorship, 12(3).*

Sasse, N. & Ludwig, S. (2002). Virtuelle Werbung im Sport. Akzeptanz einer neuen Werbeform. *Sport und neue Märkte. Innovation, Expansion, Investition*, 191–200.

Scammori, D. L. & Christopher, C. L. (1981). Nutrition education with children via television: A review. *Journal of Advertising, 10(2)*, 26–36.

Schiller, H. I. (1996). *Information Inequaity: Making Information Haves and Have Nots.* Routledge.

Schor, J. B. & Ford, M. (2007). From tastes great to cool: children's food marketing and the rise of the symbolic. *The Journal of Law, Medicine & Ethics, 35(1)*, 10–21.

Sheth, J. N. & Sisodia, R. S. (2005). Does Marketing Need Reform?. *Journal of Marketing, 69*, 10–12

Shaffer, D. R. & Kipp, K. (2007). Cognitive development: Piaget's theory and Vygotsky's Sociocultural viewpoint. *Developmental Psychology—Childhood and Adolescence. 7th ed.* Belmont (CA): Thomson Learning, Inc., 266–268.

Shankar, B., Brambila–Macias, J., Traill, B., Mazzocchi, M. & Capacci, S. (2013). An evaluation of the UK Food Standards Agency's salt campaign. *Health Economics, 22(2)*, 243–250.

Shapiro, S., MacInnis, D. J. & Heckler, S. E. (1997). The effects of incidental ad exposure on the formation of consideration sets. *Journal of Consumer Research, 24(1)*, 94–104.

Shaver, M. A. & An, S. (2014). *The Global Advertising Regulation Handbook.* Routledge.

Sheikh, A. A., Prasad, V. K. & Rao, T. R. (1974). Children's TV commercials: A review of research. *Journal of Communication, 24(4)*, 126–136.

Sheikh, A. & Moleski, M. (1977). How TV sells children: Conflict in the family over commercials. *Journal of Communication*, 152–157.

Shimp, T. A., Dyer, R. F. & Divita, S. F. (1976). An experimental test of the harmful effects of premium-oriented commercials on children. *Journal of Consumer Research, 3(1)*, 1-11.

Shrum, L. J., Wyer Jr, R. S. & O'Guinn, T. C. (1998). The effects of television consumption on social perceptions: The use of priming procedures to investigate psychological processes. *Journal of Consumer Research, 24(4)*, 447-458.

Shrum, L. J., Burroughs, J. E. & Rindfleisch, A. (2005). Television's cultivation of material values. *Journal of Consumer Research, 32(3)*, 473-479.

Signorielli, N. & Lears, M. (1992). Television and children's conceptions of nutrition: unhealthy messages. *Health Communication, 4(4)*, 245-257.

Smith, N. C. (2005). Marketing ethics. In M. J. Baker (Ed.), *Marketing Theory*, 244-263. Padstow, UK: Thompson.

Steinberg, L. (2004). Risk taking in adolescence: what changes, and why?. *Annals of the New York Academy of Sciences, 1021(1)*, 51-58.

Stoneman, Z. & Brody, G. H. (1981). The indirect impact of child-oriented advertisements on mother.child interactions. *Journal of Applied Developmental Psychology, 2*, 369-376.

Stutts, M. A., Vance, D. & Hudleson, S. (1981). Program-commercial separators in children's television: Do they help a child tell the difference between Bugs Bunny and the Quik Rabbit?. *Journal of Advertising, 10(2)*, 16-48.

Turner, P. & Cusumano. (2000). Virtual advertising: legal implications for sport. *Sport Management Review, 3*, 47-70.

Tziortzi, A. (2009). *The perceived effects of food advertising on children in Cyprus.* (Unpublished doctoral dissertation). University of Sheffield, Sheffield, UK.

Uribe, R. & Fuentes-García, A. (2015). The effects of TV unhealthy food brand placement on children. Its separate and joint effect with advertising. *Appetite, 91*, 165-172.

Van Eeden, E. & Chow, W. (2019). Perspectives from the Global Entertainment & Media Outlook 2019-2023. (https://www.pwc.com/outlook)

Valkenburg, P. M. (2004). *Children's Responses to the Screen: A Media Psychological Approach*. Routledge.

Valkenburg, P. M. & Cantor, J. (2000). Children's likes and dislikes of entertainment programs. *Media Entertainment: The Psychology of its Appeal, 11*, 135-152.

Valkenburg, P. M. & Cantor, J. (2001). The development of a child into a consumer. *Journal of Applied Developmental Psychology, 22(1)*, 61-72.

Valkenburg, P. M., Krcmar, M., Peeters, A. L. & Marseille, N. M. (1999). Developing a scale to assess three styles of television mediation: "Instructive mediation," "restrictive mediation," and "social coviewing". *Journal of Broadcasting & Electronic Media, 43(1)*, 52-66.

Van Dijk, J. A. (2003). *The Deepening Divide: Inequality in the Information Society*. Sage.

Van Dijk, J. A. (2006). Digital divide research, achievements and shortcomings. *Poetics, 34(4)*, 221-235.

Van Raaij, W. F. (1986). Consumer research on tourism mental and behavioral constructs. *Annals of Tourism Research, 13(1)*, 1-9.

Van Reijmersdal, E. A., Jansz, J., Peters, O. & Van Noort, G. (2010). The effects of interactive brand placements in online games on children's cognitive, affective, and conative brand responses. *Computers in Human Behavior, 26(6)*, 1787-1794

Van Reijmersdal, E. A., Rozendaal, E. & Buijzen, M. (2012). Effects of prominence, involvement, and persuasion knowledge on children's cognitive and affective responses to advergames. *Journal of Interactive Marketing, 26(1)*, 33-42.

Verna, M. E. (1975). Effects of television advertising on children and adolescents. In Rubinstein, E. A., Comstock, G.A. & Murray J.P. (ed.). *Television and Social Behavior Vol IV*, Washington, D.C., U.S. Government Printing Officer.

Virginia State Board of Pharmacy v. Virginia Citizens Consumer Council, (1976). 425 U.S. 748.

Vizard, S. (2019. 6. 6). Brands found targeting junk food ads at children online. *Marketing Week*.

Vogt, M. (2005). Kids and media: More multitasking. *Reading Today, 22(5)*, 7. (http://miranda81610.blogspot.com/2011/04/media-multitasking.html)

Vollmers, S. & Mizerski, R. (1994). A review and investigation into the effectiveness of product placements in films. In *Proceedings of the 1994 Conference of the American Academy of Advertising 97*, 102. Athens, GA: American Academy of Advertising.

Waiguny, M. K. & Terlutter, R. (2011). Differences in children's processing of advergames and TV commercials. In *Advances in Advertising Research, 2*, 35-51. Gabler.

Ward, S., Reale, G. & Levinson, D. (1972). Children's perceptions, explanations, and judgments of television advertising: A further exploration. In E. A. Rubinstein, G. A. Comstock & J. P. Murray (Eds.), *Television and Social Behavior: Vol. 4. Television in Day-to-day Life: Patterns of Use* (pp. 468-490). Washington, DC: U.S. Government Printing Office.

Ward, S. & Wackman, D. (1972). Television advertising and intra-family influence: Children's purchase influence attempts and parental yielding. *Journal of Marketing Research, 9(3)*, 316-319.

Ward, S., Wackman, D.B. & Wartella, E. (1977). *How Children Learn to Buy: The Development of Consumer Information Processing Skills.* Beverly Hills, CA: Sage Publications.

Warren, R., Gerke, P. & Kelly, M. A. (2002). Is there enough time on the clock? Parental involvement and mediation of children's television viewing. *Journal of Broadcasting & Electronic Media, 46(1)*, 87-111.

Wartella, E. & Ettema, J. A. (1974). A cognitive development study of children's attention to television commercials. *Communication Research, 1(1)*, 69-88.

Weber, K., Story, M. & Harnack, L. (2006). Internet food marketing strategies aimed at children and adolescents: a content analysis of food and beverage brand web sites. *Journal of the American Dietetic Association, 106(9)*, 1463-1466.

Wei, M., Fischer, E. & Main, K. J. (2008). An examination of the effects of activating persuasion knowledge on consumer response to brands engaging in covert marketing. *Journal of Public Policy and Marketing, 27(1)*, 34-44.

Wicks, J. L., Warren, R., Fosu, I. & Wicks, R. H. (2009). Dual–modality disclaimers, emotional appeals, and production techniques in food advertising airing during programs rated for children. *Journal of Advertising, 38(4)*, 93–105.

Wiecha, J. L., Peterson, K. E., Ludwig, D. S., Kim, J., Sobol, A. & Gortmaker, S. L. (2006). When children eat what they watch: impact of television viewing on dietary intake in youth. *Archives of Pediatrics & Adolescent Medicine, 160(4)*, 436–442.

Williams, L. A. & Burns, A. C. (2000). Exploring the dimensionality of children's direct influence attempts. *Advances in Consumer Research, 27(1)*.

Wilson, K. R., Wallin, J. S. & Reiser, C. (2003). Social stratification and the digital divide. *Social Science Computer Review, 21(2)*, 133–143.

Wiman, A. R. & Newman, L. M. (1989). Television advertising exposure and children's nutritional awareness. *Journal of the Academy of Marketing Science, 17(2)*, 179–188.

Winconek, S. (2013. 3. 25). Companies increase marketing of alcohol, junk food to kids. *Metro Parent*. (https://www.metroparent.com/daily/health–fitness/childrens–health/companies–increase–marketing–of–alcohol–junk–food–to–kids/)

Wollslager, M. E. (2009). Children's awareness of online advertising on Neopets: The effect of media literacy training on recall. Studies in *Media & Information Literacy Education, 9(2)*, 31–53.

Wood, M. (2014. 5. 15). How young is too young for a digital presence? *The New York Times*. (https://www.nytimes.com/2014/05/15/technology/personaltech/how–young–is–too–young–for–a–digital–presence.html)

World Health Organization (2018). Evaluating implementation of the WHO set of recommendations on the marketing of foods and non–alcoholic beverages to children. Progress, challenges and guidance for next steps in the WHO European Region.

World Health Organization (2019). Facts and figures on childhood obesity. (https://www.who.int/end–childhood–obesity/facts/en/)

World Health Organization (2020). Training parents to transform chlidren's lives. (https://www.who.int/mental_health/maternal-child/PST/en/)

Wright, P., Friestad, M. & Boush, D. M. (2005). The development of marketplace persuasion knowledge in children, adolescents, and young adults. *Journal of Public Policy and Marketing, 24(2)*, 222-233.

Wulfemeyer, K. T. & Mueller, B. (1992). Channel One and commercials in classrooms: Advertising content aimed at students. *Journalism Quarterly, 69(3)*, 724-742.

Young, B. (2000). The child's understanding of promotional communication. *International Journal of Advertising and Marketing to Children. 2(3)*, 191-203.

Young, B. (1990). *Television Advertising and Children*. Oxford: Clarendon Press.

Young, B. (2003). Does food advertising influence children's food choices? A critical review of some of recent literature. *International Journal of Advertising, 22*, 441-459.

Zuckerman, P., Ziegler, M. & Stevenson, H. W. (1978). Children's viewing of television and recognition memory of commercials. *Child Development*, 96-104.

Zuppa, J. A., Morton, H. & Mehta, K. (2003). Television food advertising: Counterproductive to children's health? A content analysis using the Australian Guide to Healthy Eating. *Nutrition & Dietetics, 60(2)*, 78-84.

〈판례〉

헌법재판소 1998.2.27. 선고 96헌바2결정; 2000.3.30. 선고 97헌마108결정; 2000.3.30. 선고 99헌마143결정; 2002.12.18. 선고 2000헌마764결정.